湖南电力供需现状及预测

国网湖南省电力有限公司编写组　编

重庆大学出版社

图书在版编目（CIP）数据

湖南电力供需现状及预测／国网湖南省电力有限公司编写组编. --重庆：重庆大学出版社，2021.11
ISBN 978-7-5689-3077-2

Ⅰ.①湖… Ⅱ.①国… Ⅲ.①供电—市场需求分析—研究—湖南 Ⅳ.①F426.61

中国版本图书馆 CIP 数据核字(2021)第 245745 号

湖南电力供需现状及预测
HUNAN DIANLI GONGXU XIANZHUANG JI YUCE

国网湖南省电力有限公司编写组　编
策划编辑:鲁　黎
责任编辑:李定群　　版式设计:鲁　黎
责任校对:关德强　　责任印制:张　策
*
重庆大学出版社出版发行
出版人:饶帮华
社址:重庆市沙坪坝区大学城西路 21 号
邮编:401331
电话:(023) 88617190　88617185(中小学)
传真:(023) 88617186　88617166
网址:http://www.cqup.com.cn
邮箱:fxk@ cqup.com.cn(营销中心)
全国新华书店经销
重庆长虹印务有限公司印刷
*
开本:787mm×1092mm　1/16　印张:17.75　字数:403 千
2021 年 11 月第 1 版　　2021 年 11 月第 1 次印刷
ISBN 978-7-5689-3077-2　定价:68.00 元

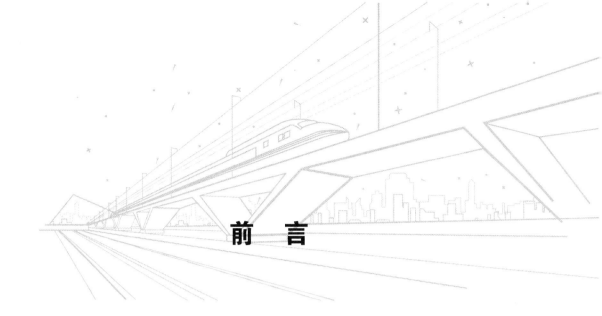

前　言

电力供需分析工作是电力服务经济社会发展的重要工作之一,是掌握电力行业运行状况的重要手段,也是进行电力规划、计划、生产和调度等工作的基础。"十三五"以来,湖南经济发展稳中向好,经济实力显著提升,用电需求不断增长,其电力发展基本满足了经济社会发展的用电需求。但是,由于电源及负荷特性等问题,湖南在用电高峰时段多次出现电力供应紧张的情况。为做好电力供需形势分析和预测,指导电力市场分析预测工作开展,国网湖南省电力有限公司组织有关专家编写了此书。

本书共 7 章,介绍了湖南省电力供需现状,深入开展了电力市场环境分析、电力需求预测分析、电力供应能力分析和电力供需平衡分析,提出了提升电力供应保障水平的措施。

本书是湖南电力市场供需分析预测管理培训工作的推荐用书,可供省、市、县 3 级供电企业规划、生产、调度、营销等专业相关人员参考。

本书在编写过程中,参考了许多学者及同行的研究成果及文献资料,在此一并表示感谢。

由于编写时间仓促,书中难免存在疏漏之处,恳请各位专家和读者提出宝贵意见。

编　者
2021 年 8 月

目　录

第1章 电力供需分析概述

1.1 概念和目的

电力供需分析按照内容可分为电力市场环境分析、电力需求预测分析、电力供应能力分析及电力供需平衡分析。电力供需分析可全面跟踪分析地区经济发展及电力供需状况,了解经济发展和电力供需特点,预测未来电力供需形势;深入研究地区经济发展与能源和电力消费的关系;开展电力供需预警,对国民经济发展和电力工业运行中的问题和矛盾进行预警。

电力供需分析是管理决策和提高经济效益的必要条件。对电力市场供需变化规律加以分析和总结,对供需变化趋势进行深度有效的预测,是进行科学管理决策的重要前提,能为电力电量平衡分析提供准确的依据,有利于优化购电策略的制订,有利于电网规划的编制,有助于提高公司的经济效益。

1.1.1 电力市场环境分析

电力市场环境主要分析宏观经济发展情况、产业经济发展情况和重点行业发展状况。

1)宏观经济发展情况

宏观经济发展情况可从区域当期宏观经济形势、固定资产投资、外贸出口及增长趋势、居民收入及物价指数等方面进行分析。根据区域统计部门发布的区域生产总值、分产业增加值和贡献率、规模以上工业增加值等统计指标增长情况,分析区域宏观经济形势。

通常宏观经济发展情况分析需了解本区域整体发展态势及经济运行状况,旨在通过区域内部或相近区域间社会经济信息比对,完整反映电力行业现状及发展前景趋势,从而对企业发展决策或投资提供方向性引导。根据分析内容及特点,主要引入同比和环比等分析方法,分别对地区生产总值各相关影响因素进行对比分析。

2)产业经济发展情况

产业经济发展情况分析主要针对国民经济所属行业现状进行分析,通过对经济市场进行调查、预测及调研,对产业发展趋势进行分析预测。行业经济发展直接影响对应行业用电市场份额及数量,是适应经济发展新常态下国民经济用电分类的依据,更是开展行业用电分析的必要前提。

3)重点行业发展状况

重点行业发展状况分析主要是考虑对行业用电关联关系较高、影响因素较多的行业,根据地区统计部门发布的重点行业、高耗能行业生产能力及产品产量、市场份额等数据,结合国内外价格走势,分析重点行业发展状况,对发展特点等进行筛选、确认。在经济运行情况分析及重点行业分析中,同比及环比分析作为传统分析模式一直因其直观、便利优势而得以充分运用。

1.1.2 电力需求预测分析

电力需求预测分析是根据电力需求、经济、社会、气象等历史数据,探索电力需求历史数据的变化规律,寻求电力需求与各种相关因素之间的内在联系,对未来的电力需求进行科学测算的工作。

电力需求预测对电力系统许多部门都起着重要的作用。做好电力负荷预测工作是实现电网安全、经济运行的重要保障。传统的负荷预测是规划、计划、营销、调度等专业开展工作的基础,在电力工业市场化的过程中,电力需求预测又成为市场交易、市场营销等专业的核心业务之一。

1)电力需求预测的基本特点

由于电力需求预测是根据历史数据推测未来数值,预测工作所研究的对象是不确定事件。只有不确定事件、随机事件,才需要人们采用适当的预测技术,推知其发展趋势和可能达到的状况。这就使电力需求预测具有不准确性、条件性、时间性、多方案性等特点。

2)电力需求预测的基本原理

电力需求预测具有可知性、可能性、可控制性、系统性基本原理。可知性原理即人类可认知过去、现在,也可据此预测未来。预测的可靠性取决于掌握事物发展规律的程度;可能性原理即事物未来的发展,存在各种可能性,而且不是单一可能,因此,只能对可能性进行预测;可控制原理即事物未来的发展是可以控制和干预的。预测的动机即在于,将所预测的未来信息反馈至现在,从而作出决策,以调整和控制未来的行动;系统性原理即预测对象在时间上是连续的,预测将来必须已知过去和现在。

3)电力需求预测的分类

根据预测内容的不同,可分为电量预测和负荷预测。其中,电量预测包括全社会用电量预测、调度供电量预测和售电量预测;负荷预测包括全社会负荷预测和调度负荷预测。根据预测期限的不同,可分为长期预测(以年为周期,预测 5~10 年)、中期预测(以月为周期,预测当年)、短期预测(以日为周期,预测一周)、超短期预测(以 5~30 min 为周期,预测未来 1 h 到几小时)。根据行政级别不同,可分为省级、市(州)级、县(区)级预测。

4)电力需求预测的常用方法

电力需求预测的常用方法有回归分析法、时间序列法、大用户法、经济电力传导法、马尔可预测法及灰色预测法等。

(1)回归分析法

回归分析法常用来分析和预测三次产业的用电量等,或结合人均用电量指标法等方法用来分析和预测居民生活用电。回归分析法是利用数理统计原理,对大量的统计数据进行数学处理,并确定电量与某些自变量,如人口、国内生产总值之间的关系,建立一个相关性较好的数学模型即回归方程,并加以外推,用以预测今后的电量或者负荷。回归分析法包括一元线性回归法、多元线性回归法和非线性回归法。

(2)时间序列法

时间序列法常用来分析和预测居民生活用电量、调度电量和全社会负荷等。时间序列分析法根据历史统计资料,总结出电力需求与时间先后顺序的关系。即把时间序列作为一个随机变量序列,用概率统计的方法,尽可能减少偶然因素的影响,得出需电量随时间序列所反映出来的发展方向与趋势,并进行外推,以预测未来电力需求发展的水平。

(3)大用户法

大用户法常用来分析和预测第二产业、第三产业用电量。大户用法的重点在于用户调研和业扩报装需求收集。通过对本地区大用户的调研走访,可了解现有大用户的生产经营现状,准确把握电力市场主要行业市场行情及未来发展趋势。

(4)经济电力传导法

经济电力传导法常用于分析和预测第二产业与第三产业用电量、居民生活用电量以及全社会用电量。经济电力传导模型则在区域宏观经济研究基础之上,运用回归分析模型、时间序列法模型、ARIMA 模型、灰色预测模型等多种模型,预测各部门、各用户用售电量等主要指标,进而把握全社会电力需求变化规律,提高电量预测的精准度。

(5)马尔可夫预测法

马尔可夫预测法将时间序列看成一个随机过程,通过对事物不同状态的初始概率和状态之间转移概率的研究,确定状态变化趋势,以预测事物的未来。

1.1.3　电力供应能力分析

电力供应能力主要由电力建设进度决定,如新增和退役发电装机情况、新投产输变电设备情况、跨区电力输送情况等,这些因素决定了电力生产能力(即产能),如人们常说的期末装机容量。由于电力是关系国计民生的重要行业,电力建设是在电力规划的指导下进行的,其建设也需要一定的期限。因此,电力生产能力的变化在一定时期内是较明确的。但需要根据对电力供需状况的判断来滚动调整相关电力建设规划,在满足电力需求的同时不发生盲目建设的情况。然而,电力建设情况只是决定了电力生产能力,要把这些产能变成有效产能,还取决于电力生产所用一次能源的供应情况(如发电用煤、天然气等),以及气候、来水情况。因此,在分析电力供应能力时,首先了解相关电力建设规划,调研电源电网的建设进度情况,掌握发电装机容量及构成情况和电网输送能力;然后分析一次能源的供应及气候、来水等情况对电力供应能力的影响,如发电用煤(天然气)的生产、运输、价格等。

电力供应能力分析可从电源供应能力、新能源供应能力、跨区电力输送情况及发电完成情况等方面分析。

1)电源供应能力分析

电源供应能力分析是指简要分析本地区电源装机容量和结构情况,重点对电源分类(水、火、核、风电、垃圾、太阳能及其他等)比重变化情况以及机组投产、退役情况展开分析。

2)新能源供应能力分析

新能源供应能力分析是指简要分析本地区新能源装机容量和结构情况,重点对电源分类比重变化情况及机组投产、退役情况展开分析。在全球气候变化战略调整的趋势下,能源环境安全问题日益受到重视,清洁能源发电投资规模不断加大,与可再生能源利用相关的智能电网技术创新力度也日益增强。加快可再生能源发电并网,提高可再生能源合理利用效率,是适应绿色低碳化发展趋势,促进我国电力经济向环境友好与智能化转型,切实推进电力供应、消费与技术革命的要求。

3)跨区电力输送情况分析

跨区电力输送情况分析是指采用高压输变电系统,将电力从生产地区输送至消费地区情况分析,重点对已建设特高压输电工程、建设中及规划中特高压输电能力展开分析。当前,我国能源中心与负荷中心呈现明显逆向分布。风能光能丰富的西部地区消纳能力不强,而能源需求旺盛的华东、华中、华南等地却受跨区输送通道建设不足的影响,无法按规划实现电能跨区输送,造成可再生能源白白浪费。跨区电力输送通道的建设,既有利于调节能源配置,提高跨区电网输送能力,提升本地电力供应能力,又有利于企业降低成本,更有利于推动大气污染防治。

4）发电完成情况分析

发电完成情况分析是指简要分析地区发电量（水电、火电、核电、风电、太阳能及其他）完成及其增长情况，重点分析发电能源供应情况，主要包括水库来水、煤（气）供应等对发电能力的影响，以及发电设备利用小时数（水电、火电和风电等）及其变化情况。

1.1.4　电力供需平衡分析

影响电力供需的因素很多，包括宏观经济、宏观政策、能源供应、气象与水文、国际形势、突发事件等。其中，既有定量因素，也有定性因素；既有结构性因素，也有非结构性因素。任何电力供不应求或供应过剩都会对经济、社会及人民生活带来不利影响。这就要求对电力需求要有科学合理的判断，对电力供应有适度超前的规划及经济合理的计划安排。然而，电力的供应与需求受到许多不确定性因素的影响。例如：

1）经济增长的不确定性

经济增长快，经济活动增多，人们收入及消费提高，对各种商品需求多，企业生产兴旺，对电力的需求也会提高；反之，经济增长慢，经济活动机遇少，人们收入达不到期望值，影响消费水平，对商品的需求不旺，企业生产减少，对电力的需求也会降低。经济系统是非常复杂的，经济增长受到众多因素的影响，这些因素大多是带有不确定性的。

2）宏观政策的不确定性

政府通过宏观政策调控经济的发展，其中财政政策和货币政策是其通常使用的主要手段。政府会采取什么样的政策，其力度会多大，这是人们无法提前预知的。政府也是根据经济发展状况及对国际国内形势的判断，研究决定需要采取的措施。但是，这些措施将影响一些经济活动，从而也会影响电力的供应与需求。

3）国际经济贸易的不确定性

自 2008 年全球金融危机以来，全球发展渐入应对世界格局与国际秩序新挑战的历史时期。这一时期，随着全球化的演进，国际主要经济力量的对比发生了改变，国际治理体系显现相对滞后且改革进展缓慢，国际经济贸易不确定性趋升，由新冠疫情引发的全球经济不确定性直接表现为全球供应与需求的突发性中断，临时性贸易限制措施加大了全球贸易的不确定性，跨国公司全球运营的外部环境正在发生变化，对电力供需的影响也是人们无法提前预知的。

4）气候变化的不确定性

气候对电力影响是两方面的：对于电力需求而言，若夏季气温高，空调负荷就会急剧上升,电力需求增大;对于电力供应而言,若夏季气温高,雨水少,水电站发电出力降低,电力供应能力减小。气候变化也是很复杂的,随着科技进步与计算机的发展,人们对短期的天气预报具有相对准确性,但对一年以上的中长期天气预报,其不确定性大大增加。

5)突发事件的不确定性

任何自然灾害(如暴雪、台风、洪水、地震等)对电力供应与需求都有影响,而对这些自然灾害的预报仍然是世界难题。

由于当前人们掌握的科技水平还远不能达到对这些不确定性因素给予准确把握和预测的程度,这对提高电力供应与需求预测的准确度带来很大难度。因此,对电力供需进行分析仍然具有重要意义。

电力供需平衡分析主要包括全省(市)电力供需平衡状况分析。根据期末装机容量、电力负荷以及用电量需求的预测结果,综合考虑检修计划和区域间的电力、电量交换,可计算省(市)电网的实际备用率、发电设备利用小时数、最大电力短缺或盈余等。

对电力系统进行供需平衡分析是组织实施各种需求侧响应项目的基础,为不同项目的负荷削减需求提供参考。考虑不同类型需求方资源调配方式和响应时间有很大的区别,供需平衡分析可细分为基于电网动态调度的动态分析,以及按照日、周、月、年等时间频度划分的静态分析;按照覆盖区域的不同,还可分为区域性供需平衡分析和局部供需平衡分析。

1.2 工作体系及职责

1.2.1 电力市场工作体系

为加强湖南省电力有限公司电力市场分析预测管理,建立科学有效的电力市场分析预测工作体系,落实工作责任,提高电力市场分析预测的科学性、准确性、前瞻性及权威性,为公司规划、计划和经营决策提供依据,为政府和社会提供有效信息,对电力市场工作体系进行明确。

本工作体系适用于湖南省电力有限公司、地市(州)供电公司(以下简称"地市供电企业")、县(市、区)供电公司(以下简称"县供电企业")。

电力市场分析预测工作包括月(季)度电力市场分析预测、年度电力市场分析预测和电力市场分析预测专题研究等工作。年度电力市场分析预测工作按照开展时间,可分为春季电力市场分析预测、秋季电力市场分析预测。电力市场分析预测工作流程如图1.1所示。

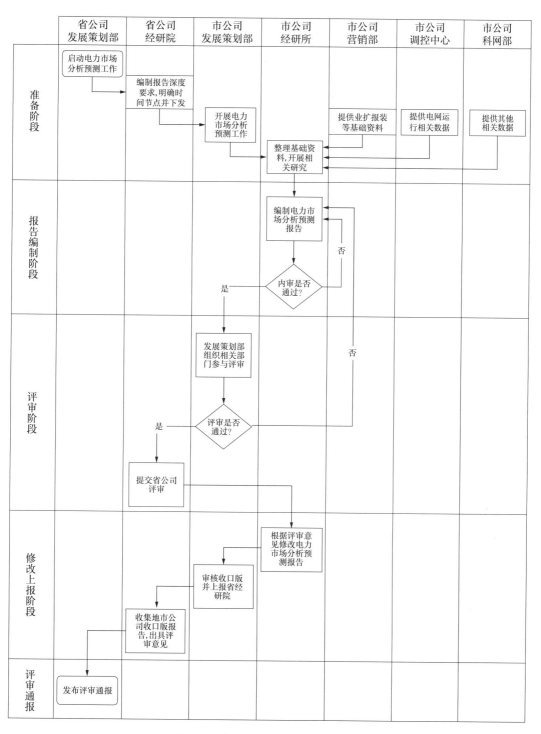

图1.1 电力市场分析预测工作流程

月(季)度电力市场分析预测主要对上月(季)主要经济指标和电力供需情况进行分析,对本月(季)电力供需形势进行预测。每月(季度初月)10日前完成月(季)度电力市场分析预测报告。

春季电力市场分析预测主要对上年度国民经济和电力供需情况进行回顾,对本年度1—2月国民经济和电力供需情况进行分析,对影响电力供需的主要因素进行分析,在对后期经济发展走势分析的基础上,分别对迎峰度夏期间电力供应形势和全年电力供应需求形势进行分析预测。每年3月中旬完成电力市场分析预测春季报告。

秋季电力市场分析预测主要对本年度1—7月国民经济和电力供需状况及特点进行全面总结,对影响电力供需的主要因素进行分析,对本年度及下年度的经济发展态势和电力供需状况进行全面分析预测,并展望国民经济发展五年计划的经济发展与电力供需状况。每年8月中旬完成电力市场分析预测秋季报告。

长期电力市场分析预测主要对未来5~15年及15年以上按各水平年进行电力供需预测分析。根据需要不定期完成。

电力市场分析预测专题研究主要针对地区负荷特性、市场热点问题或突发事件对电力市场的影响进行全面分析,并就其对后一阶段电力市场的影响进行预测。根据需要不定期完成或作为年度、中长期电力市场分析预测报告的附件。

1.2.2 省级供电企业主要职责

省公司发展策划部是本单位电力市场分析预测工作的管理部门,履行以下职责:

①落实执行公司电力市场分析预测管理规定,对本单位电力市场分析预测进行统一管理。

②组织收集本地区国民经济和社会发展数据、能源发展规划,调查和收集有关企业、行业的重要信息及资料。

③组织开展本单位电力市场分析预测工作,组织评审地市供电企业电力市场分析预测报告,定期向公司和政府有关部门报送电力市场分析预测。

④组织开展本地区电力市场调查和专题研究。

⑤组织开展本单位电力市场分析预测管理人员业务培训与经验交流。

⑥参与公司系统电力市场分析预测有关的信息化建设。

省公司营销部参与年度电力市场分析预测工作,负责提供业扩报装、售电量结构特点、重点行业和用户用电、自备电厂等情况及其发展趋势分析;参与本单位电力市场分析预测报告的评审工作;参与本单位月(季)度电力市场分析预测工作;参与年度电力市场分析预测大用户调研。

省公司调控中心参与年度电力市场分析预测工作,提供统调电源投产、退役情况和电网运行等信息,参与本单位电力市场分析预测报告的评审工作。

省公司交易中心参与年度电力市场分析预测工作,负责提出本地区电煤供应预测、跨区跨省交易电量执行情况,参与本单位电力市场分析预测报告的评审工作。

省公司科技互联网部参与年度电力市场分析预测工作,负责提供电力市场其他相关数据及电力大数据产品在电力市场的相关应用,参与电力市场分析预测有关的信息化建设。

省公司经济技术研究院负责协助开展电力市场分析预测相关研究工作,参与电力市场分析预测报告的编制和评审工作,参与电力市场调查和重点专题研究工作,参与电力市场分析预测有关的信息化建设。

1.2.3 地市供电企业主要职责

地市供电企业发展策划部是本单位电力市场分析预测工作的管理部门,履行以下职责:

①负责本单位电力市场分析预测工作,定期向省公司上报电力市场分析预测报告。

②组织收集本地区国民经济和社会发展数据、能源发展规划,调查和收集有关产业、行业的重要信息及资料。

③组织开展本地区电力市场调查和专题研究。

④参与公司系统电力市场分析预测有关的信息化建设。

地市供电企业营销部(客户服务中心)参与年度电力市场分析预测工作,负责提供业扩报装、售电量结构特点、重点行业和用户用电、自备电厂等情况及其发展趋势分析,提出年度用电量预测建议;参与月(季)度电力市场分析预测工作,组织年度电力市场分析预测大用户调研。

地市供电企业调控中心参与年度电力市场分析预测工作,负责提出本地区调度发受负荷和电量预测,提供电网运行数据信息。

地市供电企业科技互联网部参与年度电力市场分析预测工作,负责提供电力市场其他相关数据及电力大数据产品在电力市场的相关应用。

地市供电企业电力经济技术研究所负责配合地市供电企业开展电力市场分析预测和专题研究工作。

1.2.4 县级供电企业主要职责

县供电企业配电部是本单位电力市场分析预测工作的管理部门,履行以下职责:

①负责本地区电力需求分析预测工作,定期向地市公司上报电力需求分析预测报告。

②组织收集本地区经济和社会发展、能源发展规划、重点产业、重点用户的信息及资料。

③组织开展本地区电力市场调查和专题研究。县供电企业客户服务中心负责提供业扩报装、售电量结构特点、重点用户用电等情况及其发展趋势分析。

县供电企业调控中心参与年度电力市场分析预测工作,负责提出本地区调度发受负荷和电量预测,提供电网运行数据信息。

第2章 湖南省电力供需现状

2.1 湖南省社会经济发展分析

2.1.1 湖南经济发展现状

2011年以来,湖南经济发展迅速,经济实力明显增强,产业结构不断优化,经济发展创新能力不断增强,发展质量不断提升,消费需求理性升级。同时,也面临着困难和挑战,2020年疫情对经济发展带来了一定冲击,但湖南经济稳中有进、稳中向好、稳中提质的长期良好态势没有改变。

1)经济实力显著提升,经济规模不断扩大

由图2.1、图2.2、图2.3中的数据可知,湖南GDP总量从2010年15 902.0亿元起步,2012年迈上2万亿元台阶,2016年再上3万亿元新台阶,2020年突破4万亿元大关,达到41 781.5亿元,居全国第九位,中部第三位。2011—2015年,全省生产总值GDP年均增幅达10.5%,高于全国年均增幅2.6个百分点;2016—2020年全省GDP平均增长7.0%,高于全国年均增幅1.4个百分点。全省一般公共预算收入从2010年的1 066.0亿元增加到2020年的3 008.7亿元,年均增长10.9%。发展质效明显改善。产业结构优化、技术管理创新与劳动力素质提升推动产出效率提高,全省劳动生产率由2010年的4.1万元/人提升至2020年的11.8万元/人。规模以上工业企业利润总额从2010年的855.5亿元增加到2020年的2 032.7亿元,年均增长9.0%。城镇化率由2010年的43.3%提高到2020年的58.8%。长株潭一体化步入新阶段,核心引领作用进一步增强,2020年三市地区生产总值占全省比重达 41.7%。区域发展更加协调。湘南湘西承接产业转移示范区来势良好,大湘西地区扶贫发展成效显著,洞庭湖生态经济区绿色发展全面铺开。

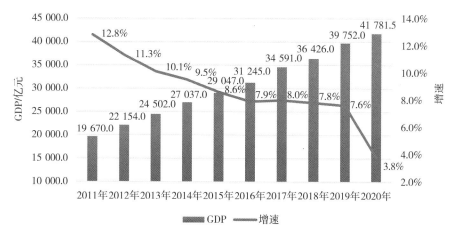

图 2.1　2011—2020 年湖南省经济增长情况

图 2.2　2011—2020 年湖南与全国及华中经济平均增速对比

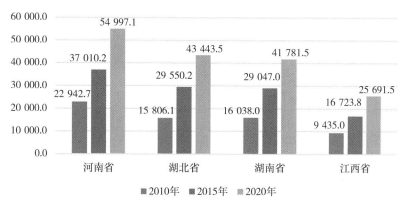

图 2.3　华中四省生产总值总量对比

2) 产业结构持续优化

(1) 第三产业对经济贡献率不断加大

第三产业增加值占比稳步提升,2010,2015,2020 年三次产业结构分别为 14.7∶46.0∶39.3,11.5∶44.6∶43.9 及 10.2∶38.1∶51.7,2020 年第三产业占比较 2015,2010 年分别提高 7.8,12.4 个百分点。

(2) 农业现代化水平不断提升

"十二五"期间,湖南着力推动农业产业化、规模化发展,3 个"百千万"工程深入实施,粮食总产量稳定在 300.0 亿 kg 左右。"十三五"期间,湖南粮食面积稳定在 7 000.0 万亩(1 亩 ≈ 666.67 m²)、产量稳定在 300.0 亿 kg 左右,粮食"基本盘"持续稳固。农业机械化水平大幅上升,主要农作物机械化水平由 2010 年 43.8% 提高至 2015 年 44.0% 和 2020 年的 52.2%。

(3) 工业经济高质量发展

"十二五"期间,湖南省工业整体运行质量不断提升,规模工业增加值达 1.1 万亿元;省级以上产业园区规模工业增加值占全省 61.5%,5 年提高 23.8 个百分点。六大高耗能行业增加值占规模工业增加值的比重较 2010 年下降 4.6 个百分点;七大战略性新兴产业年均增长 17.0% 以上,高技术产业年均增长 26.3%。"十三五"期间,湖南紧紧围绕制造强省的目标,全面推进转型升级,构建现代产业体系,取得了显著成效。工业增加值从 2015 年的 10 458.8 亿元增加到 2020 年的 12 363.5 亿元,年均增长 6.8%,规模工业增加值年均增长 6.9%。其中,高技术制造业增加值占规模以上工业增加值的比重由 2015 年的 10.5% 提高到 2020 年的 11.7%。高端装备制造业占规模以上制造业的比重由 2015 年的 29.7% 提高到 2020 年的 32.4%。

图 2.4　2011—2020 年全省产业结构调整

（4）现代服务业蓬勃发展

"十二五"期间,湖南省服务业年均增长 11.3%,文化和创意产业增加值占 GDP 比重达到 5.9%。2016—2020 年全省金融业、信息传输软件和信息技术服务业、租赁和商务服务业、科学研究和技术服务业、文化体育和娱乐业增加值年均增速分别为 7.6%,25.0%,13.6%,9.9%,12.8%。传统服务业比重下降,批发和零售业占服务业的比重由 2010 年的22.5% 下降到 2015 年的 22.0% 和 2020 年的 18.8%。服务业新业态、新模式、新产业不断涌现,数字经济、平台经济、共享经济等发展迅速,网上交易日益活跃,2020 年全省限额以上批发和零售业实现网上零售额 1 977.3 亿元,是 2015 年的 3.5 倍,占全省社会消费品零售总额的 12.2%。文化创意产业发展迅速,旅游业发展繁荣,2020 年旅游总收入达 8 262.0 亿元,分别是 2015,2010 年的 2.2,6.0 倍。

3）创新开放继续增强

"十二五"期间,湖南主动参与国家"一带一路"建设、京津冀协同发展和长江经济带发展,湘南承接产业转移示范区、洞庭湖生态经济区、长株潭自主创新示范区、湖南湘江新区获国家批准。着力推进创新型湖南建设,涌现出超级杂交稻、8 in(1 in=2.54 cm)IGBT 芯片生产线、高铁电传动系统、"天河二号"超级计算机等一批世界领先的科技成果。努力促进区域经济协调发展,长株潭、环洞庭湖、大湘南和大湘西地区生产总值年均保持两位数增长。综合保税区、国家级口岸等平台建设取得突破性进展,湘欧国际货运班列常态化运营,全省机场旅客年吞吐量突破 2 000.0 万人次,新开通国际航线 40 条,成功架通湖南至欧美的"空中桥梁"。进出口总额年均增长 12.9%,实际利用内资和外资年均分别增长 16.4%,17.4%。"十三五"期间,湖南创新和开放程度进一步加强,特别是省十一次党代会以来,着力发挥"一带一部"区位优势,实施五大开放行动;以长株潭国家自主创新示范区建设为龙头,不断提升创新对经济发展的引领带动能力,全省创新能力和开放发展水平实现了飞速发展。创新方面。全社会研发投入强度增幅居全国前列,高新技术企业达 8 621 家。实施科技成果转化、高新技术企业经济贡献奖励、科研人员股权和分红激励等举措,培育壮大发展新动能。技术攻坚加快推进,实施 120 个重大科技创新项目。2020 年全省高新技术产业增加值增长10.1%。规模以上工业中,传感器、工业机器人、锂离子电池产量增速均在 45.0% 以上。互联网产业高质量发展,2020 年全省移动互联网产业营业收入达 1 618.0 亿元,同比增长22.0%,连续 7 年保持高速发展态势。开放方面,2020 年全省进出口总值达到 4 874.5 亿元,同比增长 12.3%,高于全国 10.4 个百分点。"十三五"期间,进出口总值 1.6 万亿元,同比增长 22.8%,全国排名提升至第十四位。

4）重点领域改革稳步推进

"十二五"期间,完成省、市两级政府机构改革,县(市、区)政府机构改革基本完成,事业单位分类改革积极稳妥推进,省直管县(市)经济体制改革试点有序进行。党政机关公车改革稳步推进。公布省本级"权力清单、责任清单、负面清单、政府核准投资项目目录",完成省市县三级行政审批事项清理,省本级行政审批事项减少47.0%,向长沙市和其余市州分别下放190项、165项省级经济社会管理权限。商事制度改革和社会信用体系建设积极推进。上一轮国企改革全面完成,组建国有资产经营管理公司。实行财政预算公开"负面清单",编制省级重大交通基础设施建设项目债务预算。以农信社改制、土地承包经营权确权登记颁证和农村土地经营权、农房抵押贷款等为重点的农村金融改革加快深化。撤乡并村改革有序推进,国有林场和集体林权制度改革完成,农业"三项补贴"改革全面启动,水利综合改革试点、供销合作社综合改革稳妥推进。"十三五"期间,湖南省以供给侧结构性改革为主线,增强改革的系统性、整体性、协同性。"三去一降一补"持续深化。加快淘汰煤炭等领域不安全的、落后的产能,落实洞庭湖区造纸企业关闭退出后续工作。株洲清水塘老工业基地261家企业整体退出。搬迁改造城镇人口密集区危化品生产企业42家。关键领域改革取得突破。复制推广自贸区经验195项。成为首个全域低空空域管理改革试点拓展省份。长沙获批数字人民币试点城市。出台国企改革3年行动实施方案,完成省建筑设计院等混合所有制改革,改组设立国有资本投资、运营公司,完成国资公司董事会职权试点。财政审计协同联动机制建立健全,省以下财政事权与支出责任划分稳步推进。完成全民所有自然资源资产清查试点。农村承包地确权登记颁证成果巩固拓展,农村集体产权制度改革整省试点任务基本完成,农村宅基地制度改革试点稳慎推进。机构改革成果深化巩固。生态环境系统行政、监测、执法、督察体制机制改革基本完成,交通、农业、文化、市场监管、城市管理等领域跨部门执法改革进展顺利。广电出版、消防执法、供销合作社综合改革取得明显进展。经营类事业单位改革基本完成,行业协会商会与行政机关脱钩改革全面完成。

5）基础设施大幅改善

"十二五"期间,湖南省累计完成基础设施投资2.2万亿元。城镇化率提高7.6个百分点,达到50.9%。建成高标准农田1 495.0万亩。发电装机容量净增969.7万kW,达3 889.1万kW;500 kV主干网基本建成,农村电网改造加快推进。所有乡镇和99.9%建制村通水泥(沥青)路。千吨级以上航道达700.0 km。长沙地铁二号线开通运营,国内首条、世界最长的长沙中低速磁浮线成功通车试运行,长株潭三市之间快速干道全部拉通。全省高速铁路、高速公路通车里程分别达1 296.0,5 653.0 kW,均位居全国前列。"十三五"期间,湖南建成了一大批重点骨干工程,现代化基础设施网络体系日益健全。交通方面。"十三五"以来,湖南铁路新增通车里程991.0 km,总里程5 582.0 km,其中高铁1 986.0 km,居全国第三;新增高速公路1 151.0 km,总里程达6 802.0 km,居全国第七;新改建国省干线超过4 000.0 km,农村公路突破20.0万km;内河航道总里程近1.2万km,居全国第三;民航新增两个支线机场、两个通用机场。长沙市轨道交通运营里程突破100.0 km。能源方面。2020年全省总装机4 915.0万kW,年发电量1 552.1亿kW·h,"十三五"期间分别增加1 025.9万kW、298.6亿kW·h。天然气长输管道总里程超2 000.0 km。水利方面。相继实施涔天河水库建设、洞庭湖治理等一批重大水利工程,防灾减灾和水资源保障能力稳步提高;"十三五"期间,全省农田有效灌溉面积提升至 4 764.2 万亩。信息化方面。移动电话用户增加到 6 719.4 万户、互联网宽带用户 2 113.2 万户,分别是 2010 年的 2.0,5.7 倍;14 个市州城区实现光纤宽带网全覆盖,4 G 网络实现城镇区域 100.0% 连续覆盖。新型信息通信基础设施发展迅速,省内已完成 2.9 万个 5 G 基站建设,国家超级计算长沙中心、40 多个大数据中心相继投入运营。

6) 固定资产投资稳中向好

"十二五"期间,湖南省充分发挥投资对经济的拉动作用,坚持把投资作为"稳增长"的重要支撑,固定资产投资高速增长,规模迅速扩大。2011 年,全省投资总量首次突破 1.0 万亿元,2014 年突破 2.0 万亿元,2015 年超过 2.4 万亿元,投资总量位居全国第九位,中部 6 省第三位(见图2.5)。"十二五"期间全省投资总量累计达 9.23 万亿元,年均增长 23.7%。"十三五"期间,全省充分发挥投资对经济的拉动作用,坚持把投资作为"稳增长"的重要支撑,固定资产投资实现较快增长,规模不断扩大。全省 5 年累计投资 13.61 万亿元,年均增长 10.9%,比全国平均水平快 5.2 个百分点。投资总量占全国投资的比重逐年上升,2016 年为 4.6%,2020 年达到 5.4%,累计提高 0.8 个百分点。"十三五"期间,全省投资增速排位一直保持在全国和中部 6 省前列。

图 2.5　2011—2020 年湖南省固定资产投资完成情况(单位:亿元)

7) 民生事业不断发展,居民收入大幅提高

"十二五"期间,累计投入财政民生资金 1.5 万亿元。实施扶贫攻坚项目 5.9 万个,减少贫困人口 541.0 万人。新增城镇就业 385.0 万人、农村劳动力转移就业 360.0 万人。建设保障性住房和改造各类棚户区 222.5 万套,改造农村危房 91.6 万户;新增供水能力 2.7 亿 m^3,解决农村饮水安全 2 480 万人;"气化湖南"管网覆盖 9 个地级城市。全民医保体系、基本养老保险、最低生活保障实现城乡全覆盖。由图 2.6、图 2.7 可知,2015 年,城镇和农村居民人

均可支配收入分别达到 28 838.0 元和 10 993.0 元,"十二五"期间年均增速分别为 7.9%,10.0%。2020 年,城镇和农村居民人均可支配收入分别提高到 41 698.0 元和 16 585.0 元,"十三五"期间年均增速为 7.7%,8.6%。居民消费支出有所提升,城镇和农村居民人均消费支出分别为 26 796.0 元和 14 974.0 元,"十三五"期间年均增速分别为 6.6%,9.1%。民用汽车保有量 956.7 万辆,"十三五"期间年均增速为 13.1%。生态环境不断优化。以"一江一湖四水"为重点,统筹推进污染治理与生态建设,打响蓝天、碧水、净土三大保卫战,大力实施湘江保护治理"一号重点工程"。脱贫攻坚成效显著。连续 33 年实施以工代赈,有效改善了贫困地区生产生活条件。习近平总书记在湘西首次提出精准扶贫。农村贫困人口从 2010 年的 1 006.0 万人减少到 2020 年的 19.9 万人,累计减贫 986.1 万人。"十三五"易地扶贫搬迁建设任务全面完成,搬迁群众 69.4 万人,51 个摘帽贫困县搬迁 54.6 万人,占搬迁总任务的 78.7%;97.4% 的搬迁对象实现脱贫,"搬得出、稳得住、能脱贫"的目标基本实现。

图 2.6 2011—2020 年湖南省城镇居民人均可支配收入(单位:元)

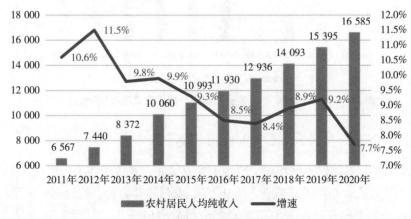

图 2.7 2011—2020 年湖南省农村居民人均纯收入(单位:元)

2.1.2　湖南人口和城镇化

改革开放 40 多年来,湖南省委、省政府坚持推进以人为核心的城镇化建设,紧密结合实际,统筹城乡协调发展,不断加大城镇基础设施建设投入,积极推进新型城镇化进程,全省城镇化率呈稳步上升态势。第七次全国人口普查结果,全省常住人口为 6 644.5 万人,与第六次人口普查比增加 74.4 万人,年均增长 0.11%。常住人口总量在全国排名第七位,湖南省常住人口 10 年来继续保持低速增长态势。

1)年龄结构持续老化

图 2.8 表明,2020 年湖南省常住人口中,0~14 岁人口为 1 296.9 万人,占 19.5%;15~59 岁人口为 4 026.4 万人,占 60.6%;60 岁及以上人口为 1 321.1 万人,占 19.9%。与 2010 年相比,0~14 岁人口的比重上升 1.9 个百分点;15~59 岁人口的比重下降 7.2 个百分点;60 岁及以上人口的比重上升 5.3 个百分点。全省少儿人口比重回升,同时老龄化程度进一步加深。

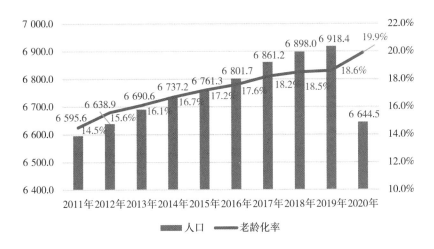

图 2.8　2011—2020 年湖南省常居人口与老龄化率情况(单位:万人)

2)城镇化率提升较快

湖南省城镇基础设施建设日趋完善,城镇化进程快速发展。2020 年全省常住人口中,居住在城镇的人口为 3 904.6 万人,占 58.8%;居住在乡村的人口为 2 739.9 万人,占 41.2%。与 2010 年相比,城镇人口增加 1 059.3 万人,乡村人口减少 984.9 万人,城镇人口比重提高 15.5 个百分点。10 年来,全省推进新型城镇化建设取得了显著成效(见图 2.9)。

3)城镇体系结构日趋完善

2020 年全省 14 个市州中,人口超过 1 000 万人的市州为长沙;在 500 万~1 000 万人的

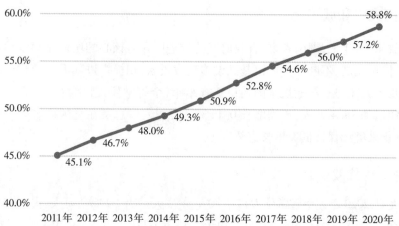

图 2.9　2011—2020 年湖南省城镇化率变化情况（单位：万人）

市州有 5 个,分别为衡阳、邵阳、永州、常德、岳阳;在 300 万~500 万人的市州有 5 个,分别为郴州、怀化、株洲、益阳、娄底;在 100 万~300 万人的市州有 3 个,分别为湘潭、湘西土家族苗族自治州、张家界。省会中心城市长沙的首位度不断上升,以长株潭城市群为核心,区域中心城市为重点,县城和中心镇为依托的大中小城市和小城镇协调发展的城镇体系逐步建立。2019 年 12 月中共中央办公厅、国务院办公厅印发了《关于促进劳动力和人才社会性流动体制机制改革的意见》,提出全面取消城区常住人口 300 万人以下的城市落户限制,将进一步促进劳动力和人才社会性流动。

2.2　湖南省能源资源禀赋

湖南省一次能源匮乏,缺煤、无油、少气,能源自主供给能力和可控能力弱,能源安全问题突出。一次能源资源主要是煤炭和水能,风能资源相对较为贫乏,其风能资源潜在可开发的场址区域主要集中分布在湘南、湘西南、湘东以及洞庭湖周围。生物质、煤层气等具有一定开发潜力。电煤、石油和天然气资源主要依赖省外调入。

2.2.1　煤炭资源

湖南省地跨扬子地台和华南加里东褶皱带两大构造单元。在区域构造上形成了以益阳—安化—溆浦—黔阳断裂为界,以北属扬子地台、以南属华南褶皱系的构造体系。总体构造格架为二隆三坳,自西北至东南依次为桑石断坳、江南断隆、长邵断坳、攸兰断坳、资汝断隆。湖南省在地跨两个构造单元的基础上,受北纬 27°40′东西向同沉积构造的控制,其含煤建造的展布及煤炭资源赋存特征大体呈现为桑石、黔浏、涟邵、韶山、郴耒、资汝六大煤田,其中以涟邵、郴耒两大煤田含煤性较好。

①桑石煤田位于湖南省西北部武陵山以北的广大地区,包括龙山、桑植、保靖、石门、慈利等地,含煤面积约 2.0 万 km²。该煤田位于桑石断坳,断坳内以开阔平缓的向斜、紧密的背斜为特征,煤系地层分布受开阔的向斜控制。二叠系上下两套含煤地层的含煤性呈相互消长的关系,即梁山段含煤性好的地段,则辰溪段含煤性差;辰溪段含煤性好的地段,梁山段含煤性差。

②黔浏煤田位于湖南省西部区、武陵山脉东南地区,包括沅陵、泸溪、辰溪、洪江、会同、靖县等地。该煤田位于江南断隆,以断裂为主,被断裂切割的含煤向斜多沿北东向展布。梁山煤系的形成受控于安化-溆浦-黔阳同沉积断裂,断裂北西侧含煤性好;辰溪煤系中厚煤带的分布受潟湖环境的控制,呈北北东向条带状分布,在北部辰溪一带和南部靖县一带发育较好。白垩纪红层分布较广是该煤田的一个特点。

③涟邵煤田位于湖南省中部,包括涟源、邵阳、祁零 3 个含煤区,是湖南省主要产煤地。该煤田位于长邵断坳,包含两个煤系地层,其中早石炭世的测水组为中国此一时期成煤最好的地段,含煤性最好的地段分布在北段的涟源、冷水江、新化一带,南段的邵阳、新邵、邵东一带较差。另一个含煤岩系为晚二叠纪龙潭煤系,南北也有不同,北段煤层较薄,南段含煤性好。

④韶山煤田位于湖南省中部,包括宁乡、湘潭、醴陵、株洲等地,含煤面积约 1.9 万 km²。该煤田位于长邵断坳,以龙潭北型含煤较好。受多期构造运动的影响,褶皱和断裂呈东西展布,褶皱轴向在含煤区西部呈北西向,在含煤区南部、东部呈北东向。含煤向斜一般不完整,滑脱构造相当发育。

⑤郴耒煤田位于湖南省南部,包括衡山、耒阳、永兴、郴县、宜章等地,含煤面积约 1.9 万 km²。该煤田位于攸兰断坳,含煤地层赋存于一系列线型褶曲和压性断裂所组成的复式向斜中,属龙潭南型沉积。受多期构造叠加控制,褶皱和断裂均发育,构造线方向多呈南北向,一般向斜宽缓,背斜较紧密,呈隔挡式构造。岩浆活动频繁。

⑥资汝煤田位于湖南省东南部,包括资兴、汝城、桂东等地,东南分别与江西省、广东省相邻,含煤面积约 812.0 km²。该煤田位于华南加里东褶皱带的资汝断隆中,含煤地层赋存于被压扭性断裂切割、轴向北北东或南北的向斜中。

湖南省煤炭资源总量为 83.8 亿 t,累计探明煤炭资源量为 38.7 亿 t,保有煤炭资源量为 31.5 亿 t,已利用煤炭资源量为 17.5 亿 t。湖南省煤炭资源分布特点为湘中南多、湘西北少,分布不均衡,大部分煤炭资源分布在湘中和湘南地区。保有资源储量主要分布在娄底市、郴州市、衡阳市、株洲市、邵阳市及湘潭市,占全省的 91.0%。

湖南省煤类较齐全,除褐煤外各种牌号的煤均有赋存。受区域构造的影响,煤质也表现出明显的分带性特点。在湘西北地区以高灰、高硫气肥煤、焦煤为主,湘南以中灰、低硫、高发热量的无烟煤为主;湘中则煤类齐全,在湘中涟邵一带以隆回为中心,由内向外出现了由贫煤、无烟煤到焦、瘦煤,再向外为气煤、肥煤的小型反向带状的煤种分布现象,煤中灰分、硫分较低,且煤质较好。

近年来,湖南省政府连续关闭退出落后小煤矿,2020 年煤矿数量已缩减至 102 处,合计产能 1 041.0 万 t/年,超过 80.0% 电煤需要靠外省输入。

2.2.2　水资源与水能资源

水是维持人类和一切生命系统生存与持续发展不可缺少的物质,水资源也是最重要的战略资源之一。湖南省地处我国中南部,长江中游,为大陆性季风湿润气候区。境内南面与中部山地丘陵居多,北部平原湖泊纵横,地势南高北低。湖南水资源丰富,河网纵横,湖泊众多。主要河流多源于东、南、西边境的山地,5.0 km 上的河流 5 341 条,分属长江流域和珠江流域。长江流域面积较广,占湖南省国土总面积的 98.0%,珠江流域占湖南省国土总面积 2.0%。湘、资、沅、澧四大河流和汨罗江、新墙河等湖南省主要河流从东、南、西三面注入洞庭湖,由城陵矶注入长江,形成以洞庭湖为中心的辐射状水系。

湖南省水资源总量在全国排名中比较靠前,全省平均水资源总量为 2 082.8 亿 m³,多年平均降水量 1 450.0 mm,多年平均地下水资源量 391.5 亿 m³,地表水资源量 1 682.0 亿 m³。由于特殊的地理位置,湖南省降水量丰富,但受大气环流和地形的影响,全省降水时空分布不均。因此,湖南省西北部降水偏少,水资源较缺乏,东南西部开发潜力较大,东北部等发达地区水资源供需不平衡,中部地区水资源压力较大。

全省水能资源理论蕴藏量 1 600.0 万 kW,已开发装机容量占比超过 95.0%,基本开发殆尽。

2.2.3　风能资源

湖南省作为我国中部内陆省份,风能资源相对较为贫乏,其风能资源潜在可开发的场址区域主要集中分布在湘南、湘西南、湘东以及洞庭湖周围。湖南省是一个兼有山地、丘陵和平原多地貌特征的省份,其东、南、西三面山地围绕,中部丘岗起伏,北部平原、湖泊展布,地势西高东低、南高北低,呈朝东北开口的不对称马蹄形盆地状。就整体而言,70 m 高度全省平均风速南部大于北部,山区大于湖区、河谷。风速大的区域主要分布在湘南、湘西南山区,如怀化南部、邵阳西部、永州南部、株洲中南部及郴州东部等,年平均风速均在 6.0 m/s 以上。洞庭湖区以及湘江河谷地带年平均风速为 5.0 ~ 6.0 m/s,风速相对较大。70 m 高度全省平均风功率密度空间分布与平均风速空间分布基本一致。湘南、湘西南山区平均风功能密度较大,70 m 高度年平均风功能密度一般都在 300.0 W/m² 以上。洞庭湖区以及湘江河谷地带年平均风功能密度为 150.0 ~ 250.0 W/m²。全省各市(州)平均风速及风功率密度统计见表 2.1。

表 2.1 全省各市(州)平均风速及风功率密度统计

地 市	风速/(m·s⁻¹)	风功率密度/(W·m⁻²)
长沙市	5.4~5.9	160~220
株洲市	5.4~6.2	160~240
湘潭市	5.4~5.5	170~180
衡阳市	5.0~6.1	150~250
益阳市	5.0~6.5	170~250
常德市	5.1~5.8	150~200
岳阳市	5.0~6.5	160~260
邵阳市	5.2~6.8	160~340
郴州市	5.3~7.0	160~350
娄底市	5.5~6.6	170~250
永州市	5.7~6.6	180~270
怀化市	5.5~6.7	170~300
张家界市	5.4~5.6	170~210
湘西州	5.4~5.8	160~210

"十三五"期间,湖南省风电装机超过 600.0 万 kW,较"十二五"末增加了约 3.4 倍,2020 年风电发电量接近 100.0 亿 kW·h,风电已成为全省第三大电源。

2.2.4 太阳能资源

湖南热量较丰富,辐射较强,气温较高,年平均温度为 16.0~18.0 ℃,年日照时数为 1300.0~1800.0 h,是同纬度中太阳能比较充分的省份,但从全国范围来看属于太阳能资源比较贫乏的区域,居全国中下水平。湖南省太阳能资源分布情况如图 2.10 所示。湖南各地年总辐射为 3 396.0~4 468.0 MJ/m²,其空间分布特征是湘东北洞庭湖区年总辐射较多,湘西山区较少;高值区出现在以安乡为中心的洞庭湖地区,低值区出现在以保靖、龙山、桑植为中心的湘西山区;4 000.0 MJ/m² 分界线大致位于 111.0~112.0°E,呈南北走向,将湖南一分为二,东半部较多,西半部较少。按照中国现行太阳能资源评价标准,湖南介于太阳能资源较贫带和贫乏带之间,湘东、湘东北处于较贫带,湘中以西属于贫乏带。根据全国辐射观测资料分析,四川、贵州大部是全国太阳辐射最弱的区域,湖南正好处于川黔低值中心的边缘。全省平均各月总辐射为 171.8~580.6 MJ/m²,2 月最少,7 月最多,呈现明显的季节变化。湖南太阳能利用的最好季节为夏季,其次为春季和秋季。4—10 月份各地太阳总辐射月总量基本上能维持在 300.0 MJ/m² 以上,5—9 月基本上能维持在 400.0 MJ/m² 以上,7

月、8 月则是辐射最集中的时段,月辐射总量基本上能维持在 500.0 MJ/m² 以上。湖南冬季(12 月至次年 2 月)太阳辐射月总量基本上都在 200.0 MJ/m² 以下,利用价值较小。

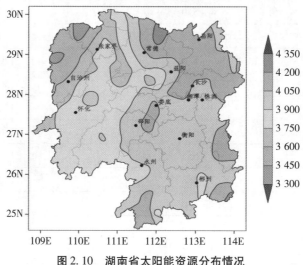

图 2.10　湖南省太阳能资源分布情况

“十三五”期间,湖南省光伏装机超过 300.0 万 kW,较“十二五”末增加了约 9.0 倍。2020 年光伏发电量 30.0 亿 kW·h。

2.2.5　生物质能资源

生物质能是重要的可再生能源,具有绿色、低碳、清洁、可再生等特点。大力发展生物质能对替代部分化石能源消费、促进节能减排、提高能源供应保障能力具有重要意义。湖南省生物质资源种类多,资源较为丰富,每年生物质能可开发利用总量约 2 660 万 t 标准煤,发展生物质能具有广阔的空间。

1)秸秆

湖南省秸秆理论资源量为 3 684.5 万 t,可收集利用量为 2 878.3 万 t,可能源化利用量为 1 237.7 万 t。主要由水稻、油菜籽、玉米秸秆资源构成,共占比 92.9%,其中稻谷秸秆占 68.5%、油菜籽秸秆占 16.9%,小麦和苎麻秸秆占比少,分别占 0.3%、0.4%。东北部的常德、岳阳、益阳和西南部的衡阳、邵阳、永州为秸秆资源丰富区,秸秆能源化潜力大;湘西州、张家界市为秸秆资源贫乏区,秸秆能源化潜力较小。

2)燃料乙醇

根据湖南的气候、土壤以及生物质资源状况和种植传统,可大量种植用于生产燃料乙醇的主要能源作物有薯类含木薯作物、玉米、稻米、甘蔗及甜菜等。

3）生物柴油

生物柴油又称脂肪酸甲酯，以大豆、油菜籽等油料作物，油棕、黄连木等油料林木果实等植物，以及动物油脂、废餐饮油为原料，与低碳醇类醋化或醇解反应，获得的一种可供内燃机使用的燃料。湖南是我国菜籽油主产地，传统种植油菜、菜籽、油桐，全省植物油和废油的资源十分丰富。

2.2.6 核能资源

湖南是中国原子能事业的主要发源地和重要发祥地。湖南铀矿资源丰富，是我国铀矿资源大省之一，已探明并提交各类铀矿 86 处，探明铀储量居全国前三位。湖南省的铀矿床集中分布于扬子古陆块东南缘的湘西北、湘东北地区，扬子陆块与华夏陆块接合地带的衡阳盆地、茶永盆地西南缘和醴攸盆地西北缘，以及华夏古陆块西北缘的诸广山岩体和九嶷山杂岩体内部及其周边。主要有大浦、金银寨、鹿井、大湾、垄头及金管冲六大铀矿田，叙怀、沩山和幕阜山 3 个铀矿化集中区。

湖南铀矿资源主要有以下特征：
①矿床类型较多。
②分布广泛，相对集中。
③大型矿床少，储量占比大。
④绝大多数矿床的定位与矿体的分布受深大断裂、断陷盆地及断裂蚀变带控制。
⑤矿岩时差较大，热液脉体发育。
⑥矿石水冶性能较好，资源开发潜力较大。

湖南省规划核电站厂址有华容小墨山、华容县狮子山、桃源县九龙山、桃江县桃花江、湘阴县开福山、株洲县枫仙桥、株洲县龙门、衡东县三樟、衡南县卿云、常宁县新河等。受日本福岛核电站事故的影响，湖南核电厂建设均处于停滞状态。

2.2.7 地热能资源

地热是一种无污染的新型能源，科学、合理地利用地热资源对社会经济的发展具有十分重要意义。通过地源热泵技术采集浅层地热能，向大地提取或释放热量以满足建筑供暖（冷）的需求，具有高效率、低能耗、轻污染的特点。

湖南属亚热带季风气候，年平均气温 16.0～18.0 ℃，地处云贵高原向江南丘陵和南岭山脉向江汉平原过渡的地带，总体是东、南、西三面环山，中部丘岗起伏，北部湖盆平原，形成了朝东北开口的不对称马蹄形盆地；区内河网密布，水系发达，分属长江和珠江两大流域，并以长江流域的洞庭湖水系为主，形成以洞庭湖为中心的辐射状水系。湖南省 13 个地级城市规划区内不同岩层类型的恒温带深度为 15.0～25.0 m，多在 20.0 m 左右，温度为 19.0～

21.4 ℃。热流密度较高的区域分布于湘中南的瓦屋塘-白马山岩浆岩带和湘南姑婆山-金鸡岭-骑田岭-热水岩浆岩带。热流密度中等的地区沿北西向呈串珠状分布于常德-安仁断裂带的北端石门热水溪、中部灰汤、南段衡东-茶陵段。湖南省 13 个地级城市规划区浅层地温能总热容量为 6.9×10^5 kJ/℃，冬季总换热功率为 1.0×10^8 kW，夏季总换热功率为 1.4×10^8 kW。

已查明，全省有地下热水分布区和地下热水矿床点共计 165 处，分布于省内 42 个县（市）内。地下热水点分布广泛，数量也是全国地热资源比较丰富的省份之一。地下热水、热泉按水温共分为 3 类：第一类水温为 81.0 ~ 100.0 ℃，为高温热泉；第二类水温为 41.0 ~ 80.0 ℃，为中温热泉；第三类水温为 23.0 ~ 40.0 ℃，为低温热泉。以此标准划分，湖南省内有高温热泉两处，占省内热泉总数的 3.8%；中温热泉有 36 处，占 20.2%；低温热泉有 127 处，占 76.0%。因湖南温泉水温普遍不高，发电效益不大，故已有开发利用的 21 处多以温泉山庄、酒店、水上游乐园等形式存在，开发利用模式较为单一。

2.3　湖南省用电情况分析

2.3.1　全社会用电量分析

1) 总体情况

2010 年湖南省全社会用电量为 1 172.1 亿 kW·h，到 2020 年增长到 1 929.3 亿 kW·h，2011—2020 年平均增速为 5.1%，其中，"十二五"期间年均增长速度为 4.3%，"十三五"期间年均增长速度为 5.9%，2011—2020 年全社会用电增速整体呈现倒 N 字形。"十二五"期间，全省有色、建材、冶金、轻工等行业部分产能过剩，随着供给侧结构性改革的进一步深入，去产能力度加大，湖南加快经济结构调整，需求侧总体呈下行态势，投资、消费和进出口均出现一定程度的下降，全社会用电量增长速度放缓，2014 年全社会用电量增速跌至最低点（0.6%）。进入"十三五"，供给侧结构性改革成效开始显现，随着稳增长等政策的实施，全省用电开始反弹回升，2018 年全社会用电量增速达 10.4%，2020 年受疫情影响，全社会用电量增速回落至 3.5%。2011—2020 年湖南省全社会用电量增长情况如图 2.11 所示。

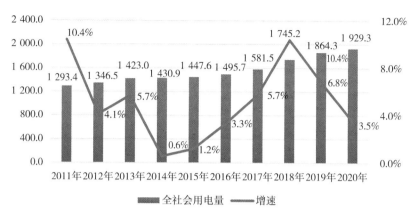

图 2.11　2011—2020 年湖南省全社会用电量增长情况

2）产业用电量

2010—2020 年湖南省全社会分产业及居民用电量构成情况见表 2.2。分析可知,湖南省的产业用电结构有以下变化特点:

表 2.2　湖南省 2010—2020 年各产业用电量

单位:亿 kW·h

年份	分产业用电量			
	第一产业	第二产业	第三产业	城乡居民生活
2010	96.0	752.0	120.0	203.9
2011	98.1	826.1	140.1	229.1
2012	105.6	824.7	155.3	259.7
2013	79.6	886.5	175.6	281.3
2014	21.7	914.0	196.1	299.1
2015	17.1	886.6	215.4	328.6
2016	18.2	847.7	242.6	387.2
2017	13.3	885.3	273.8	409.1
2018	15.1	955.9	315.4	458.9
2019	16.6	987.6	350.7	509.5
2020	17.5	1 030.4	349.0	532.4

①第一产业统计口径分别于 2013 年、2017 年经历两次调整,因此,在 2014,2015,2017 年第一产业电量呈负增长,之后恢复正增长,2016,2018,2019 年的增速分别为 6.4%,

13.5%,10.0%。2020年受新冠疫情的影响,第一产业电量增速下降至5.7%。湖南省第一产业用电量占全社会用电量比重均为最低,第一产业用电量的增长对全社会用电量增长贡献率较低。

②2011—2014年湖南省第二产业用电量平均增速为5.0%。其中,2012年由于受经济形势下滑和国家宏观调控政策影响,钢铁、铁合金、电解锌、电解锰等行业出现停产、减产,导致第二产业用电量呈现小幅下滑。2015年,因高耗能减产和关停,重工业用电急速下滑,第二产业用电量同比下降3.0%。2016年第二产业因高耗能用电持续下滑用电量同比下降4.4%。2017年随着经济形势的好转,第二产业用电量有所回升,总体与2015年持平。2018年工业基本面整体向好发展,第二产业用电量增速达到8.0%。2019年在上年高基数的基础上,第二产业用电量小幅增长3.3%。2020年疫情初步控制后,工业有序复工复产,第二产业用电保持4.3%的增速。2011—2020年湖南省第二产业用电量平均增速为3.2%。

③湖南省第三产业随着金融、房地产、商务及居民服务业、交通运输、仓储及邮政业等行业的迅速发展,第三产业用电量保持了快速增长的发展趋势。第三产业用电量在2011—2020年年均增长11.3%,在全社会用电量中所占比重由2010年的10.2%增长至2020年的18.1%,第三产业用电量在全社会用电量中所占比重呈现增长的趋势。

④居民生活用电量在2011—2020年增长速度为10.1%,居民生活用电量的增长已成为湖南省全社会用电量增长的重要来源。居民生活用电量在全社会用电量中所占比重由2010年的17.4%上升至2020年的27.6%,呈现出明显的上升趋势。居民生活用电快速增长的主要原因为:

①经济发展推动居民收入水平增长、生活水平提高与消费观念转变,家电下乡政策有效普及家用电器,这些对城乡居民生活用电的快速增长起到了积极作用。

②随着城市电网、农村电网改造面进一步扩大,用电条件特别是农村电网用电条件得到了较大的改善,一定程度上促进了居民生活用电增长。

③湖南存在季节性天气情况,每年7—9月份的高温天气、12—2月份的严寒天气,导致降温用电、采暖用电增长,拉动居民用电上升。

3)重点行业用电量

2011年以来,因产业结构转型、环保政策及经济波动的影响,化学原料及化学制品制造业、非金属矿物制品业、黑色金属冶炼及压延加工业、有色金属冶炼及压延加工业四大高耗能行业用电量小幅下滑,2011—2020年平均降幅为0.3%(见表2.3)。其中,黑色金属行业"十二五"期间由于去产能政策影响,用电量年均下降6.3%,随着去产能的基本结束,"十三五"期间用电量略有回升,年均增速为3.0%;有色金属行业"十二五"期间电量基本保持不变,2016年由于湖南省最大的电解铝企业创元铝业的停产导致有色金属行业电量大幅下降,2018年年底株冶搬迁,2019年水口山才满负荷生产,且产能只有株冶搬迁前的7成,"十三五"期间年均降幅为10.7%;随着2013年湘江治理工程的实施,省内多家化工企业关停,导致化工行业用电量一直呈下降态势,"十二五"期间年均降幅为 1.0%,2016 年相继关停永氮化工、宜化化工、地氮、湘潭电化等企业,当年行业用电下降 22.1%,"十三五"期间年均降幅为 2.3%;2011 年以来随着省内高铁、高速公路、地铁、房地产等基础设施建设的不断加快,非金属行业用电量呈快速增长态势,"十二五"期间年均增速为 10.4%,"十三五"期间因去产能政策的影响,非金属行业用电量年均增速下降至 3.8%。

表 2.3　湖南省 2010—2020 年重点行业用电量

单位:亿 kW·h

年份	四大高耗能行业用电量				
	黑色	有色	化工	非金属	合计
2010	164.8	94.0	75.6	69.6	404.0
2011	176.9	94.1	77.1	77.2	425.3
2012	151.9	93.9	79.7	85.3	410.8
2013	141.4	98.2	86.5	98.4	424.5
2014	132.6	94.9	81.7	116	425.2
2015	119.1	93.7	71.8	114.1	398.7
2016	120.6	59.1	55.9	115.5	351.2
2017	127.0	59.0	52.6	118.3	356.9
2018	130.5	52.7	55.5	127.3	366.0
2019	131.7	50.0	60.9	132.8	375.3
2020	137.8	53.3	63.8	137.4	392.3

2.3.2　用电结构分析

全社会用电结构趋势变化与近年来三次产业结构调整走势保持一致,如图 2.12 所示。第一产业因统计口径和行业分类口径调整,用电量在全社会用电中所占比重由 2010 年的 8.2% 下降至 2015 年的 1.2%、2020 年的 0.9%;第二产业呈下降态势,但所占比重仍然最高,用电量所占比重由 2010 年的 64.1%,下降至 2015 年的 61.2%、2020 年的 53.4%;第三产业整体呈上升趋势,用电量所占比重由 2010 年的 10.3% 上升到 2015 年的 14.9%、2020 年的 18.1%。居民生活用电量呈逐年上升趋势,由 2010 年的 17.4%、上升到 2015 年的 22.7%、2020 年的 27.6%。整体来看,第一产业、第二产业比重逐渐下降,第三产业贡献不断提升,同时居民生活水平的稳步提升及电网的不断发展,拉动居民用电比重逐年提升。第三产业与居民生活用电量快速增长已成为拉动全社会用电量增长的最大动能。

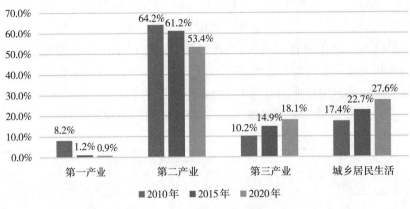

图 2.12　全社会用电量结构变化

2.3.3　用电负荷情况

"十二五"期间,随着湖南省全社会用电量增速的放缓,全社会最大负荷增速也相应放缓,2010 年全社会最大负荷为 2 100.0 万 kW,2015 年全社会最大负荷增长至 2 770.0 万 kW,"十二五"期间年均增长 5.7%(见图 2.13)。"十三五"期间,随着全省经济形势的好转和夏季高温天气的影响,全省负荷快速增长,2020 年全省全社会最大负荷攀升至 3 940 万 kW,"十三五"期间年均增长达 7.3%。

2010 年湖南省调度最大负荷为 1 716.2 万 kW,2015 年调度最大负荷增长至 2 294.0 万 kW,"十二五"期间年均增长 6.0%;"十三五"期间调度负荷增长加快,2020 年全省调度最大负荷达 3 332 万 kW,年均增长达 7.8%。

2010 年湖南省调度最小负荷为 642.8 万 kW,2015 年下降至 589.3 万 kW,"十二五"期间年均降幅为 1.7%;2016 年以来,湖南省调度最小负荷快速提升,至 2020 年提升至 883.9 万 kW,"十三五"期间调度最小负荷年均增长 8.5%。

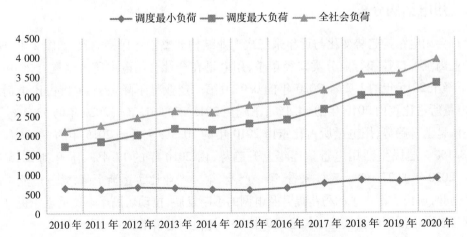

图 2.13　湖南省 2010—2020 年负荷变化情况

2.3.4　负荷特性分析

1）最大负荷利用小时数

"十二五"以来,湖南经济进入新常态,受产业政策、环保治理、供给侧结构性改革等国家调控政策影响,湖南省化工、冶炼、非金属矿物制品、煤炭等行业大批企业关停,全省工业用电增速放缓,但三产业仍保持快速发展,用电持续增长,同时,随着城乡居民收入增长和用电条件日益改善,家用电器日渐普及,居民用电大幅增长,除 2014、2019 年因凉夏等因素影响了夏季高温负荷的增长,导致最大负荷利用小时数上升外,其他年份全省最大负荷利用小时数总体呈下降趋势。湖南省 2011—2020 年最大负荷利用小时数变化情况如图 2.14 所示。

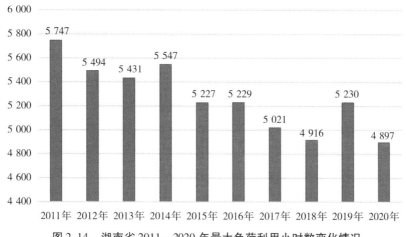

图 2.14　湖南省 2011—2020 年最大负荷利用小时数变化情况

2）年负荷特性曲线

湖南电网 2010—2020 年年负荷曲线如图 2.15 所示。分析可知,湖南电网年负荷曲线有以下特点:

①年负荷曲线呈 W 形,全年明显存在夏季和冬季两个高峰负荷,夏季高峰负荷一般出现在 7 月份或 8 月份,冬季高峰负荷一般出现在 1 月份或 12 月份。

②随着年最大负荷的升高,湖南省夏冬季负荷与春秋季负荷差值变大。其中,春季负荷为夏季负荷的 0.66 ~ 0.72 倍,秋季负荷为冬季负荷的 0.71 ~ 0.88 倍,冬季负荷是夏季负荷的 0.87 ~ 1.16 倍。除 2012,2014,2015,2018 年外,湖南电网夏季负荷均高于冬季负荷。

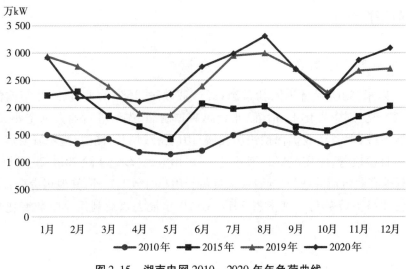

图 2.15 湖南电网 2010—2020 年年负荷曲线

3）尖峰负荷持续时间

2010—2020 年湖南电网年持续负荷中 $\geq 90\% P_{max}$，$\geq 95\% P_{max}$，$\geq 97\% P_{max}$ 持续小时数见表 2.4。湖南电网的尖峰负荷持续时间有以下特点：

① $\geq 90\% P_{max}$。全年持续小时数在 49 ~ 298 h，占全年合计整点时间的 0.6% ~ 3.4%。

② $\geq 95\% P_{max}$。全年持续小时数在 9 ~ 77 h，占全年合计整点时间的 0.1% ~ 0.9%。

③ $\geq 97\% P_{max}$。全年持续小时数在 3 ~ 39 h，占全年合计整点时间的 0.03% ~ 0.45%。

2010—2020 年，湖南电网尖峰负荷持续时间总体呈下降趋势。分析表明，湖南电网负荷持续时间与用电结构密切相关，湖南省第二产业用电比重有所下降，第三产业和居民生活用电比重上升，全省降温、采暖负荷比重加大，导致全省尖峰负荷持续时间相对变短。2019 年尖峰负荷持续时间增加，主要因为凉夏影响了负荷增长。

表 2.4 2010—2020 年湖南电网尖峰负荷持续时间

单位：h

年份	90% 最大负荷时间	95% 最大负荷时间	97% 最大负荷时间
2010	123	51	17
2011	158	31	10
2012	49	9	3
2013	230	77	39
2014	197	26	7
2015	106	26	10

年份	90% 最大负荷时间	95% 最大负荷时间	97% 最大负荷时间
2016	165	34	17
2017	84	19	3
2018	136	22	9
2019	298	48	24
2020	297	51	28

4）峰谷差情况

2010—2020 年湖南电网峰谷差情况统计见表 2.5。从近年的湖南省年负荷特性指标来看，湖南省峰谷差和峰谷差率均呈上升趋势，而年负荷率和年平均日负荷率呈递减趋势，主要原因是全省第三产业和居民生活用电比重上升，而第二产业用电比重下降导致。

表 2.5　2010—2020 年湖南电网峰谷差情况统计

单位：万 kW

指标	2010	2011	2012	2013	2014	2015	2016	2017	2018	2019	2020
年最大峰谷差	619.8	689.0	894.4	962.7	1 130.1	1 161.3	1 207.2	1 138.4	1 410.2	1 480.3	1 432.0
年最大峰谷差率	0.488	0.463	0.564	0.575	0.56	0.576	0.572	0.567	0.540	0.577	0.596
年平均峰谷差	307.4	371.0	501.7	532.0	593.0	647.8	612.3	675.5	753.1	825.1	851.8
年平均峰谷差率	0.246	0.264	0.342	0.342	0.371	0.399	0.359	0.368	0.363	0.370	0.368
年负荷率	0.611	0.648	0.571	0.577	0.589	0.542	0.541	0.528	0.541	0.607	0.582
年平均日负荷率	0.878	0.874	0.84	0.841	0.829	0.818	0.827	0.825	0.829	0.832	0.831

5）典型日负荷特性

（1）夏季典型日

由表 2.6 可知，夏季典型日负荷曲线呈现为"双高峰"特征，午高峰一般出现在 11:00 左右，晚高峰一般出现在 21:00 左右（见图 2.16）。"十三五"期间典型日日负荷率、日最小负荷率呈上升趋势。

表 2.6　湖南省夏季典型负荷日特性指标情况

单位:万 kW

年份	2010 年	2015 年	2016 年	2017 年	2018 年	2019 年	2020 年
日期	7 月 14 日	8 月 26 日	8 月 11 日	7 月 17 日	8 月 6 日	7 月 19 日	8 月 8 日
星期	三	三	四	一	一	五	周六
最大负荷	1 308.2	1 602.3	1 880.4	2 299	2 242.9	2 282	3 141
最小负荷	974.4	1 050.3	1 210.9	1 594.1	1 610	1 653.6	2 281.3
平均负荷	1 143.9	1 366.4	1 618.6	1 974.3	1962	2015.7	2 735.2
负荷率	0.876	0.853	0.861	0.859	0.875	0.883	0.871
最小负荷率	0.745	0.656	0.644	0.693	0.718	0.725	0.726

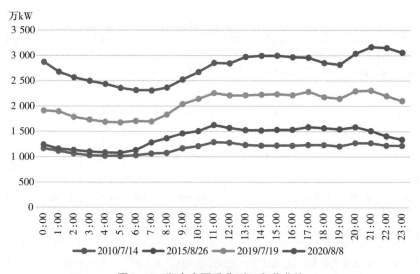

图 2.16　湖南省夏季典型日负荷曲线

(2)冬季典型日

由表 2.7 可知,冬季典型日负荷曲线也呈现"双高峰"特征,午高峰一般出现在 11:00 左右,晚高峰一般出现在 19:00 左右,冬季典型日日负荷率、日最小负荷率呈下降的趋势(见图 2.17)。

表 2.7　湖南省冬季典型负荷日特性指标情况

年份	2010 年	2015 年	2016 年	2017 年	2018 年	2019 年	2020 年
日期	1 月 29 日	12 月 15 日	1 月 18 日	2 月 24 日	1 月 18 日	2 月 22 日	1 月 26 日

续表

年份	2010 年	2015 年	2016 年	2017 年	2018 年	2019 年	2020 年
星期	周五	周二	周一	周五	周四	周五	周日
最大负荷	1 284.7	1 828.5	1 927.4	2 035.2	2 323.5	2 555.4	2 915.2
最小负荷	898.4	921.0	942.5	1 122.6	1 351.1	1 239.0	1 498.9
平均负荷	1 112.1	1 788.7	1 474.8	1 778.3	1 884.1	2 015.7	2 350.4
负荷率	0.866	0.781	0.77	0.801	0.811	0.793	0.806
最小负荷率	0.699	0.504	0.489	0.552	0.581	0.485	0.514

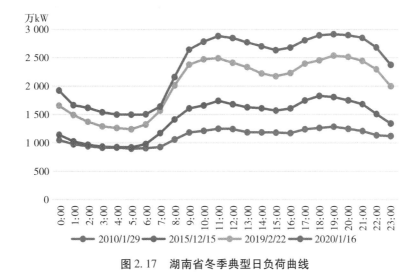

图 2.17　湖南省冬季典型日负荷曲线

2.3.5　主要用电指标与经济发展相关分析

1）中国与主要发达国家人均用电量对比分析

2010 年以来,美、加、瑞、韩、日等发达国家人均用电量变化不大,基本保持稳定(见图 2.18)。我国人均用电量从 2010 年约 3 132 kW·h 增长到 2020 年 5 319 kW·h,年均增速为 5.4%。2010 年,我国人均用电量严重低于发达国家水平,仅为韩国、日本的 1/3 左右,美国的 1/4。随着经济社会发展、人民生活水平提高,我国人均用电量快速增长,现已超过韩国、日本的 0.5 倍,美国的 0.4 倍。对比发达国家人均用电水平,未来我国用电需求仍有较大增长空间。

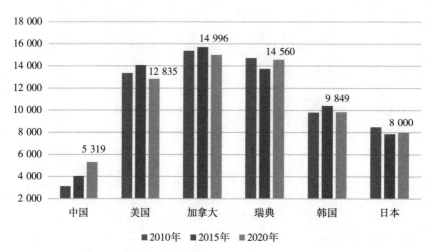

图2.18　中国与发达国家人均用电量对比（单位:kW·h）

2）湖南省与全国人均用电量对比分析（见图2.19）

2011年以来,湖南人均用电量与全国人均用电量相比可分为以下两个阶段:
①2011—2015年,人均用电量水平由全国水平的56.3%降低至53.0%。
②2016—2020年,人均用电量水平由全国水平的51.4%上升至55.6%。
整体来看,历年湖南人均用电量仍处于较低水平。

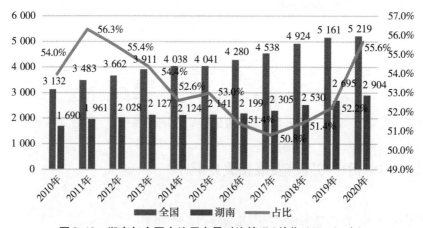

图2.19　湖南与全国人均用电量对比情况（单位:kW·h/人）

3）湖南与苏浙粤三省人均用电量对比分析（见图2.20）

2010年,苏浙粤人均用电量为4 400～5 700 kW·h,为湖南人均用电量的2.2～2.9倍,
到"十二五"末上升至4 900～6 400 kW·h,苏浙粤人均用电量达湖南的2.3～3.0倍。
"十三五"期间,湖南人均用电量增速加快,到"十三五"末,苏浙粤人均用电量下降至湖南的

1. 9 ~ 2. 6 倍。

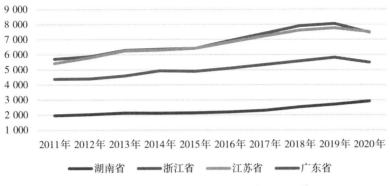

图 2.20　湖南与苏浙粤三省人均用电量对比情况

综上分析,由国际、国内情况对比分析可知,我国人均用电水平与发达国家差距较大,而湖南人均用电水平与发达省份差距较大,在华中 4 省也居最后一位。湖南人均用电偏低主要有以下两个方面的原因:

①用电结构方面,第二产业用电量占比偏低,2020 年湖南第二产业用电量占比为 53.4%,低于全国 14.8 个百分点。第三产业用电量和居民生活用电量占比高,2020 年湖南第三产业及居民用电量占比为 45.7%,高于全国 15.0 个百分点。

②本地企业偏少,每年有大量人员外出务工,常住人口难以精确统计,据相关报道,湖南外出务工人员比例居全国第二。

未来,随着经济社会发展,沿海产业转移,人口有回流趋势,湖南人均用电量增长空间较大。

4)人均居民生活电量分析

2010 年湖南人均居民生活电量为 310.0 kW·h,在华中 4 省排名第二位,略低于湖北省,为全国人均居民生活电量的 81.2%(见图 2.21)。到"十二五"末,湖南人均居民生活电

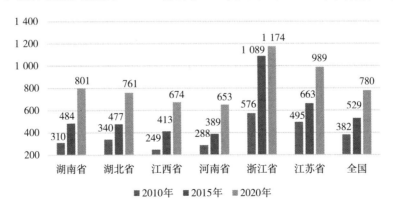

图 2.21　人均居民生活电量对比情况

量上升至 484.0 kW·h,在华中 4 省排名第一位,略高于湖北省,为全国人均居民生活电量的 91.5%。2020 年湖南人均居民生活电量 801 kW·h,略高于全国平均水平 780.0 kW·h,与湖北相当,明显高于河南、江西,但与发达省份对比,仍有较大的差距,为苏浙的 70% 左右。

5)电力弹性系数

"十二五"期间湖南电力弹性系数平均值为 0.4,低于全国平均水平(0.7)。"十三五"期间,湖南电力弹性系数开始上升,逐渐缩小与全国平均水平的差距,如图 2.22 所示。

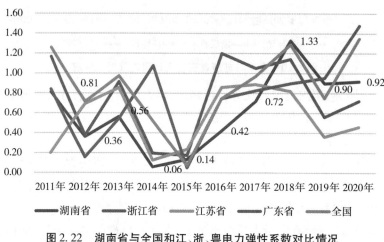

图 2.22　湖南省与全国和江、浙、粤电力弹性系数对比情况

6)行业用电量增长与经济发展关系

"十二五"时期,湖南省通过促进"三量齐升",全面推进"四化两型",经济实力明显增强,经济增长保持中高速,全省地区生产总值保持全国前十,年均增幅达 10.5%,高于全国年均增幅 2.7 个百分点。农业生产平稳增长,工业经济不断壮大,第三产业持续向好。转型升级步伐加快,创新能力大幅增强,产业结构不断优化,消费需求理性升级,新技术、新业态、新模式、新产业快速涌现。发展质量不断提升,可持续发展动能强劲,累计完成投资 9.23 万亿元,年均增长 23.7%,民生、生态等薄弱环节投资得到明显加强;消费品市场持续繁荣,年均增长 14.4%,高于全国平均水平 1 个百分点,为稳定经济发展起到了重要的支撑作用。但该期间全省有色、建材、冶金、轻工等行业部分产能过剩,随着供给侧结构性改革的进一步深入,去产能力度加大,全行业用电量增速放缓,2014—2015 年甚至出现负增长,经济与全行业电量增长出现背离情况(见图 2.23)。湖南全行业用电量增速的变化受高耗能行业影响较大(用电占比 33.6%)。同时,高耗能行业占 GDP 的比重不高(不到 10%),其变化对经济总量的影响相对较小。"十三五"期间,湖南经济保持较快的增长速度,GDP 由 2015 年的 29 047.0 亿元增长至 2020 年的 41 781.5 亿元,按不变价计算,年均增速 7.0%;用电稳步增长,湖南全行业用电由 2015 年的 1 119.1 亿 kW·h 增长至 2020 年 1 396.9 亿 kW·h,年均

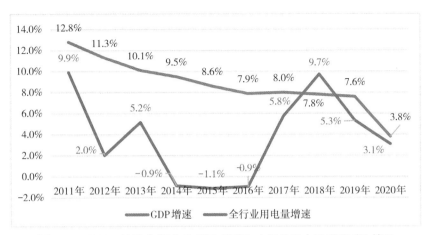

图 2.23　2011—2020 年湖南省 GDP 增速与全行业用电量增速对比情况

增速 4.5%。从"十三五"年均增速来看,湖南经济与全行业电量增长趋势基本一致,保持中高速增长;从逐年来看,有的年份存在经济与全行业电量增长背离的情况。"十二五"末到"十三五"初,湖南加快经济结构调整,供给侧结构性改革进一步深入,去产能力度加大,四大高耗能行业用电陷入低迷,2017 年下半年开始,供给侧结构性改革成效开始显现,随着稳增长等政策的实施,全省全行业用电量开始反弹回升。

7)产值单耗分析

湖南省"十二五"期间单位 GDP 能耗下降 20.0%,第二产业的产值单耗逐年递减,递减速度为 7.4%,第三产业产值单耗略有增长,年均增速为 0.9%。"十三五"期间湖南省第一产业产值单耗逐年递减 2.9%,第二产业单耗逐年递减 3.8%,第三产业单耗逐年增长 1.8%,见表 2.8。

表 2.8　2010—2020 年湖南分产业产值单耗

单位:kW·h/万元

项　目	年　份										
	2010	2011	2012	2013	2014	2015	2016	2017	2018	2019	2020
第一产业用电单耗	412.5	404.6	423.4	310.3	81.0	61.5	63.3	64.9	49.1	52.1	53.1
第二产业用电单耗	815.8	764.9	681.2	646.4	617.9	555.3	482.7	473.6	478.6	457.2	458.2
第三产业用电单耗	188.9	198.1	195.8	198.7	199.7	197.3	201.1	200.3	217.1	223.3	215.9

8)城乡生活用电量增速与居民收入增长增速分析

"十二五"期间,湖南省社会民生持续改善,人民共享发展成果,全省累计新增城镇就业人员 384.03 万人,超额完成目标任务,城乡居民收入按不变价计算年均增长 12.4%;而城乡居民生活用电量年均增速为 10.0%,除 2014 年因凉夏导致城乡居民收入增速与生活用电量增速背离外,其他年份增长趋势基本一致。"十三五"期间,湖南省各级政府尽心尽力发展社会民生事业,聚焦解决群众"急难愁盼"问题,突出"五个优先",加快补齐民生短板。实施促进就业"五大行动",帮助 924 万农民工返岗,城镇新增就业 72.4 万人,城乡居民收入按不变价计算年均增长 7.9%;而城乡居民生活用电量年均增速为 10.1%,超过居民收入年均增速 2.2 个百分点。随着人们收入水平的持续增长和用电环境的改善,城乡居民生活用电量将在未来较长时间内保持中高速增长,如图 2.24 所示。

图 2.24　2011—2020 年湖南城乡居民收入增速与生活用电量增速对比情况

2.3.6　新冠疫情对用电量的影响分析

受疫情影响,2020 年湖南省全社会用电量为 1 929.3 亿 kW·h,同比增长 3.5%,较上年下降 3.3 个百分点。其中,第一产业用电量受到的影响相对较小,6 月份累计用电量恢复正增长,全年用电量同比增长 5.7%,增速较上年仅下降 3.4 个百分点。第二产业受益于节后积极复工复产政策和海外疫情暴发导致部分订单转移至国内,制造业用电增速显著提升,四大高耗能产业增长稳定,通用、专业设备制造业及计算机等高技术装备制造业用电量均实现显著增长,全年用电量同比增长 4.3%,增速较上年同期提高了 1.0 个百分点(见图 2.25)。疫情初期,受疫情防控的隔离措施影响,人们出行和消费活动一直处于较低水平,运输业、住宿业、房地产业等服务业受到较大冲击;疫情得到有效控制后,虽部分服务业有所回暖,但人们对收入预期普遍持不乐观态度,消费欲望下降,导致第三产业恢复周期拉长,全年第三产业用电量同比下降 0.5%,增速较上年同期减少 11.7 个百分点,其中铁路运输业和住宿餐饮业用电量降幅较大,同比分别下降 5.9%,8.4%。

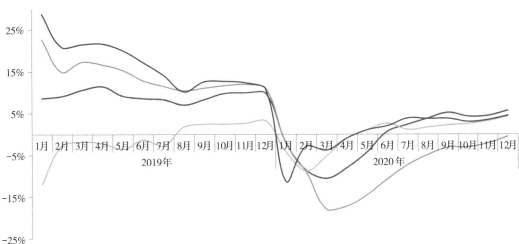

图 2.25　2019—2020 年湖南产业和居民生活用电量累计增长速度

2.4　湖南省电力供应情况分析

2.4.1　电源和发电量情况

　　"十二五"期间湖南省新增电源装机 1 074.4 万 kW,其中新增水电装机 138.1 万 kW、煤电 772.0 万 kW、风电、光伏和生物质等其他电源装机 164.3 万 kW。"十三五"期间湖南省新增电源装机 1 020.2 万 kW,其中新增水电装机 40.9 万 kW、煤电 82.0 万 kW、风电、光伏和生物质等其他电源装机 897.3 万 kW。截至 2020 年年底,湖南电源装机为 4 984.3 万 kW,其中水电装机 1 710.0 万 kW、火电装机 2 208.7 万 kW,风电装机 669.1 万 kW、光伏发电装机 390.7 万 kW,分别占 34.3%,44.3%,13.4%,7.8%。湖南电网水、火、风、光伏电源装机比例由 2015 年的 42.1∶53.7∶3.8∶0.4 调整为 2020 年的 34.3,44.3,13.4,7.8,水电、火电装机比例下降,风电和光伏电源装机年均增速分别为 34.6%,87.3%。

　　2015 年湖南省电源发电量 1 253.5 亿 kW·h,其中水电 520.5 亿 kW·h、火电 709.9 亿 kW·h、风电 22.3 亿 kW·h、光伏发电 0.8 亿 kW·h,分别占 41.5%,56.6%,1.8%,0.1%。"十二五"期间,湖南省电源发电量年均增速为 2.6%。2020 年湖南省电源发电量

1 552.1 亿 kW·h,其中水电 573.7 亿 kW·h、火电 849.1 亿 kW·h、风电 98.9 亿 kW·h、光伏发电 30.0 亿 kW·h,分别占 37.0%,54.7%,6.4%,1.9%。"十三五"期间,湖南省水电、火电、风电、光伏发电量分别较 2015 年提高 53.2,139.2,76.6,29.1 亿 kW·h,湖南省电源发电量年均增速为 4.4%。

湖南电源发展的特点为水能资源主要集中在湘、资、沅、澧四大河流上,其中大型和经济性较好的中小型水电资源点已基本开发殆尽,剩余少量中小型水电资源点虽仍有开发潜力,但开发难度和经济代价较大,此外近期尚存在部分水电站为减少弃水增加调峰容量而建设的扩机工程。水电风电比重大且调节性能差,导致电网安全运行压力大。2020 年湖南电网水电装机占 34.3%,其中 63.9% 为日调节或径流电站,不具备调节能力,且多分布在西部地区;2020 年全省风电装机高达 669.1 万 kW,占 13.4%,湖南省风电场特点是单个风电场规模小(单座风电场规模多为 5 万～15 万 kW),多分布在西部、南部网络结构薄弱的武陵山区、罗霄山区、雪峰山区,夜间出力大。在 4—6 月传统丰水期及 9—10 月重阳水期间,湖南电网大部分时段运行在较低负荷水平,而该期间水电经常大发满发,并常有风电大发叠加,导致全省火电开机受限并需为水电频繁深度调峰,全网呈西电东送格局,湘东、湘南受端系统火电开机难以得到保障,电网安全运行压力加剧。

2010—2020 年高峰负荷时刻水电、火电出力与各年的来水、负荷水平相关,其中水电出力比例集中在 50%～70%,高峰负荷时刻各年火电出力比例均高于当年水电出力比例或基本相当,在 70%～90% 波动,见表 2.9。

表 2.9 湖南省高峰负荷时段电源出力情况

项目	2010 年 8 月	2011 年 8 月	2012 年 12 月	2013 年 8 月	2014 年 12 月	2015 年 2 月	2016 年 8 月	2017 年 8 月	2018 年 12 月	2019 年 8 月	2020 年 8 月
最大负荷 /万 kW	1 716	1 832	2 004	2 168	2 129	2 302	2 380	2 649	3 008	3 017	3 332
水电出力 /万 kW	456	481	347	423	341	594	812	611	771	805	878
火电出力 /万 kW	1 064	1 086	1 437	1 452	1 523	1 505	1 359	1 612	1 551	1 468	1 638
水电装机 /万 kW	863	928	957	1 015	1 139	1 140	1 155	1 154	1 176	1 179	1 164
火电装机 /万 kW	1 239	1 417	1 611	1 611	1 684	1 763	1 967	1 971	1 986	1 988	1 985
火电装机 (扣生物质) /万 kW	1 232	1 406	1 601	1 596	1 668	1 746	1 938	1 934	1 937	1 937	1 902
水电出力 比例/%	52.9	51.9	36.2	41.7	29.9	52.1	70.3	52.9	65.6	68.3	75.4

续表

项目	2010 年 8 月	2011 年 8 月	2012 年 12 月	2013 年 8 月	2014 年 12 月	2015 年 2 月	2016 年 8 月	2017 年 8 月	2018 年 12 月	2019 年 8 月	2020 年 8 月
火电出力比例/%	86.4	77.2	89.8	91.0	91.3	86.2	70.1	83.4	80.1	75.8	82.5

2.4.2 电网情况

1) 对外联络

湖南电网位于国家电网末端,是华中电网的重要组成部分,经葛换-岗市、屏陵-澧州双回等 3 回 500 kV 联络线与湖北电网联系。2017 年 6 月祁韶特高压直流投运,与甘肃电网形成点对点联络。祁韶直流特高压直流输电工程线路全长 2 383.0 km,途经甘肃、陕西、重庆、湖北、湖南 5 省市,是我国第一条大规模输送新能源电力的特高压直流输电工程,对充分利用酒泉丰富的风能资源,推动风电、太阳能等新型能源的集约化规模开发利用,具有重要的意义。这条大动脉是甘肃经济社会跨越式发展的希冀所在,祁韶工程的实施带动了 700.0 多亿元风电、光伏及配套调峰火电等项目建设,直接带动装备制造业产值增加 119.0 亿元,增加就业岗位 1.8 万个,经济效益和社会效益显著。对于湖南而言,祁韶直流进入湖南最大的意义就是引入了价廉物美的能源。甘肃酒泉地区风能、太阳能资源资源丰富,是国家确定的大型风电基地之一。大量的风电使这里新能源成本比较低,但本地难以全部消纳,而湖南对经济的新能源需求较高,甘肃的风电送湖南显然可实现双赢。祁韶特高压工程提高了资源利用效率,扩大新能源消纳范围,破解国家地区西部弃风、弃光困局。祁韶直流带来的不仅是实惠的能源,也是华中地区电力安全供应的可靠保障。华中地区经济发展潜力大,电力需求增长迅速,但一次能源相对匮乏,煤电油运紧张矛盾突出。在华中东四省(豫鄂湘赣)电源装机中,水电比例超过 30.0%,还有约 500.0 万 kW 抽水蓄能机组,系统调峰能力强。湖南电网水电比例较高,季节性丰余枯缺明显,适当接受新能源电源,可实现水风互济。酒泉地区具备建设大型能源基地的条件,在输送风电等新能源的基础上,配套适当规模的火电,实现风光火联合外送,有效保障输送到湖南的直流能源运行稳定,进一步提高输电效率。祁韶工程建成所带来的环保效益也十分突出。该项目配套电源构成按火电 600.0 万 kW、风电 700.0 万 kW、光伏发电 280.0 万 kW,输送新能源电量占比达 40.0%,能减排大量二氧化碳、二氧化硫、氮氧化物等有害气体,进一步缓解大气污染。根据通用计算标准,火电厂每发 1 kW·h 电需要消耗煤炭约 450.0 g,特高压输送的 400.0 亿 kW·h 电力如果折换成火电电量,每年可减少燃煤 1 800.0 万 t。

2）省内网架

目前,湖南电网分为湘东、湘南、湘北、湘西北、湘中、湘西6个区域、14个供电区。其中,湘西北、湘西为两大主要的电源送端,湘东、湘南为两大主要的负荷中心受端。省内网架已形成覆盖全省主要负荷中心和电源基地,西电东送、北电南送的供电格局。省内已建成3条南北向500 kV输电通道和4条东西向500 kV输电通道,交织形成了湘东不完全双环网和湘南单环网。

3）供用电格局

湖南省内电源集中在西部和北部(装机占比达63.0%),负荷中心位于东部和南部(负荷占比超过60.0%),湖南主电网担负着"西电东送、北电南送"的供电保障任务。此外,湖南水电装机比重大,且80.0%以上调节性能较差,丰枯季节性特征明显。

2.5 湖南省电力供需形势分析

2.5.1 电力供需特点

1）用电结构比较特殊且电能利用效率不高

用电结构比较特殊在于湖南省城乡居民生活用电占比大,2015—2020年湖南省城乡居民用电占全社会用电量的比重从22.7%上升至27.6%,远高于2020年14.6%的全国平均水平;湖南省受地形的影响,夏季常出现持续极端高温天气和冬季常出现持续极端湿冷天气,空调负荷占比较高。此外,12—1月部分企业赶工期,工业负荷快速增长,与冬季取暖负荷形成叠加。湖南省全社会电能利用效率不高。近年来湖南省经济发展迅速,但单位GDP电耗水平相对于发达国家偏高。2020年湖南省单位GDP电耗为0.046 kW·h/元,而2019年美国、德国和日本3个国家的单位GDP电耗分别为0.028 元/kW·h,0.022 元/kW·h,0.029 元/kW·h,湖南省单位GDP电耗水平是这些典型发达国家的1.7～2.2倍。与欧美日等发达国家相比,湖南省电能利用效率还存在较大差距。

2）相对特殊的电源结构

截至2020年年底,湖南省累计发电装机容量为4 984.3 万kW,其中火电装机容量为

2 208.7 万 kW,占比 44.3%,低于全国约 60% 的平均水平。但是,湖南省自身电煤资源严重缺乏,并且近年来湖南省政府连续关闭退出落后小煤矿,仅 2020 年分 3 个批次关闭煤矿 33 处、退出产能 183 万 t/年,煤矿数量由 2017 年的 284 处降到 2020 年的 102 处,导致湖南省电煤超过 80.0% 需要靠外省输入。而电煤从外省输入又受电煤供应地区、电煤价格、运力安排等多重因素的影响,无形中增加了湖南省内火力发电企业的经营成本,同时也给湖南省电力安全稳定供应带来了极大的风险。湖南水能资源非常丰富,水电资源已开发 95% 以上。截至 2020 年年底,湖南省水电装机容量达到 1 710.0 万 kW,占比 34.3%,水电装机占比高出全国平均水平 1 倍以上。虽然湖南省水电装机占比很大,但大部分水电机组调节能力差或缺乏调节能力,受季节性尤其是夏季持续高温晴热天气和冬季枯水期的影响较大。因此,占全省发电总装机容量 34.3% 的水电装机,高峰时刻实际出力仅约占最大负荷的 24.0%。正是因湖南水电装机占比较大且调节能力较差的特点,相当于湖南需要投资远高于正常情况的装机容量才来满足本省电力需求,从而使湖南省整体电价高于全国平均水平。近年来,湖南省风电、光伏等可再生能源发展迅速,截至 2020 年年底,湖南省可再生能源发电装机容量达到 1 138.8 万 kW,占总装机容量的 22.8%,其中风电装机 669.1 万 kW,占总装机的 13.4%;光伏装机 390.7 万 kW,占总装机的 3.8%;垃圾生物质发电装机 79.0 万 kW,占总装机的 1.9%。但是,相对于火电和水电而言,湖南省内可再生能源占比不高且自身具有强烈的间歇性和波动性,难以为湖南省提供连续可靠的电力保障。

3) 跨区跨省通道送电潜力尚未充分挖掘

跨区跨省输电是实现电力资源优化配置的有效方式。总体来看,目前湖南省电源发出的电能还不能满足自身电力需求,因此,非常依赖于外省电力供应补偿。近年来,湖南省外购电量占全社会总用电量的比重保持在 10.0% 以上。目前,湖南省外购电渠道主要为跨区的祁韶±800 kV 特高压直流输电工程(简称"祁韶直流")和跨省的湘鄂 500 kV 输变电工程(湘鄂联络线)。其中,祁韶直流于 2017 年 6 月投运,该通道连接甘肃酒泉和湖南韶山,设计送电能力为 800 万 kW,年设计送电量 400 亿 kW·h,是湖南省电力供应最主要的外购电通道和支撑点。祁韶直流在弥补湖南省用电缺口的同时,也大幅提升了湖南全省的清洁能源占比。但是,从现阶段祁韶直流送电情况看,其输电能力发挥还不到 50%,还不能完全满足湖南省用电需求。

2.5.2　电力供需形势

2011—2020 年湖南电力供需整体平衡,除 2011,2017,2018,2020 年因天气原因电力供应紧张实行有序用电外,其他时间段电力供应正常。

2011 年,湖南经历了长时间、大范围的缺电。根据省委省政府指示,湖南省电力公司坚持以全省经济社会发展大局为重,不计成本、不惜代价争取外购,千方百计提高全省供电能力。在长江枯水、三峡发电大幅减少、全国大部分省区用电紧张、省外购电难度不断加大的情况下,得到国网公司、华中分部和兄弟省公司的大力支持,采取调剂送湘电能计划、增加华北、西北及其他各省电能支援湖南等措施,使实际从省外购电量大大超过原有计划或合同,在一定程度上缓解了湖南电网的供需矛盾。

2012年湖南平均降雨量1 558.0 mm,较历年同期偏多7.0%,湘西北偏多,其他地区略少。受水库来水偏多影响,水电发电量大幅增加,同时负荷增速放缓,火电发电空间大幅缩减,电煤需求下滑,受全国电煤供应形势影响,电煤供应从2011年电力短缺的形势转变为2012年电力供大于求的情况,大部分时段电煤库存高位运行,各电厂在丰水期结束后均出现煤满为患的情况。

2013年电力供需正常,主网没有发生有序用电的情况,7月底、8月中上旬电网负荷高,电力供应偏紧,其余时段电力供应充足。供电紧张区域主要集中在湘中主变下网、浏阳电网、常德、益阳湖区电网。长株潭是湖南省政治、文化和经济中心,负荷重且增长较快,夏季负荷高峰时段500 kV联变下网接近稳定限额,如500 kV主变故障可能在湘中大面积限电的风险。浏阳地区供电遇到瓶颈。沙丛ⅠⅡ线和云淮线为浏阳市输送电力的骨干通道,若以上3回线路中任1回跳闸,将导致其他2回线路达到热稳定极限,需要采取事故限电措施。常德北部、益阳西北部地区供电遇到瓶颈。洞庭湖区用电增长较快,220 kV盘窖及盘七断面输送功率则从7月下旬开始已达到满载,为控制断面需加大江垭电厂方式,限制石门电厂出力,因干旱,江垭电厂来水不足,不具备长期大负荷运行的能力,供电紧张。

2014年电力供应呈现出供大于求的局面,全年无有序用电情况。水电来水较丰,水电发电情况较好;电煤供应市场的好转,电煤供应充足;公用火电机组平均利用小时数与其他省份相比,湖南省火电机组利用小时数较低。受经济转型及凉夏天气等因素影响,电力需求增长不旺,随着近年经济结构的逐渐调整及人民生活水平的提高,生产及居民生活用电仍有较大的增长空间。

2015年电力供应形势宽松。从全省电力电量平衡来看,呈现出供大于求的局面,全年未发生有序用电情况。主要原因:一是需求侧增长疲软,由于高耗能用电下滑影响全省用电需求增长;二是2015年来水情况整体较好,水电发电量同比增加,电力供应面宽松;三是全年火电利用小时比2014年有所下降,电煤供应充足,电力供应裕度充足。

2016年全年湖南电网水电发电充足,电煤供应基本平衡,全年电力供应充足,并有富余,没有实行有序用电。

2017年湖南电网电力供需正常,除7月27—28日在全省范围内采取小规模的有序用电措施外,其余时段电力电量供应总体富余。

2018年湖南电力电量供应呈现以下特点:1—2月因低温雨雪冰冻灾害电力供应紧张,存在电力供应缺口,从1月26日—2月8日共计14天,在全省除张家界以外的13个地市(州)实施了有序用电;6—8月电力供应基本正常,因设备故障部分时段电力供应紧张;12月因大范围持续低温雨雪天气电力供应较为紧张,存在短暂电力供应缺口,12月30日9:00—12:00,除张家界、湘西、永州、常德、株洲电网外,其他9个市州均不同程度实施有序用电,涉及 500 余家工业企业;其余时段电力供应正常,略有富余。

2019 年全年供应形势平衡。1—2 月上旬受低温雨雪冰冻天气影响,电网负荷高,电力供应紧张,基本平衡;2 月中下旬受春节影响,电网负荷较低,电力供应富余;3—7 月中旬,受持续降水影响,电网负荷不高,水电等清洁能源能力强,电力供应富余。7 月下旬—8 月底,受持续高温炎热天气影响,电网负荷持续攀升,电力电量创新高,电力供应偏紧,基本平衡。9—11 月上旬,电网负荷处于较平稳阶段,电力供应充足。11 中旬—12 月受暖冬影响,城乡居民生活用电及第三产业负荷较低,电力供应富余。

2020 年湖南电力供应偏紧,夏高峰和冬高峰期间均出现供应缺口。度夏期间,水风大发,整体电力平衡情况好于预期,仅部分时段电力存在缺口,8 月 4—9 日执行有序用电;12月寒潮提前来临,12 月 5—30 日执行有序用电,12 月 5 日开始在湘南和湘西南地区局部开展有序用电,7 日开始在除张家界外的 13 个市州实施有序用电。度冬高负荷期间,风电、光伏等无法提供可靠电力,对整体的电力电量平衡有较大影响。

2.5.3　电力供需存在的问题

虽然湖南电力供需整体平衡,但随着湖南用电需求的快速增长,用电结构的变化,峰谷差逐年增大,以及电源负荷不统一等原因导致湖南供需形势仍存在不少问题。

1)电力需求快速增长和电力供应能力发展不足存在矛盾

"十三五"以来,湖南省经济保持稳中有进发展态势,城镇化率不断升高,居民生活水平稳步提升,全社会用电需求保持较快增速,全社会电量由 2015 年的 1 447.6 亿 kW·h 增长到 2020 年的 1 929.3 亿 kW·h,年均增长 5.9%,全社会负荷由 2 820.0 万 kW 增长到3 940.0 万 kW,年均增长 6.9%。电源装机增加 1 020.0 万 kW,其中水火电(含生物质发电)仅增加 123.0 万 kW,储能装机 6.0 万 kW,有 891.0 万 kW 为新能源发电,新能源发电具有随机性和波动性,无法担任主力供电电源。电力供应能力增长远落后于电力需求增长,在2017,2018,2020 年夏冬季高峰负荷时段,全省部分地区实施了有序用电措施。"十四五"期间,随着电量和负荷的增长,若电源装机不能跟随用电需求合理配置,预计湖南省电力供需矛盾将进一步凸显。

2)丰水期清洁能源消纳存在较大压力

湖南电网清洁能源比重较大,调峰能力不强。2020 年全省水电装机规模约 1 710.0万 kW(含抽水蓄能电站 120.0 万 kW),占全省电源装机的 34.3%,其中具有年调节及多年调节能力的机组约 220.0 万 kW,仅占常规水电的 14.0%,径流式水电约 950.0 万 kW,占常规水电的 59.0%;新能源装机 1 150.3 万 kW,占电源装机比重为 23.4%,不具备调峰能力。而湖南省丰水期(3 月中旬—5 月中旬)电网负荷在年负荷中处于低位,考虑清洁能源大发,部分时段电网发电能力存在盈余,需要送外省消纳。极端情况下,在火电最小开机方式,祁韶直流最小输送功率,考虑外送消纳后,仍无法满足省内清洁能源消纳,会造成弃水、弃风情况。考虑湖南省基础负荷低、峰谷差大及电源比重发展,未来一段时间丰水期清洁能源消纳仍存在较大压力。

3)电力系统运行经济性不佳

由于湖南负荷电源分布不统一、丰枯特性和峰谷差大等特点,造成系统经济运行能力较差。一是湖南负荷集中在东部的湘东、湘南、湘北地区,电源集中在西部的湘西北、湘西、湘中地区,系统运行网损较大;二是丰水期电网供电以清洁能源发电为主,火电常作为调峰或备用电源,开机较少,造成全年火电利用小时数不高,2015—2020 年全省火电利用小时数在3 700 左右波动,远低于全国平均水平,也低于周边省份;三是电网峰谷差大,峰谷差率高,2020 年电网最大峰谷差 1 432 万 kW,最大峰谷差率 59.6%,湖南电网最大峰谷差一般发生在冬季,系统调峰主要依靠火电,火电机组频繁深度调峰降低了系统运行经济性。

4)电网"强直弱交"问题严重,区外来电输电能力发挥不足

祁韶特高压直流投运后,湖南电网面临"强直弱交"结构性问题,电网暂态稳定问题较为突出。当前,湖南电网跨区跨省交流通道不强,仅有鄂湘 3 回 500 kV 交流线路与华中电网联络。祁韶直流一旦发生双极闭锁等严重故障,500 kV 交流联络线路无法满足潮流安全转移需求,必须切除省内大量负荷,不可避免导致大面积停电。为确保电网安全运行,湖南电网接受区外来电的最大功率须进行控制。

第 3 章 电力市场环境分析

3.1 宏观经济形势

宏观经济同全社会用电量呈现出一定程度的波动相关性,以经济指标走势为参考依据,可从全社会发展角度判断电量的预期增长范围。电力需求依附于经济的发展,当经济增长缓慢时,电力需求增长速度随之下降;当经济好转时,电力需求增长较快,用电水平随之增高,用电量也增多。因此,经济因素被认为中长期电力需求的最重要决定因素。经济增长及其对人们生活的影响,是促进电力消费增长的重要动力,决定着用电需求的增长速度。

3.1.1 全国经济预测

"十四五"时期是中国经济由中等收入阶段迈向高收入阶段的关键时期,中国经济增长动力机制转换将迎来新的阶段,消费将成为高质量发展的主动力,"一带一路"等增长带动效应开始释放,在与"一带一路"沿线国家深化合作过程中,以服务贸易为重点的开放转型将促进我国出口竞争力的提高。我国工业化仍具有市场空间,工业仍是支撑经济增长的主要动力。"十四五"我国将凸显绿色发展,技术革命将有力推动产业升级与发展转型。进入 5G 时代,以人工智能为代表的第四次工业革命在"十四五"期间爆发,给世界各个国家产业发展的各个领域带来深刻影响。新一轮工业革命将重塑国家间竞争格局,为后发国家的竞争与赶超提供窗口期。

"十四五"我国仍面对复杂的国际、国内环境,我国经济发展将面临许多风险与挑战。一是中美对抗长期存在。从历史上大国之间的战略竞争与博弈来看,一个新崛起的大国必然要挑战现存大国,而现存大国也必然回应这种威胁。美国是世界第一超级大国,阻击"老二"是美国的一贯战略,美国已成功地阻击了挑战美国世界第一地位的英国、德国、日本、苏联和欧盟。目前,中国已成长为世界第二大经济体,中美对抗无可避免,美国围堵中国,扼制中国的崛起,意在继续主导世界经济的发展,防止中国对美国霸权的染指。为了达到这个目的,美国在挑起贸易战的同时,已在经济、政治、军事、地缘政治和文化上对中国进行了全面施压、围堵和遏制。未来很长一段时间内,这种对抗将长期存在。二是人口红利逐步消失。人口自身均衡压力进一步增大,我国人口发展已经进入关键转折期,人口自然增长率长期低于预期、人口老龄化程度不断加深、劳动力老化程度加重等问题凸显。根据有关专家的分析预测,中国人口峰值已经出现或者即将出现,劳动力减少和人口老龄化成为经济增长的又一阻力,劳动力成本上升可能导致我国传统优势产业外迁或转移风险。三是受"卡脖子"技术制约。受国际贸易环境影响加大,我国工业化的根基不牢,关键基础材料、核心基础零部件(元器件)、先进基础工艺、产业技术基础等对外依存度仍在50%以上,受中美贸易战及国际贸易保护主义影响,核心技术所面临的风险增大。美国在科技领域对中国实行封锁,目标锁定"中国制造2025",人工智能、量子计算、先进通信、机器人,航空航天、半导体等多个领域的中国企业被列入实体清单。

同时,我国经济发展也面临新机遇。一是新一轮产业革命正在催生新经济。移动互联网、智能终端、大数据、云计算、高端芯片等新一代信息技术发展将带动众多产业变革和创新,随着新技术、新产业的发展,不同产业之间边界渐趋模糊,新兴产业的空间巨大广阔。二是服务业拉动经济增长的贡献率不断提高,新业态新模式发展潜力巨大。未来五年,我国服务业增加值比重预计将达到65%,制造业和服务业将走向深度融合,互联网经济、数字经济、共享经济等新模式与传统业态日趋融合,为经济增长提供新动力新引擎。三是"一带一路"倡议为中国的国际贸易发展开辟了一条新道路,指明了一个新方向。在经济全球化的浪潮下,世界各国均积极出台有关政策,加入中国"一带一路"发展行列,"一带一路"为世界经济增长开辟了新空间,为国际贸易和投资搭建了新平台,为完善全球经济治理拓展了新实践。

随着中国经济规模的不断扩大,经济发展逐步由规模速度型转向质量效益型,产业结构逐步转向服务业为主导,经济增长动力逐步由要素投资驱动转向创新提升全要素生产率驱动。据IMF预测,"十四五"中国GDP增速维持在5.5%~6.0%,经济发展长期向好的基本面没有变。

3.1.2 湖南经济预测

"十四五"时期,湖南经济延续平稳增长,将在深化供给侧结构性改革上持续用力,加快行业结构调整,推动产业转型升级,深入实施"三高四新"战略,着力推动高质量发展,整体呈现以下4个特点:

1)中美贸易摩擦对湖南总体影响有限

一方面是从对美进出口总量来看,湖南进出口总额占湖南GDP的比例为10%左右,而对美进出口占总进出口的比例不到 10%,湖南对美贸易占 GDP 的比例仅 1%;另一方面从近两年的进出口增速来看,2018 年中美贸易战开始,但 2018 年和 2019 年湖南进出口总额分别达到 3 080 亿元和 4 342 亿元,增速分别为 26.5% 和 41.2%,保持了较高的增长速度。2020 年湖南进出口同比增长 12.3%,东盟成为湖南省第一大贸易伙伴,随着"一带一路"的推进,沿线国家市场的逐步打开带来新的增长点。

2)中部崛起、长江经济带建设为湖南带来新的发展机遇

中部崛起和长江经济带建设是我国区域经济协调发展战略的重要组成部分,湖南紧紧抓住战略机遇,着力推动高质量发展,推进供给侧结构性改革,以壮士断腕的决心推进关停并转,倒逼了新旧动能转换,提出实施制造强省建设战略,以智能制造为主攻方向,高新技术产业增加值在湖南 GDP 中的比重不断放大,从 2015 年的 21.1% 提升到 2020 年的 23.5%。

3)承接产业转移成为稳增长重要支撑

湖南着力打造中西部地区承接产业转移高地,坚持新发展理念,发挥"一带一部"区位优势,准确把握示范区建设战略定位、内涵要求、示范标准、目标任务,务实高效推进示范区建设,着力构建产业结构优化、开放体系完善、区域协同联动、行政服务高效、示范效应明显的承接产业新格局。优化营商环境,吸引更多产业链上下游项目落户,随着湖南产业升级,将带来更多的就业机会,有助于推动湖南大量外出务工人员的回流。据统计,近 5 年湖南全省承接产业转移项目超过 16 000 个,投资总额近 17 000 亿元,每年带动城镇新增就业 70 万人以上,成为带动人口回流的生力军,也推动湖南的就近城镇化。

4)新基建成为经济增长新动力

为了应对疫情的影响,3 月份中共中央政治局常务委员会强调加快 5G 网络、数据中心等新型基础设施建设进度,随后全国各省市陆续出台 2020 年重点投资计划,掀起新一轮基建投资热潮,以新基建投资为我国经济注入新动力。湖南抢抓国家加大"新基建"投入的政策机遇,坚持项目和产业两手抓,计划"十四五"布局建设 8 万个 5G 基站,加快园区工业互联网、"城市大脑"数据中心建设,推进大中城市规模组网,进一步加大新能源汽车和充电桩的推广力度,预计到 2025 年新能源汽车保有量将达到 50.8 万辆,公共充电桩保有量将接近 150 万个。

由上述分析可知,湖南相较全国的经济发展仍有一定的优势,而且从历年的 GDP 增速来看,湖南始终领先于全国平均增速,从 2020 年 GDP 增速来看,较全国高 1.5 个百分点,预计"十四五"湖南经济平稳增长,年均增速约为 6.5%。

3.2 国家战略

3.2.1 "碳达峰、碳中和"战略

2020 年 9 月 22 日,习近平主席在联合国一般性辩论时宣布中国二氧化碳排放量力争在 2030 年达到峰值,2060 年前实现碳中和。2020 年 12 月 12 日,习近平主席在气候雄心峰会上进一步提出了中国国家自主贡献新举措,即到 2030 年单位国内生产总值二氧化碳排放将比 2005 年下降 65%,非化石能源资源占一次能源消费比重将达到 25%,森林蓄积量比 2005 年增加 60 亿 m^3,风能、太阳能发电量将达到 12 亿 kW。

碳达峰是指全球、国家、城市、企业等主体的碳排放在由升转降的过程中,碳排放的最高点即碳峰值。碳中和是指人为排放量与通过植树造林,碳捕捉与封存(CCS)技术等人为吸收汇达平衡。狭义上是指二氧化碳排放,广义上也可指所有温室气体排放。

习近平总书记提出"碳达峰、碳中和"目标,是党中央做出的重大战略决策,不仅是一个应对气候变化的目标,更是一个经济社会发展的战略目标,体现了我国未来发展的价值方向,对构建以国内大循环为主体、国内国际双循环相互促进的新发展格局意义深远重大,是一项重大的政治任务。

实现"碳达峰、碳中和"是一项复杂艰巨的系统工程,在能源消费侧,要全面推进电气化和节能提效。一是强化能耗双控,坚持节能优先,把节能指标纳入生态文明、绿色发展等绩效评价体系,合理控制能源消费总量,重点控制化石能源消费。二是加强能效管理,加快冶金、化工等高耗能行业用能转型,提高建筑节能标准。以电为中心,推动风光水火储多能融合互补、电气冷热多元聚合互动,提高整体能效。三是加快电能替代,支持"以电代煤""以电代油",加快工业、建筑、交通等重点行业电能替代,持续推进乡村电气化,推动电制氢技术应用。四是挖掘需求侧响应潜力,构建可中断、可调节多元负荷资源,完善相关政策和价格机制,引导各类电力市场主体挖掘调峰资源,主动参与需求响应。预计 2025,2030 年,电能占终端能源消费比重将达到 30%,35%。

3.2.2 "三高、四新"战略

加快中部地区的崛起步伐,已成为中央重要的战略部署,也是未来中国发展的关键之处。因此,"着力打造国家重要先进制造业高地,具有核心竞争力的科技创新高地,内陆地区

改革开放的高地,在推动高质量发展上闯出新路子,在构建新发展格局中展现新作为,在推动中部崛起和长江经济带发展中彰显新担当,奋力谱写新时代坚持和发展中国特色社会主义的湖南新篇章"就成了湖南发展的新坐标。实施"三高四新"战略,是深刻领会习近平总书记重要讲话精神、综合各方面意见建议、顺应新阶段湖南发展需要作出的重大决策。

"三高四新"是习近平总书记关于湖南工作系列重要讲话指示精神的集中体现。"三高四新"与党的十八大以来习近平总书记对湖南提出的"一带一部""三个着力""守护好一江碧水"等系列重要指示要求既一脉相承又与时俱进。将"三高四新"作为引领湖南未来发展的战略,是习近平总书记考察湖南重要讲话精神在三湘大地落地生根的必然要求,是旗帜鲜明讲政治、践行"两个维护"的具体行动。

"三高四新"是十九届五中全会精神在湖南的细化具体化。"三个高地"是湖南进入新发展阶段、构建新发展格局的新定位,"四新"使命本身就体现了新发展阶段新发展理念新发展格局的实践要求。打造国家重要先进制造业高地,体现了把发展经济的着力点放在振兴实体经济、建设制造强国上的鲜明导向;打造具有核心竞争力的科技创新高地,与加快科技自立自强的精神高度契合;打造内陆地区改革开放高地,与十九届五中全会提出的实施更大范围更宽领域更深层次对外开放有机联系。实施"三高四新"战略,抓住了新时代新阶段湖南发展的主攻方向和战略重点,必将有力推动十九届五中全会精神在湖南落实落地。

1)从发展机遇看

实施"三高四新"战略、建设现代化新湖南面临一系列重大利好。一是国家战略叠加实施提供区域发展新机遇。湖南依托"一带一部"区位优势,向北共建长江经济带,向东对接长三角一体化发展,向南承接粤港澳大湾区产业转移,向西密切与成渝地区双城经济圈协作,向西南对接西部陆海新通道,将推动湖南"左右逢源"的枢纽优势、人口众多的市场优势转化为联结国内外大市场的发展优势。二是新一轮科技革命带来产业升级新动力。数字化、网络化、智能化和生物技术发展引发全球性深刻产业变革,国内东南沿海产业加快转移,新冠肺炎疫情加速产业链深度重构、供应链加速重组,湖南将迎来新一轮产业布局和新兴产业崛起的"窗口期"。三是"一带一路"引领内陆地区开放新格局。湖南开放平台数量居中部第一,中非经贸博览会落户湖南,自贸试验区获批,海陆空立体综合交通体系日益完善,农业、矿业、制造业等优势产业与"一带一路"沿线国家发展需求高度契合,湖南已由内陆腹地迈入开放前沿。四是强大内需市场成为高质量发展新支撑。居民消费升级、公共服务和基础设施补短提质需求迫切,国内统一市场建设边际效应加快释放,7 300万人的内需市场前景看好,带来的有效投资和消费升级将有力拉动经济增长。把握好这些机遇,就能形成发展新优势、赢得发展主动权。

2)从发展动力看

"三高四新"战略的实施将进一步集聚和放大湖南比较优势,催生更多高质量发展的新活力新动能。每一个高地的背后、每一项使命的践行,都是沉甸甸的责任,也是高质量发展的动力源。例如,湖南发展先进制造业有基础、有优势,全省制造业占工业增加值比重超过90%,形成了工程机械、先进轨道交通装备、航空航天、新一代信息技术和新材料等一批优势产业集群,电力机车产品约占全球市场份额27%,工程机械主营业务收入约占全国总量26%。通过国家重要先进制造业高地的打造,必将推动更多发展要素集聚湖南,为经济高质量发展提供坚实支撑。随着内陆地区改革开放高地的打造和现代流通体系的完善,我们一定能成为国内大循环和国内国际双循环的重要节点,在构建新发展格局中展现新作为。

3)从发展前景看

实施"三高四新"战略、建设现代化新湖南,是湖南未来发展的出路所在、希望所在、潜力所在。湖南是人口大省、传统农业大省,发展不平衡不充分的问题仍然突出,总体还处于工业化中后期、城镇化加速期,人均 GDP、人均财力都低于全国平均水平,经济的含金量还不高,巩固脱贫攻坚成果任务艰巨。湖南开启现代化新征程,既有全国的共性特征,也有基于省情和发展基础的特殊方面。按照到 2035 年"实现人均国内生产总值达到中等发达国家水平"的目标要求,我们稳定经济增长和提高发展质量的任务都很重。立足中部、放眼全国,湖南在创新投入、总部经济、开放程度等方面与先进省市相比还存在一定差距,可以说前有标兵、后有追兵,湖南要在中部地区崛起中走在前列,还需付出很大努力。差距就是潜力,压力就是动力。只要我们坚持稳中求进工作总基调,以高质量发展为主题,坚定不移实施"三高四新"战略,系统解决发展不平衡不充分问题,建设现代化新湖南的美好愿景一定能成为现实,富饶美丽幸福的崭新画卷一定会展现在三湘大地上。

3.2.3 中部崛起战略

中部崛起是党中央继实施鼓励东部地区率先发展、西部大开发、振兴东北地区老工业基地战略后,作出的事关现代化建设全局的又一项重大战略决策。中部地区具体是指山西、安徽、江西、河南、湖北及湖南 6 个省份。

2006 年,中部地区崛起第一次作为统筹我国区域协调发展的重大举措写进政府工作报告。同年 4 月 15 日,《中共中央、国务院关于促进中部地区崛起的若干意见》正式出台,标志着促进中部崛起战略正式形成。中部 6 省迎来前所未有的发展机遇。

2009 年国务院通过《促进中部地区崛起规划(2009—2015)》,明确中部定位为:全国重要粮食生产基地、能源原材料基地、现代装备制造及高技术产业基地、综合交通运输枢纽,简称"三基地一枢纽"。

2012 年,《国务院关于大力实施促进中部地区崛起战略的若干意见》印发,这是国家支持中部地区发展的又一重大战略部署。

2016 年 12 月 26 日,《促进中部地区崛起"十三五"规划》发布。中部定位迎来新变化,从过去偏重传统产业"三基地、一枢纽",提升为"一中心、四区"。一中心即全国重要先进制造业中心,四区即全国新型城镇化重点区、全国现代农业发展核心区、全国生态文明建设示范区和全方位开放重要支撑区。

2019 年 5 月 21 日召开推动中部地区崛起工作座谈会,习近平总书记从党和国家事业发展全局出发,对促进中部地区高质量发展、推动中部地区崛起再上新台阶作出重大部署、提出明确要求。

2005 年,中部地区人口占全国的 28.1%,地区生产总值为 3.34 万亿元,只占全国 18.8%。2020 年,中部地区的生产总值达到 22.22 万亿元,占全国比重提高到 21.9%,增速 1.3%,在四大区域板块中增速继续居首,为支撑全国经济稳定增长作出了重要贡献。

湖南是中部地区重要省份,在推动中部崛起中实现高质量发展有基础、有优势、有条件。围绕"一带一部"定位,紧紧抓住中部崛起战略机遇,着力推动高质量发展,正在加快形成结构合理、方式优化、区域协调、城乡一体的发展格局。

湖南大力推进供给侧结构性改革,坚决落实"三去一降一补",以壮士断腕的决心推进关停并转,倒逼了新旧动能转换。坚持创新引领开放崛起,全面落实"三个着力",大力发展以精细农业为特色的现代农业,加快建设制造强省,新兴优势产业链加速成长,岳麓山大学科技城、马栏山视频文创园、湘江新区、长株潭自主创新示范区、湘南湘西承接产业转移示范区和港口综合保税区等带动效应明显。2020 年全省经济总量达 4.18 万亿元,居全国第九位,居中部第三位。在推动中部崛起、实现高质量发展的时代大势下,湖南已站到了新的起点上。

3.2.4　长江经济带战略

根据 2020 年湖南省政府工作报告,湘江保护与治理省政府"一号重点工程"完成年度目标,湘潭竹埠港片区率先实现重化企业全部关停退出,全省淘汰关闭涉重企业 1 147 家,退出规模养殖 1 351 家,拆除栏舍 67.9 万 m²,湘江流域水质整体为优。为推动长江经济带"共抓大保护、不搞大开发"落地见效,湖南坚定不移地走生态优先、绿色发展之路,重点开展生态修复、促转型升级工作,有力推动长江经济带高质量发展。几个重要动态如下:

①2020 年 3 月,湖南省委副书记、省长许达哲主持召开会议,研究部署沿江化工企业搬迁改造工作。会议指出,严禁违规新建、扩建化工等高污染项目;摸清化工企业底数,加快推进危险化学品生产企业和沿江化工企业搬迁改造工作,加快淘汰落后产能,坚决关停安全环保不达标的企业,鼓励实力强、安全措施落实有力的企业进行产业链整合和兼并重组,促进化工产业绿色发展和转型升级。

②湖南于 2018 年年初启动"三线一单"编制工作,综合划定了 810 个环境管控单元,将生态保护红线、环境质量底线、资源利用上线硬约束落实到环境管控单元,"三线一单"成果充分衔接现有环境管理要求,以目标和问题为导向,从全省、14 市州和环境管控单元 3 个层级进行区域发展及环境问题研判,制订了由"1+4+14"总体管控要求和"园区+单元"清单组成的、具有针对性和可操作性的生态环境准入清单,初步建立了覆盖全省、"落地"到街镇和产业园区的生态环境分区管控体系。

③根据水利部、国家发改委、生态环境部、国家能源局《关于开展长江经济带小水电清理整改工作的意见》(水电〔2018〕312号)和《湖南省小水电清理整改实施方案》(湘水发〔2019〕4号)的要求。湖南积极开展了小水电清理整改综合评估工作,在全面核查的基础上,对全省小水电按照"退出、整改、保留"进行了明确分类,建立台账,作为下一步小水电清理整改工作的依据。

具体措施:一是完善差别化电价政策。严格落实差别电价政策,对限制类企业用电(含市场化交易电量)每千瓦时加价0.1元、淘汰类企业用电加价0.3元(钢铁企业加价0.5元)。二是完善峰谷分时电价形成机制。合理确定并动态调整峰谷时段,扩大高峰、低谷电价价差和浮动幅度,引导用户错峰供用电。利用峰谷电价差、辅助服务补偿等市场化机制,促进储能发展。利用现代信息技术、车联网技术,鼓励电动汽车提供储能服务,并通过峰谷价差获得收益。三是完善部分环保行业用电支持政策。2025年年底前,对实行两部制电价的污水处理企业用电、电动汽车集中式充换电设施用电、港口岸电运营商用电免收基本电费。主要影响:充分发挥电力价格杠杆作用,加快淘汰落后产能,引导电力资源优化配置,助力长江经济带生态文明建设和可持续发展。

3.2.5 乡村振兴战略

美丽乡村建设是美丽中国建设的重要组成部分,是在整治农村人居环境中践行群众路线的具体表现。建设美丽宜居乡村,改善农村人居环境,是实施乡村振兴战略的重要任务。

2020年2月,中共中央、国务院印发《关于抓好"三农"领域重点工作确保如期实现全面小康的意见》(简称《意见》)。《意见》指出,集中力量完成打赢脱贫攻坚战和补上全面小康"三农"领域突出短板两大重点任务。一是优先保障"三农"投入。加大中央和地方财政"三农"投入力度,中央预算内投资继续向农业农村倾斜,确保财政投入与补上全面小康"三农"领域突出短板相适应。二是加大农村公共基础设施建设力度。完成农村电网升级改造攻坚计划。基本实现行政村光纤网络和4G网络普遍覆盖。

2020年4月,省委、省政府制订出台《关于建立健全城乡融合发展体制机制和政策体系的实施方案》(简称《实施方案》)。《实施方案》指出,到2035年,城乡融合发展体制机制更加完善,城乡发展差距和居民生活水平差距显著缩小,基本公共服务均等化和农业农村现代化基本实现。城乡融合发展体制机制成熟定型,城乡全面融合,乡村全面振兴,全省人民共同富裕基本实现。一是加快城乡基础设施一体化发展。推动美丽乡村建设,推动乡村基础设施升级,推动全省自然村公路"组组通",推进农村"厕所革命",规范农村建房;提升基础设施一体化水平,加快编制完善道路、水、电、通信、污水垃圾处理等城乡基础设施一体化专项规划。二是促进乡村经济全面发展。推进乡村经济多元化发展,深入实施农业"百千万"工程和"六大强农行动"。

2018年12月,省发改委印发《湖南省乡村振兴战略规划(2018—2022年)》。《规划》指出,到2022年,生态宜居美丽乡村建设取得重要突破,20%左右乡村基本实现农业农村现代化。到 2035 年,乡村振兴取得决定性进展,农业农村现代化基本实现,湖湘特色美丽乡村整体塑形。农业结构得到根本性改善,农民就业质量显著提高,相对贫困进一步缓解,共同富裕迈出坚实步伐;城乡基本公共服务均等化基本实现,城乡融合发展体制机制更加完善;乡风文明达到新高度,乡村治理体系更加完善;农村生态环境根本好转。一是产业振兴是乡村振兴的重点,特别对以智慧农业为引领,以农业"百千万"工程为抓手,全力推进"六个强农"开创产业兴旺新局面进行了安排部署;二是加快完善城乡布局结构,以城市群为主体构建大中小城市和小城镇协调发展的城镇格局,充分发挥新型工业化、信息化和城镇化对乡村振兴的辐射带动作用;三是促进农产品加工业提质升级,培育农业农村新产业新业态,打造农村产业融合发展新载体新模式,推动要素跨界配置和产业有机融合,让农村一二三产业在融合发展中同步升级、同步增值、同步受益。

湖南以美丽经济理念引领美丽乡村建设,紧紧依靠产业升级作为支撑,培育乡村经济新业态,坚持美丽乡村建设和产业发展同步规划。为适应农村现代化建设步伐,解决农村用电难,加大配网改造力度,保障农村用电安全稳定性。农村居民生活质量持续得到改善,居民用电消费预计呈上升态势。

3.3 产业发展

"十三五"以来,湖南经济已由高速增长阶段转向高质量发展阶段,产业结构正面临深刻调整,工业发展加速向中高端迈进。湖南省以促进产业结构高端化、产业布局合理化、产业配套协调化为目标,培育壮大实体经济,打造具有竞争力的产业体系,实现产业转型升级。通过全面优化技术结构、组织结构、布局结构和行业结构,促进产业结构整体优化提升。

"十四五"期间,为推动产业转型升级,湖南省持续出台了创新驱动发展战略、制造强国、培育发展战略性新兴产业、先进制造业和现代服务业融合发展、推动产业基础高级化产业链现代化等一系列产业发展战略和政策,这将会对产业高质量发展产生重要的导向作用,推动湖南经济实现高质量发展。

3.3.1 产业升级

湖南省宏观经济运行稳中向好,持续高质量发展,产业结构调整持续优化。加快转变农业发展方式。统筹推进水库除险加固、农村水系综合整治、灌区节水配套改造等农村水利建设、运营和管护。实施 3 个"百千万"工程、"六大强农行动"、优质粮油工程,发展"一县一特""一村一品",做强农业优势特色产业。发展设施农业,加快推进农业机械化、智能化和农业装备产业升级。

1）工业发展向中高端发展稳步推进

（1）信息化和工业化融合发展

近年来,计算机、通信和其他电子设备制造业增速保持在20%左右,是湖南发展最快的行业之一。未来将大力培育工程机械、轨道交通装备、中小航空发动机等世界级产业集群,提升电子信息、新材料、节能环保、新能源、装配式建筑等产业集群规模和水平,壮大消费品工业集群,推进工业新兴优势产业链强链补链延链,打造制造业高质量发展基地。加快制造业数字化、网络化、智能化、绿色化发展,鼓励引导食品、石化、有色等传统产业拓展"智能+",创建一批智能制造示范企业和示范车间,推进国家智能网联汽车（长沙）测试区等重大项目建设,力争在人工智能、区块链、5G与大数据等领域培育形成一批新的增长点,打造以中国智能制造示范引领区为目标的现代制造业基地。

（2）重点推动新型工业化发展

2020年,湖南省战略性新兴产业增加值增长10.2%,占地区生产总值的比重为10.0%。电子信息、新能源、新材料加速发展,大数据、人工智能等增速超过30%。未来将持续推进以产业项目建设为重点的"五个100"工程,抓好一批百亿级重大产业项目建设投产。支持创建国家级高新区和经开区,打造"135"工程升级版,力争千亿园区达到14家。

（3）创新驱动不断增强

推动长株潭国家自主创新示范区、郴州国家可持续发展议程创新示范区建设,支持有条件的市县创建国家创新型试点城市。加快岳麓山大学科技城、马栏山视频文创产业园"两山"建设,推进岳麓山工业创新中心和先进轨道交通装备、生物种业、耐盐碱水稻等技术创新中心建设,积极创建岳麓山国家实验室。

2）湖南不断加大对制造业的支持力度,进一步推进制造业转型升级

大力培育工程机械、轨道交通装备、中小航空发动机等世界级产业集群,提升电子信息、新材料、节能环保、新能源、装配式建筑等产业集群规模和水平;大力推动先进制造业与服务业的融合发展,加快先进制造业的信息化、智能化;加大产业项目扶持力度,通过税费优惠、费用减免等方式,对产业带动、就业拉动、税收贡献明显的项目给予优惠政策。全省工业经济仍将朝着总体平稳、稳中向好的方向发展,增长速度将基本稳定在现有的平台上。

3）大力发展现代服务业

着力培育新兴业态,推动电子商务、文化创意、互联网金融等产业融合发展,重点培育一批知名电子商务龙头企业和平台。积极发展研发设计、现代物流、融资租赁、信息技术服务、会展等生产性服务业,提升矿物宝石、汽车和农业等国际博览会办会水平。改造提升商贸流通、住宿餐饮、家政服务、健康养老、社区服务等生活性服务业。加快发展服务贸易,扩大技

术、文化艺术、中医药等领域的服务出口和国际合作,积极承接离岸服务外包业务。促进旅游产业升级发展,加强以旅游交通、智慧旅游为重点的服务体系建设,构建资源优化、空间有序、产品丰富、品牌鲜明的旅游体系。

全省用电结构持续调整优化,工业用电增长新动能逐渐形成,装备制造业等非高耗能行业用电贡献率预计呈上升态势。新兴行业、三产用电比重不断提高,居民生活用电量增长迅速,乡村用电增速加快,各产业用电单耗将呈下降趋势。

3.3.2　产业项目

1)新型基础设施

"新基建"是以新发展理念为引领,以技术创新为驱动,以信息网络为基础,面向高质量发展需要,提供数字转型、智能升级、融合创新等服务的基础设施体系,是我国立足当前,着眼未来的重大战略部署。2020 年 4 月 20 日,国家发改委在 4 月份例行新闻发布会上首次对"新基建"作出权威解读,将"新基建"细分为信息基础设施、融合基础设施以及创新基础设施三方面,对各个方面包含的技术领域做出补充和明确,同时提出了加强顶层设计、优化政策环境、抓好项目建设、做好统筹协调四方面工作要求。

根据湖南省发改委对外发布的《2020 年湖南省重点建设项目名单(第一批)》,湖南省将全力推进交通网、能源网、水利网、信息网"四网"建设,总投资将近 1 万亿。新基建本质上是信息数字化基础设施,加大投资是为传统产业转型增添网络化、数字化、智能化的"成色",因而 5G 网络、数据中心和新能源汽车充电桩是重要发展方向。

大数据中心建设方面,株洲市围绕大数据再度铺开 6 个重点项目,总投资 172.52 亿元,包括湖南数据湖产业园、株洲信息港、清水塘滨江科创园、智慧城市信息化项目(雪亮工程)等,为数据中心建设补齐短板、拓展优势。其中,湖南数据湖产业园将建设光磁一体 200 PB 存储示范湖、1 500 PB 存储及 200 台云计算节点数据湖以及全球第四条"蓝光生产线",株洲信息港项目主要建设高端产业的新一代电子信息高端研发和产业化基地,清水塘滨江科创园将建设工业互联网、人工智能、云计算、大数据、5G 等高端科创产业集聚区。

电动汽车方面,为促进汽车消费升级行动,鼓励各地对无车家庭购置首辆家用新能源汽车给予支持,加快新能源汽车充电基础设施网点布局和建设,加大城市新建公共停车场力度,加强居民小区停车位规划与改造。与鼓励燃油车消费相比,针对新能源汽车的消费刺激更为迫切。新能源汽车产业发展具备良好的政策支撑,长期利好新能源汽车产业,完善支持充电基础设施建设,积极稳定和扩大新能源汽车消费,新能源汽车市场将长期持续健康发展态势。

根据国家新能源汽车推广应用相关要求和《新能源汽车产业发展规划(2021—2035年)》(征求意见稿),结合中国社科院 2025 年全国人口达到 14.13 亿人预测结论以及汽车保有量 250 辆/千人的发展水平指标(中等发达国家水平为 280 辆/千人),测算全国汽车保有量达 3.5 亿辆,其中新能源汽车保有量 1 940 万辆,渗透率 5.5%。省政府办公厅 2021 年 2 月发布《关于加快电动汽车充(换)电基础设施建设的实施意见》,明确了 2025 年全省及各市州充电桩发展预测目标。意见提出,到 2025 年年底前全省电动汽车保有量达到 54.62 万辆,建设运营充电桩 40 万个。长株潭城市圈公共充电桩与电动汽车比例达到国内先进水平,3 市核心区公共充电设施服务半径小于 1 km,高速公路和国省干线充电站间隔少于 50 km。

"新基建"建设有助于克服疫情带来的短期冲击,带动投资规模的扩大,增强经济韧性,释放发展潜力。新基建的完成催生新行业的诞生,科技驱动长期经济增长,带动产业多元化发展,推动新旧动能转换,衍生的带动作用远高于传统经济,有力推动经济转型升级,产业发展迈向中高端。

工程机械、电子信息成为湖南经济发展重要抓手。随着政策支持力度加码以及产业升级需求扩大,未来,兼顾短期刺激有效需求和长期增加有效供给的"新基建"极可能迎来高速增长,成为带动经济的新引擎。例如,电子信息行业中的蓝思科技疫情后订单饱满、产销两旺,2020 年,实现进出口额 4 874.5 亿元,同比增长 12.3%。

2)新型城镇化

城镇化是现代化的必由之路,是我国最大的内需潜力和发展动能所在。习近平总书记强调,要坚持以新发展理念为引领,以人的城镇化为核心,更加注重提高户籍人口城镇化率,更加注重城乡基本公共服务均等化,更加注重环境宜居和历史文脉传承,更加注重提升人民群众获得感和幸福感。2020 年湖南城镇化率 58.76%,低于全国平均水平 5.14 个百分点,仍有较大的提升空间。随着《关于促进劳动力和人才社会性流动体制机制改革的意见》的印发,对城区常住人口 300 万以下城市,督促全面取消落户限制,城区常住人口 300 万以上城市,推动基本取消重点人群落户限制。人口流动体制性限制将进一步破除,预计未来,在满足楼市可控和城市承载空间的条件下,落户政策将持续全面放宽,有助于进一步加快城镇化进程。

住建部 2017 年开始在广州、厦门、长沙等全国 15 个城市开展老旧小区改造试点,2019 年住建部联合国家发改委、财政部发文在全国全面推开。2020 年 4 月 10 日,湖南省住建厅、发改委、财政厅联合印发《关于推进全省城镇老旧小区改造工作的通知》,提出按照"先基础后完善、先功能后提升、先地下后地上"的原则,大力实施城镇老旧小区改造,优先解决安全问题,优先补齐功能短板,以微改造见大成效,今年湖南将开工改造 1 000 个城镇老旧小区列入民生实事重点项目。城镇老旧小区改造一头连着民生、一头连着发展,既是关系群众切身利益的重大民生工程,又是有效对冲疫情影响、服务经济社会发展大局的重大发展工程。

3)重大工程

为应对疫情影响,国家将稳投资、扩内需摆在更加重要的位置,明确要求加快补齐基础设施短板,交通建设将迎来新的重要窗口期。湖南抢抓机遇,强化"十三五"规划内项目的调度实施,以及"十四五"重大项目的谋划推进,推动全省综合交通体系提速升级。

（1）构建"五纵五横"铁路交通

建成张吉怀、常益长等项目,新开长赣、铜吉、邵永等项目,规划建设永清广、益娄、襄常等项目,适时有序推进常岳九、渝湘、兴永郴赣、怀桂等前期工作,实现全部市州通高铁。

（2）构建"七纵七横"高速公路交通

完成现有高速公路网规划内项目,推进京港澳、沪昆、许广等繁忙路段扩容,规划建设桂新、零道等项目,适时启动溆浦至凤凰、道县至连山等项目。

（3）构建"一江一湖四水"水运交通

全线建成湘江、沅水高等级航道,有序推进洞庭湖区和澧水、资水航道建设,以及城陵矶、长沙、常德、衡阳、湘潭、株洲等港口建设,提升水运在大宗货物运输中的作用。

（4）构建"一枢纽一干九支多点"民航交通

抓紧实施长沙机场改扩建工程,加速构建长沙四小时航空经济圈。新建娄底机场、迁建永州机场,统筹推进张家界、衡阳、岳阳等机场改扩建。加快建设通用机场。

（5）构建便捷、高效轨道交通

建成"三干一轨"、长沙地铁 6 号线等项目,编制长株潭都市圈轨道交通网规划,推动长株潭城际轨道交通逐步成网、有条件的市州有序发展。

3.3.3　产业转移

为深入贯彻落实习近平总书记对湖南省提出的"一带一部"倡议定位,充分发挥湖南省作为东部沿海地区和中西部地区过渡带、长江开放经济带和沿海开放经济带结合部的区位优势,抓住东部沿海地区产业向中西部地区转移和国家支持中部地区高质量发展的重大机遇,加快构建现代产业体系,争当中西部地区承接产业转移的"领头雁",推动湘南湘西地区实现经济社会跨越式发展,湖南省发改委先后出台了《湘南湘西承接产业转移示范区总体方案》《关于支持湘南湘西承接产业转移示范区发展的若干政策》《湘南湘西承接产业转移示范区发展规划》(简称《规划》),从规划引导、政策保障两个方面推动体制机制创新。自 2018 年 11 月湘南湘西承接产业转移示范区获批以来,通过体制机制改革,示范区建设成效初显。示范区承接产业转移工作扎实推进,引进重大科技创新、重大产品创新等重大产业建设项目 90 多个,累计完成投资 420 亿元左右。引进 3 类 500 强产业项目 60 个,签约总投资 815 亿元。

《规划》指出,到 2020 年,湘南湘西承接产业转移示范区建设取得重大进展。综合实力进一步提升,地区生产总值达到 1.25 万亿元;引进 60 家以上的世界 500 强企业,形成若干产值过百亿的龙头企业;城镇格局进一步优化,城镇化率达到 52.8%。优势产业集群不断发展壮大,综合实力和科技创新能力显著增强,在承接产业转移、促进区域协同联动、优化营商环境、加快新旧动能转换和进一步扩大开放等方面取得突破。生态环境质量总体改善,初步探索出一批科学有效的承接产业转移新路径、新模式,形成一批可复制推广的经验做法,与全国同步全面建成小康社会。

到 2025 年,示范区基本建成。地区生产总值达到 1.8 万亿元,引进 80 家以上的世界 500 强企业,常住人口城镇化率达到 59.0%。经济发展充满活力、产业结构持续优化、创新能力大幅提升、基础设施高效互联、营商环境不断优化、生态环境更加美丽,形成实体经济、科技创新、现代金融、人力资源协同发展的产业体系和全面开放新格局,成为支撑中部地区崛起的重要增长极。

到 2035 年,示范区全面建成。示范区主要经济社会发展指标在全国位于中上水平,产业分工协作格局和全面开放新格局不断巩固,承接发展形成一批规模和水平居中西部地区前列的产业集群,引进 150 家以上的世界 500 强企业,产业迈向全球价值链中高端,生态环境根本好转,人民生活更为宽裕,基本实现社会主义现代化。

下阶段,按照《规划》的部署要求,坚持以供给侧结构性改革为主线,着力优化营商环境、创新体制机制、完善基础配套、保护生态环境,有力有序有效承接国内外产业转移。一是确定了重点扶持各市州的产业方向,围绕产业升级和培育新的增长点,紧围绕坚持"生态优先、绿色发展"的理念,明确主攻方向。全省将大力发展装备制造业、新材料、生物医药、新一代信息技术产业、轻工纺织、矿产开发和加工业、现代物流业、健康养老产业、文化旅游业和现代农业等产业。二是充分考虑区位条件、资源禀赋、发展基础和环境承载能力,优化产业分工,推进产业集聚,避免同质化竞争,促进产业合理布局、错位发展,形成区域特色优势。如衡阳市重点承接以钢铁有色为特色的新材料、军民融合产业、新能源汽车、轨道交通、纺织服装、现代农业等产业;郴州市重点承接以有色化工非金属为特色的新材料、电子信息、食品医药、矿物宝石、装备制造、节能环保等产业。三是围绕重点产业和主要任务,实施六项重大工程,加快推进承接产业转移,形成试点示范效应。围绕装备制造、新材料、电子信息、生物医药、轻工纺织、现代服务业、健康养老、生态文化旅游等,通过强链、补链、引链,重点打造八条要素集聚、配套完善、支撑有力的示范产业链。

湘南湘西承接产业转移也面临一些挑战。示范区面临东南亚国家及国内周边地区在承接产业转移方面的激烈竞争,缺乏比较优势;示范区承接转移的产业配套能力不强、基础设施不够完善;示范区工程技术、高级技工等人才资源短缺,其他资源要素也存在制约,营商环境有待进一步优化。

3.4 其他影响因素

3.4.1 电能替代

"十三五"期间湖南大力推动电能替代,2016 年完成替代电量 61.9 亿 kW·h,2017 年完成替代电量 47.8 亿 kW·h,2018 年完成替代电量 53 亿 kW·h,2019 年完成替代电量 66.59 亿 kW·h,替代容量约 365 万 kV·A,释放电力负荷规模约 266 万 kW,2020 年完成替代电量 68 亿 kW·h。2016—2020 年合计完成电能替代 297.3 亿 kW·h。

"十四五"期间,按《国家电网有限公司关于落实公司发展战略大力拓展电能替代广度深度的意见》(国家电网营销〔2020〕326 号)的部署要求,结合湖南产业特点和能源结构,预计"十四五"期间湖南电能替代主要潜力领域包括:建筑领域的分散式电采暖、电集中供暖锅炉、热泵、电蓄冷空调机组;城乡生活领域的厨炊洗浴电气化;工业领域的电锅炉、冶金电炉、建材电窑炉;农业领域的农产品加工、农业电排灌、农业生产电气化;交通领域的轨道交通、机场 APU、港口岸电等。"十四五"期间,湖南电能替代电量总目标为 240 亿 kW·h,主要集中在热泵、分散式电采暖和轨道交通等领域。

国家大力推进能源革命为电能替代带来新机遇,电能占终端能源消费比重将持续提高。2020 年我国电能占终端能源消费比重为 27%,预计到 2035 年比重将接近 40%,2050 年超过 50%,成为能源消费的绝对主体。根据分析,预计"十四五"期间电能替代的理论潜力约 10 000 亿 kW·h,可实施潜力约 5 000 亿 kW·h。当前湖南电能消费终端占比仅 17.4%,较全国平均水平差距较大,电能替代空间巨大。跟踪弹性系数发展规律,"十四五"弹性系数预计在 1.0~1.1。跟踪全省 2001—2020 年的弹性系数发现,剔除较为异常的 2008 年(金融危机),整体呈 V 字形,"十五"年均弹性系数为 1.03,"十一五"为 0.84,"十二五"随着供给侧改革,大量高耗能企业关停,弹性系数骤降至 0.41,"十三五"供给侧改革成效开始显现,产业结构不断优化,湖南迈入高质量发展,弹性系数逐步回升,2018,2019,2020 年分别为 1.33,0.9,0.92。"十四五"能源使用的电能化,智能设备大发展,5G 建设,电动汽车的推广使用将为电力带来新的增长,同时随着人们生活水平的提高,农网改造的有力推进,农村用电发展潜力巨大。因此,预计"十四五"电力弹性系数 1.0~1.1。

综上所述,"十四五"湖南经济增速略有放缓,但仍会高于全国平均水平,随着电能替代的推行,电能占终端能源比重提升空间较大,湖南电力将保持较快的增长速度。

3.4.2　绿色发展

"十三五"期间,湖南省生态建设力度加大,单位 GDP 能耗年平均降幅达 5.8%。一是聚焦"生态强省"发展目标,湖南制订出台了《关于坚持生态优先绿色发展深入实施长江经济带发展战略大力推动湖南高质量发展的决议》,并同步制订蓝天、碧水、净土保卫战 3 年实施方案。相继出台《湖南省重大环境问题(事件)责任追究办法》《湖南省党政领导干部生态环境损害责任追究实施细则》等决策部署,以制度创新为生态文明建设保驾护航,为全方位、全地域和全过程的环境保护提供制度保障。二是深化供给侧结构性改革。大力破除无效供给,综合运用市场化法治化手段,推动水泥、煤炭、烟花、造纸等领域过剩产能退出和落后产能淘汰,着力处置"僵尸企业",积极推动化解过剩产能。三是协同打好三大攻坚战。探索协同推进生态优先和绿色发展新路子,统筹打好防范化解重大风险、精准脱贫、污染防治三大攻坚战。

3.4.3　智能化发展

"智能化"是现代通信与信息技术、计算机网络技术、行业技术、智能控制技术汇集而成的应用。十九大报告在"加快建设创新型国家"中指出,"要瞄准世界科技前沿,强化基础研究,实现前瞻性基础研究、引领性原创成果重大突破"。近年来,伴随着德国工业制造4.0、"中国制造2025"等提出,自动化行业进入了全新的发展阶段。目前,自动化技术正在和人工智能相结合,体现着鲜明的时代特征。在当前信息化时代背景下,智能自主系统及应用成为国家未来发展的重要方向。国家正在启动人工智能重大计划,智能技术发展将迎来新的春天。

智能小区、智慧交通、智能工厂、智慧园区将对全省用电产生影响:随着智能小区大量普及,居民生活用电量和利用小时数将不断增加;随着智慧交通的不断发展,全省交通行业用电量将大幅增加;智能工厂的出现将大幅提高劳动生产效率,用电单耗也将大幅下降,同时无人化的智能工厂全天24 h生产,用电负荷曲线将非常平稳;根据入驻企业的行业特点,智慧园区将提供专业、智能的支撑服务,企业发展将更加顺畅,企业用电也将更加快速增长。综合分析,随着科技的进步,智能化的不断发展,全省用电规模将持续提升,负荷特性得到优化。

3.4.4　数字经济

数字经济作为新一代网络信息技术与制造业深度融合的产物,是实现产业数字化、网络化、智能化发展的重要基础设施和关键支撑。按照党的十九大提出的"推动互联网、大数据、人工智能和实体经济深度融合"战略部署,坚定不移贯彻新发展理念,顺应新一轮科技革命和产业变革趋势,聚焦技术和产业创新,持续以移动互联网产业引领数字产业发展,将数字产业培育成推动湖南省经济高质量发展的新动能、新引擎。

2020年4月,国家发改委正式发布《关于推进"上云用数赋智"行动培育新经济发展实施方案》的通知,首次提出构建多层联动的产业互联网平台,助力建设现代化产业体系,实现经济高质量发展。2020年11月,湖南省人民政府办公厅发布《关于持续推动移动互联网产业高质量发展加快做强做大数字产业的若干意见》,进一步提升全省移动互联网和大数据、人工智能产业发展水平,加速培育经济发展新动能。

工信部中国信息通信研究院发布的《中国数字经济发展白皮书》显示,2020年湖南数字经济规模达1.15万亿元,总量位居全国第十二,同比增长13.9%,发展增速排全国第四。

2020年是湖南省数字经济发展规划实施第一年,以数字产业化和产业数字化双轮驱动,聚焦5G、移动互联网、工业互联网、软件、信创、大数据、人工智能等领域持续发力,数字经济正成为推动全省高质量发展的新引擎。数据显示,全省数字经济增速高于同期GDP增速

10.1 个百分点,占 GDP 总量比重 27.5%,比 2019 年提升 2.1 个百分点。

数字产业化快速发展。2020 年,全省移动互联网产业营收 1 618 亿元,同比增长 22%;全省软件产业规模居中部第二。数据驱动的智能新经济生机盎然,2020 年全省大数据和人工智能产业规模突破 800 亿元,人工智能与主营业务相结合的企业数超过 4 000 家。电子信息制造业加快打造国家级电子信息产业集群。信创工程被列入全国 6 个"示范引领"省份之一,形成湖南品牌。

产业数字化培育新动能。工业互联网创新发展走在全国前列,2020 年工业互联网试点示范项目湖南入选数量居全国第三。全省建成和在建规模以上数据中心 47 家,总机架数达到 15 万架。全省 5G 建设支持力度进入全国前十,60 个 5G 典型应用场景让 5G 应用创新不断拓展。2020 年全省制造业两化融合管理体系贯标获证企业数量在全国排第八,中小企业"上云上平台"数量居全国第三。

围绕数字经济发展,湖南的政策体系逐步完善,协同创新产业生态基本形成。目前,湖南省有国家级软件产业基地 1 个,国家级网络安全产业园 1 个,株洲获评全国信息消费示范城市。力争通过 3 年的努力,加快形成以移动互联网为先行,以 5G、大数据、人工智能、区块链为核心的智能型、融合型产业生态,将湖南打造成为全国数字经济创新引领区、产业聚集区和应用先导区。到 2023 年,力争全省移动互联网产业营业收入翻一番,突破 3 000 亿元,数字经济规模突破 18 000 亿元,数字经济规模排名进入全国前十位。

在数字经济背景下,推进信息化与工业化融合,利用互联网平台,电力供需的不间断运作平衡,满足日益多样的生活需求和智能化需求,提高社会运行效率,实现与用户的互联互通、信息共享。推动智能用电领域的技术创新,带动相关产业发展。推动终端用户用能模式的转变,提升用电效率。推动电动汽车充换电网络的发展,科学合理规划充电桩布局,带动用电需求增长。

第 4 章　电力需求预测分析

4.1　电力需求预测概述

4.1.1　电力需求预测的概念

电力需求预测是根据电力需求、经济、社会、气象等的历史数据,探索电力需求历史数据的变化规律,寻求电力需求与各种相关因素之间的内在联系,对未来的电力需求进行科学测算的工作。

电力需求预测对电力系统许多部门都起着重要的作用。例如,一年以上的中长期负荷预测是制订电力系统发展规划的前提,以日负荷曲线为预测对象的短期负荷预测则是制订日前发电计划的基础。电力需求预测问题涉及电力系统规划和设计、电力系统运行的经济性和安全性、电力市场交易等方面,它已成为现代化电力系统运行和管理中的一个重要研究领域。电力系统的主要任务是为各类用户提供经济、可靠和高质量的电能,应随时满足用户的负荷需求量与负荷特性的要求。因此,在电力系统规划设计、运行管理和电力市场交易中,必须对电量、负荷需求与负荷特性的变化有一个准确的预测。这就是人们不断研究并发展电力需求预测理论的重要原因。

无论是传统的还是现代的预测方法,着眼于在获得预测对象的历史变化规律后,将这种规律延伸以预测未来。

理论上讲,电力需求预测的核心是如何获得预测对象的历史变化规律及其与某些影响因素的关系。预测模型实际上是表述这种变化规律的数学函数。建立良好的数学模型,减小负荷预测误差、提高预测精度,是预测人员关注的核心问题。

在电力系统发展规划阶段,如果负荷预测结果偏低,将会导致系统的规划装机容量、输电裕度等不足,无法满足社会的用电需求,甚至还可能缺电;而如果负荷预测结果偏高,则会导致一些发电、输电设备投入系统后的运行效率不高,引起投资的浪费。

做好电力负荷预测工作是实现电网安全、经济运行的重要保障。传统的负荷预测是规划、计划、营销、调度等专业开展工作的基础,在电力工业市场化的过程中,电力需求预测又成为市场交易、市场营销等专业的核心业务之一。

4.1.2　电力需求预测的特点

电力需求预测是根据历史数据推测未来数值,预测工作所研究的对象是不确定事件。只有不确定事件、随机事件,才需要人们采用适当的预测技术,推知电力需求发展趋势和可能达到的状况。这就使电力需求预测具有以下明显的特点:

1)不准确性

因电力需求的发展是不确定的,它要受到多种复杂因素的影响,而各种影响因素也是发展变化的。人们对这些发展变化有些能预先估计,有些却很难事先预见,加上一些突发状况的影响,决定了预测结果的不准确性或不完全准确性。

2)条件性

各种电力需求预测都是在一定条件下做出的。对于条件而言,可分为必然条件和假设条件两种。如果预测人员真正掌握了电力需求的本质规律,那么预测条件就是必然条件,所做出的预测往往是比较可靠的。而在很多情况下,由电力需求发展的不确定性,需要假设一些条件。例如,如果天气一直不下雨的话,排灌负荷将保持较高的数值。当然,这些假设不能毫无根据地凭空假设,而应根据研究分析,综合各种情况而得来。

3)时间性

各种预测都有一定的时间范围,由于电力需求预测属于科学预测的范畴,因此要求有较确切的数量概念,往往需要确切地指明预测的时间。

4)多方案性

由于预测的不准确性和条件性,因此有时要对电力需求在各种情况下可能的发展状况进行预测,就会得到各种条件下不同的预测方案。

4.1.3　电力需求预测的基本原理

1)电力需求预测的一般原理

与其他预测问题类似,负荷预测基于的原理如下:

（1）可知性原理

人类可认知过去、现在，也可据此预测未来。预测的可靠性取决于掌握事物发展规律的程度。

（2）可能性原理

事物未来的发展，存在各种可能性，而且不是单一可能。因此，只能对可能性进行预测。

（3）可控制原理

事物未来的发展是可以控制和干预的。预测的动机即在于将所预测的未来信息反馈至现在，从而做出决策，以调整和控制未来的行动。

（4）系统性原理

预测对象在时间上是连续的，预测将来必须已知过去和现在。

2）电力需求预测的基本原则

电力需求预测中的模型、方法是依据下述基本原则建立起来的：

（1）延续性原则，或称惯性定理、连贯原则

可以说，没有一种事物的发展会与其过去的行为失去联系。设想在各种因素没有改变的情况下，电力需求也不可能随意变动，否则电力需求的预测就没有任何规律可循，预测理论也就没有了立根之本。这表明，预测量的历史行为中已包含了许多信息，其中包括其他影响因素对其的作用效果。

事物过去的行为不仅影响现在，还会影响未来，任何事物的发展都带有一定的惯性。惯性实际上反映的是系统"势"的大小，系统越大，"势"就越大，表现出来的惯性也就越大。外推预测技术就是基于延续性原则产生的。预测量的历史行为对未来的影响越大，应用外推预测技术得到的精度越高。

（2）类推原则，或称相似性原则

许多事物之间在发展变化上常有类似的地方。因此，可把先发展事物的变化过程类推到后发展事物上去，从而对我国近期的发展预测有着重要的作用；通过某种抽样调查，研究了某个局部或小范围的发展变化规律，也可类推到整体和大范围的发展中去。此外，在相同的背景下，预测量会体现出与历时量相同的规律。

可见，在预测活动中，可以而且应根据预测对象与类似已知事物的发展状况进行类比，更可以预期历史发展规律进行类比，从而推知对象的未来发展规律。电力系统中也经常使用这种技术。例如，各年春节期间的日负荷曲线往往表现出彼此相同但与其他日负荷曲线完全不同的形态。因此，节假日曲线形状的预测可参照往年的情况得出预测结果。

（3）相关原则

任何事物的发展变化都不是孤立的，都与其他事务有着相互的联系，因此有着相互的影响，其中最重要的是因果关系。例如，电力系统受到经济发展、天气变化等因素的影响。这

种事物发展变化过程中的相互联系就是相关性。基于相关原则,产生了相关预测技术。

(4)概率推断原则,或称统计规律性原则

预测量的历史行为中必然包含着一定的随机因素。同时,由于无法确切判断各类相关因素对预测对象的量化影响,这给预测带来了很多大的困难。因此,只能分析预测对象所呈现的某种统计规律性,这需要预测人员对具有不确定性结果的预测对象提出较为确定的结论,也就要应用概率推断原则。预测量的这种统计规律性是应用概率论与数理统计的理论和方法进行预测的基础。例如,定量预测中的置信区间就是一个典型的代表。

(5)反馈原则

预测实际上就是利用预测对象过去和现在的信息对未来的行为做出估计。因此,必须依赖于信息的搜集。可信的信息搜集越多,就越有可能做好预测。但是,即便如此,预测的偏差也不能完全消除,预测误差的大小和正负号表明了预测模型和客观实际情况的偏离程度。据此,可利用预测误差所反映出来的一些信息,对模型和参数进行修正,尽量使模型负荷实际情况,从而在以后的预测中减少误差。

上述电力需求预测的基本原则是保证预测技术科学性的前提条件,也是直接产生预测技术的基础,由此衍生出了多种多样的预测方法。

3)电力需求预测的基本要求

要做好电力需求预测,需要满足以下 5 个方面的要求:

(1)基础资料的合理性

负荷预测的目的是得到合理、可信的预测结果,负荷预测的核心是根据预测对象的历史资料,建立数学模型来表述其发展变化规律。因此,要做好负荷预测,需要搜集和掌握大量全面、准确的资料,并且进行必要的分析和整理。这是进行电力系统负荷预测的基础。

(2)历史数据的可用性

如果各种渠道所取得的数据互相矛盾,就要对历史数据进行合理性分析与取舍,去"伪"存"真"。"伪"产生的原因主要有人为因素造成的错误(如录入错误),统计口径不同带来的误差,以及"异常数据"的存在。前两种"伪"容易修正。而由于历史上的突发事件或某些特殊原因会对统计数据带来重大影响,这些受到影响的统计数据,称为"异常数据"。"异常数据"的存在会给正常历史序列带来较大的随机干扰,影响预测体系的预测精度。如果"异常数据"过大,甚至会误导预测体系的预测结果。因此,必须排除"异常数据"带来的不良影响。

(3)统计分析的全面性

对大量的历史资料,要进行客观而全面的统计分析。预测人员应从客观情况出发,本着实事求是的原则,反复研究和分析历史发展的内在规律性,为预测工作打好基础。

（4）预测手段的先进性

其包含两层含义：一是预测工具的先进性，由于数据量很大，可采用计算机进行各种统计分析及预测工作，预测人员可从繁杂的大量计算中解脱出来；二是预测理论的先进性，可不断发展和应用新的预测理论与方法，借鉴其他领域预测工作中的成功经验，使电力系统负荷预测达到一个较高的水平。

（5）预测方法的适应性

预测量发展变化的自然规律复杂多样。因此，要求预测方法所具有的适应性包括：

①由于电力系统负荷预测是在一定的假设条件下进行的，其中包含了许多不确定因素，采用单一的方法进行预测，很难取得令人满意的结果。预测方法能适应预测量发展变化规律的多样性，即要求预测系统建立完备的预测模型库，这是建立负荷预测软件系统的基础。

②各个预测模型，需要进行参数的合理估计，并根据预测效果不断进行自适应调整，以期达到更好的预测效果。

③在多重预测模型得到的不同规律的基础上，进行合理的综合分析、优化组合，得到可靠性好、预测精度高、最接近于该预测项的历史规律的综合模型。

4.1.4　电力需求预测的分类

结合日常预测工作，按不同维度将电力需求预测分成以下 3 类：

1）按预测内容分类

根据预测内容的不同，可分为电量预测和负荷预测。其中，电量预测包括全社会用电量预测、调度供电量预测和售电量预测；负荷预测包括全社会负荷预测和调度负荷预测。

2）按预测期限分类

根据预测期限的不同，可分为长期预测（以年为周期，预测 5~10 年）、中期预测（以月为周期，预测当年）、短期预测（以日为周期，预测一周）及超短期预测（以 5~30 min 为周期，预测未来 1 h 到几小时）。

3）按照行政级别分类

根据行政级别不同，可分为省级预测、市（州）级预测、县（区）级预测。

本书中的电力需求预测，主要是指省、市（州）级预测的电量和负荷中长期预测。

4.1.5　电力需求预测的基本步骤

电力需求预测一般分为以下 11 个步骤：

1）预测目标和预测内容的确定

不同级别的电网对预测内容的详尽程度有不同的要求，同一地区在不同时期对预测内容的要求也不尽相同。因此，应确定合理、可行的预测内容。

2）相关历史资料的收集

根据预测内容的具体要求，广泛搜集所需的有关资料。资料的收集应尽可能全面、系统、连贯、准确。除了电力系统负荷数据以外，还应收集经济、天气等影响负荷变化因素的历史数据。

3）基础资料的分析

在对大量的资料进行全面分析之后，选择其中有代表性的、真实程度和可用程度高的有关资料作为预测的基础资料。对基础资料进行必要的分析和整理，对资料中的异常数据进行分析，作出取舍或修正。

4）电力系统相关因素数据的预测或获取

电力系统不是孤立的系统，它受到经济发展、天气变化等因素的影响。可从相关部门获取其对相关因素未来变化规律的预测结果，作为电力系统负荷预测的基础数据。在必要时，电力系统有关人员还可尝试进行相关因素的预测。

5）预测模型和方法的选择和取舍

根据所确定的预测内容，考虑本地区实际情况和资料的可利用程度，选择适当的预测模型。如果具有一个庞大的预测方法库，则需要适当判断，进行模型的取舍。

6）建模

对预测对象进行客观、详细的分析，根据历史数据的发展情况，考虑本地区实际情况和资料的可利用程度，根据所确定的模型集，选择建立合理的数学模型。一般来说，这个步骤可选取一些成熟的模型。

7）数据预处理

如果有必要，可按所选择的数学模型，用合理的方法对实际数据进行预处理。这个步骤在某些预测模型中是必要的。例如，灰色预测中的"生成"处理，还有些模型中需要对历史数据进行平滑处理。

8）模型参数辨识

预测模型一旦建立，即可根据实际数据求取模型的参数。

9）评价模型，检验模型显著性

根据假设检验原理，判定模型是否适合。如果模型不够合适，则舍弃该模型，更换另外的预测模型，重新进行步骤6）—步骤8）。

10）应用模型进行预测

根据所确定的模型以及所求取的模型参数，对未来时段的行为做出预测。

11）预测结果的综合分析与评价

首先选择多种预测模型进行上述的预测过程；然后对多种方法的预测结果进行比较和综合分析，判定各种方法的预测结果的优劣程度，并对多种方法的预测结果进行比较和综合分析，实现综合预测模型。可根据预测人员的经验和常识判断，对结果进行适当修正，得到最终的预测结果。

4.2 电力需求预测常用方法

4.2.1 回归分析法

回归分析法通常用来分析和预测三次产业的用电量等，或结合人均用电量指标法等方法用来分析和预测居民生活用电。

1）回归分析法基本原理

回归分析法是利用数理统计原理，对大量的统计数据进行数学处理，并确定电量与某些自变量，如人口、国内生产总值之间的关系，建立一个相关性较好的数学模型即回归方程，并加以外推，用以预测今后的电量或者负荷。回归分析法包括一元线性回归法、多元线性回归法和非线性回归法。

根据历史数据,首先选择最接近的曲线函数,用最小二乘法(或其他方法)求解出回归系数,并建立回归方程;然后用相关系数检验,认为合格后,则回归方程是有意义的,并可算出回归方程的标准偏差,得出回归方程所预测结果的可信度。从理论上讲,任何回归方程只适用于原来观测数据的变化范围内而不适于外推,但在实际应用中总在适当范围内外推。

(1)一元线性回归法

一元线性回归法是基于曲线拟合的预测方法,自变量是可控制的或可精确观察的变量,如时间;因变量是依赖于自变量的随机变量,如电量或负荷。根据自变量和因变量的记录值,确定适当的函数类型及相应的参数,拟合一条最佳的曲线,然后将此曲线外延至未来的适当时刻,在已知自变量取值时得到因变量的预测值。模型可表示为

$$y = f(\boldsymbol{S}, \boldsymbol{X}) = a + bx \tag{4.1}$$

式中　$\boldsymbol{S} = [a, b]^{\mathrm{T}}$ ——模型的参数向量。

设已知自变量、因变量在历史时段 $1 \leqslant t \leqslant n$ 的取值分别为 $x_1, x_2, \cdots, x_n$ 和 $y_1, y_2, \cdots, y_n$,自变量在未来时段 $n + 1 \leqslant t \leqslant N$ 的取值为 $x_{n+1}, x_{n+2}, \cdots, x_N$,则残差平方和为

$$Q = \sum_{t=1}^{n} v_t^2 = \sum_{t=1}^{n} \left[y_t - (a + bx_t) \right]^2 \tag{4.2}$$

回归分析的目标是 Q 值最小,采用最小二乘法,则

$$\frac{\partial Q}{\partial a} = -2 \sum_{t=1}^{n} (y_t - a - bx_t) = 0 \tag{4.3}$$

$$\frac{\partial Q}{\partial b} = -2 \sum_{t=1}^{n} x_t (y_t - a - bx_t) = 0 \tag{4.4}$$

解得

$$\left. \begin{array}{l} a = \bar{y} - b\bar{x} \\[2ex] b = \dfrac{\displaystyle\sum_{t=1}^{n} (x_t - \bar{x})(y_t - \bar{y})}{\displaystyle\sum_{t=1}^{n} (x_t - \bar{x})^2} \\[3ex] \bar{x} = \dfrac{1}{n} \sum_{t=1}^{n} x_t \\[2ex] \bar{y} = \dfrac{1}{n} \sum_{t=1}^{n} y_t \end{array} \right\} \tag{4.5}$$

由此确定回归方程中的 $\boldsymbol{S} = [a, b]^{\mathrm{T}}$,得到预测值为

$$\hat{y} = \hat{a} + \hat{b} x \tag{4.6}$$

(2)多元线性回归法

多元线性回归法是在一元线性回归法的基础上,考虑电力负荷受除时间以外多种因素

影响的预测方法。模型可表示为

$$y = f(\boldsymbol{S}, \boldsymbol{X}) = a_0 + \sum_{i=1}^{m} a_i x_i \tag{4.7}$$

可对式(4-7)中的参数进行估计,然后用于预测。模型参数向量 $\boldsymbol{S} = [a_0, a_1, \cdots, a_m]^{\mathrm{T}}$,同样利用基于残差平方和最小二乘法对参数进行估计。其计算公式为

$$\hat{\boldsymbol{A}} = \begin{bmatrix} \hat{a}_0 \\ \hat{a}_1 \\ \vdots \\ \hat{a}_m \end{bmatrix} = (\boldsymbol{X'X})^{-1}\boldsymbol{X'Y} \tag{4.8}$$

其中

$$\boldsymbol{X} = \begin{bmatrix} 1 & x_{11} & x_{12} & \cdots & x_{1m} \\ 1 & x_{21} & x_{22} & \cdots & x_{2m} \\ \vdots & \vdots & \vdots & & \vdots \\ 1 & x_{n1} & x_{n2} & \cdots & x_{nm} \end{bmatrix}, \quad \boldsymbol{Y} = \begin{bmatrix} y_1 \\ y_2 \\ \vdots \\ y_n \end{bmatrix} \tag{4.9}$$

将得到的参数估计值代入预测方程,得预测值为

$$y = \hat{a}_0 + \sum_{i=1}^{m} \hat{a}_i x_i \tag{4.10}$$

(3)非线性回归法

非线性回归方程因变量与自变量不是线性关系,如 $y = a + bx^n$ 等,但经过变换后仍可转换为线性回归方程。下面列出各种一元非线性模型及变换方法:

①指数模型 1: $y = ae^{bx}$ (或 $y = ab^x$),变换方法为:令 $y' = \ln y, x' = x$。

②指数模型 2: $y = ae^{\frac{b}{x}}$,变换方法为:令 $y' = \ln y, x' = 1/x$。

③对数模型: $y = a + b\ln x$,变换方法为:令 $y' = y, x' = \ln x$。

④双曲线模型 1: $y = a + b/x$,变换方法为:令 $y' = y, x' = 1/x$。

⑤双曲线模型 2: $1/y = a + b/x$,变换方法为:令 $y' = 1/y, x' = 1/x$。

⑥幂函数模型: $y = ax^b$,变换方法为:令 $y' = \ln y, x' = \ln x$。

⑦Compertz 曲线: $\ln y = a + be^{-x}$,变换方法为:令 $y' = \ln y, x' = e^{-x}$。

⑧抛物线模型: $y = a + bx + cx^2$,变换方法为:令 $y' = y, x_1 = x, x_2 = x^2$。

⑨高次曲线模型: $y = s_0 + s_1 x + s_2 x^2 + \cdots + s_r x^r$,变换方法为:令 $y' = y, z_1 = x, z_2 = x^2, \cdots,$ $z_r = x^r$。

上述 9 个函数中,模型①—模型⑦均可化为一元线性回归分析模型,即

$$y' = a' + b'x' \tag{4.11}$$

模型⑧、模型⑨分别可化为多元线性回归分析模型,即

$$y' = a + bx_1 + cx_2 \tag{4.12}$$

$$y = s_0 + s_1 z_1 + s_2 z_2 + \cdots + s_r z_r \tag{4.13}$$

多元非线性模型的变换可参考上述方法。

2）人均用电量指标法基本原理

人均用电量指标法是按照预测的人口数及选取的人均用电量指标来预测未来电量需求的方法。该方法需首先预测总人口,关键是人均用电指标的选取。人均用电量指标法计算用电量的计算公式为

$$E_n = P_{0n} q_n \tag{4.14}$$

式中　E_n——预测期末的用电量;

　　　P_{0n}——总人口的预测值;

　　　q_n——预测年份的人均用电量。

人口数预测结果可通过政府等渠道获取,无有效渠道获取时可自行进行预测。人均用电量指标若取人均综合用电量指标,则预测结果为全社会用电量,其选取需要结合预测地区的地理位置、经济发展阶段、国内生产总值、产业结构、能源消费结构、电力供应条件、居民生活水平及节能降耗等因素进行综合分析比较后确定;若取人均生活用电量指标,则预测结果为居民生活用电量,叠加全行业用电量后可得出全社会用电量,其选取需要结合预测地区的地理位置、居民收入、消费水平、气候条件、能源供应及节能降耗等因素进行综合分析比较后确定。

2000—2015 年我国人均用电量及人均生活用电量见表 4.1。国外部分国家不同时期人均用电量及人均生活用电量见表 4.2,2011—2020 年湖南地区人均用电量及人均生活用电量见表 4.3,供预测参考。可知,我国的人均用电水平仍远低于发达国家平均水平,湖南地区人均用电水平只有全国水平的 50% ~60%。

表 4.1　2000—2015 年我国人均用电量及人均生活用电量

单位:kW·h

年份	人均用电量	人均生活用电量	年份	人均用电量	人均生活用电量
2000	1 067	132	2008	2 595	308
2001	1 154	145	2009	2 749	344
2002	1 280	156	2010	3 140	381
2003	1 466	174	2011	3 499	418
2004	1 679	189	2012	3 676	461
2005	1 901	217	2013	3 936	500

续表

年份	人均用电量	人均生活用电量	年份	人均用电量	人均生活用电量
2006	2 164	247	2014	4 102	505
2007	2 471	274	2015	4 142	530

表4.2　国外不同时期人均用电量及人均生活用电量

单位:kW·h

年份	美国		英国		日本		韩国	
	人均用电量	人均生活用电量	人均用电量	人均生活用电量	人均用电量	人均生活用电量	人均用电量	人均生活用电量
1970	6 788	2 273	4 170	1 505	3 055	509	399	47
1980	9 243	3 166	4 683	1 654	4 444	988	914	148
1990	11 691	3 697	5 328	1 757	6 482	1 539	2 369	414
2000	13 659	4 222	6 116	1 907	7 970	2 031	5 907	662
2011	13 227	4 560	5 517	1 779	7 847	2 270	10 162	1 266

表4.3　2011—2020年湖南地区人均用电量及人均生活用电量

单位:kW·h

年份	人均用电量	人均生活用电量	年份	人均用电量	人均生活用电量
2011	1 961.0	347.4	2 016	2 199.0	569.3
2012	2 026.4	391.2	2 017	2 305.0	596.3
2013	2 126.9	420.4	2 018	2 530.2	665.3
2014	2 123.9	444.0	2 019	2 694.8	736.4
2015	2 141.2	486.0	2 020	2 903.6	801.3

3）回归分析法操作流程

分析和预测居民生活用电时,自变量为城乡居民可支配收入,因变量为人均用电量。分析和预测3次产业用电量时,自变量为3次产业的增加值,因变量为3次产业的用电量,其中第二产业中厂用、线损、抽蓄用电不受产业增加值的影响。因此,在统计第二产业电量时,应剔除。使用回归分析法预测居民生活用电和3次产业用电量的流程如图4.1、

图 4.2 所示。

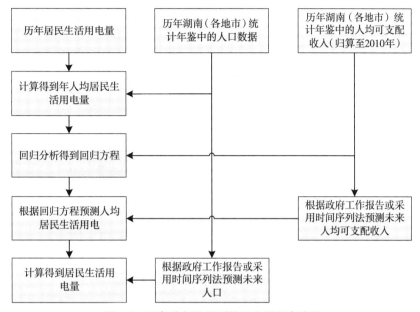

图 4.1　回归分析法预测居民生活用电流程

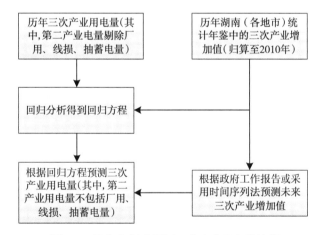

图 4.2　回归分析法预测三次产业用电量流程

上述过程仅用到一元回归分析,可通过 Excel 实现。以 Office 2016 为基础,以人均居民生活用电为案例,演示具体操作如下:

(1)插入散点图

如图 4.3 所示,①在 Excel 中整理各年度的人均可支配收入、人均生活用电量数据表格,②选中相关数据后,单击"插入"主选项卡,③单击"图表"子选项卡中的"散点图",④选择第一种类型,得到人均居民用电量与人均可支配收入关系散点图。

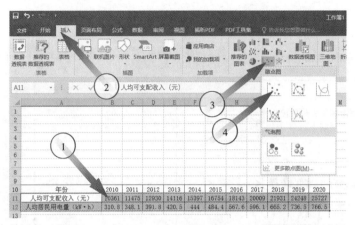

图 4.3　插入散点图

（2）生成拟合曲线和回归方程

如图 4.4 所示，⑤右键单击散点图上的任意一个数据点，⑥单击添加趋势线，⑦在"设置趋势线格式"菜单栏，勾选"显示公式""显示 R 平方值（R）"，⑧选择合适的趋势线类型（R^2 值越大，代表拟合度越好），⑨得到回归方程。

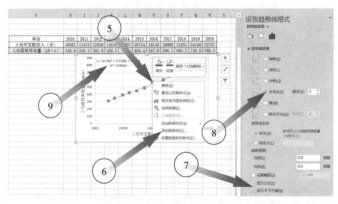

图 4.4　生成拟合曲线

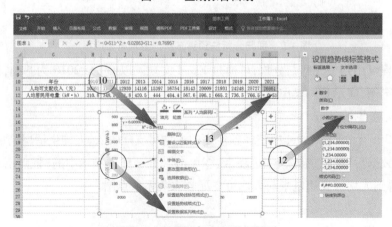

图 4.5　利用回归方程进行预测

（3）利用回归方程进行预测

如图 4.5 所示，⑩右键点回归方程，⑪单击"设置数据系列格式"，⑫在"设置趋势线标签格式"中将数字类别设置为数字，小数位数设置为 5 位或以上（小数位数较少时，将导致拟合方程计算结果产生较大偏差；当预测结果不合理时，也可尝试提高回归方程中系数的小数点位数来解决），⑬将回归方程输入对应单元格，做好公式关联，即可得到预测结果。

4.2.2　时间序列法

时间序列法常用来分析和预测居民生活用电量、调度电量和全社会负荷等。

1）时间序列法基本原理

时间序列分析法根据历史统计资料，总结出电力需求与时间先后顺序的关系，即把时间序列作为一个随机变量序列，用概率统计的方法，尽可能减少偶然因素的影响，得出需电量随时间序列所反映出来的发展方向与趋势，并进行外推，以预测未来电力需求发展的水平。

（1）移动平均法

移动平均法是对一组时间序列数据进行某种意义上的算术平均值计算，并以此为依据对预测年份进行预测的一种方法。它包括一次动平均法、加权动平均法和二次动平均法。差别主要在于一次动平均法的预测能力只有一期，而二次动平均法可预测多期。

①一次动平均法

取时间序列的 N 个观测值予以平均，并依次滑动，直至将数据处理完毕，得到一个平均值序列。对时间序列 $y_1, y_2, \cdots, y_t$，一次动平均法计算公式为

$$M_t^{(1)} = \frac{y_t + y_{t-1} + \cdots + y_{t-N+1}}{N} \qquad t \geq N \qquad (4.15)$$

式中　$M_t^{(1)}$——第 t 期的一次动平均值；

N——动平均的项数（或称步长）。

一般情况下，如果时间序列没有明显的周期变化和趋势变化，可用第 t 期的一次动平均值作为第 $t+1$ 期的预测值，即

$$\hat{y}_{t+1} = M_t^{(1)} \qquad (4.16)$$

②加权动平均法

在一次动平均法里，每期数据作用是等同的，但实际每期数据所包含的信息量并不一样，如近期数据就可能包含着更多的有关未来的信息。因此，把各期数据同等对待是不尽合理的，应考虑各期数据的重要性，对那些对预测期相关性更强的数据给予较大的权重系数，

就形成了加权动平均法。

对时间序列 $y_1, y_2, \cdots, y_t$, 加权动平均法计算公式为

$$M_{tw}^{(1)} = \frac{W_1 y_t + W_2 y_{t-1} + \cdots + W_N y_{t-N+1}}{W_1 + W_2 + \cdots + W_N} \qquad t \geqslant N \tag{4.17}$$

式中　$M_{tw}^{(1)}$——第 t 期的加权动平均值;

　　　W_i——y_{t-i+1} 的权重系数,体现了时间序列 y 在加权动平均中的重要性。

利用加权动平均法预测,即

$$\hat{y}_{t+1} = M_{tw}^{(1)} \tag{4.18}$$

③二次动平均法

一次动平均法不适用于以后若干期的预测。因此,一般采用二次动平均法。二次动平均法是将一次动平均序列再进行一次动平均。其计算公式为

$$M_t^{(2)} = \frac{M_t^{(1)} + M_{t-1}^{(1)} + \cdots + M_{t-N+1}^{(1)}}{N} \qquad t \geqslant N \tag{4.19}$$

当时间序列数据呈线性趋势时,如果用一次动平均法预测,会出现滞后偏差。为消除滞后偏差的影响,可在一次、二次动平均值的基础上,建立线性趋势模型来进行预测,即

$$\left.\begin{array}{l} \hat{y}_{t+T} = a_t + b_t T \\[2mm] a_t = 2M_t^{(1)} - M_t^{(2)} \\[2mm] b_t = \dfrac{2}{N-1}(M_t^{(1)} - M_t^{(2)}) \end{array}\right\} \tag{4.20}$$

式中　t——当前期;

　　　T——预测超前期。

(2)指数平滑法

指数平滑法是最常用的预测方法之一,是一种时间序列分析方法。其拟合值或预测值是对历史数据的加权算术平均,对不同时刻数据进行不等权处理。因此,该方法对接近目前时刻的数据拟合得较为准确。

对时间序列 $y_1, y_2, \cdots, y_n$, 要求预测 y_{n+1}。信息的时效性要求预测量 $\hat{y}_{n+1}$ 应由全部历史数据 $y_1, y_2, \cdots, y_n$ 的加权平均值构成,而且一般要求权值应随着数据离预测期越来越远而逐渐减小,即应有关系

$$\hat{y}_{n+1} = \sum_{t=0}^{n-1} \alpha_t y_{n-t} \tag{4.21}$$

$$\left.\begin{array}{l} 0 < \alpha_t < 1 \\[2mm] \displaystyle\sum_{t=0}^{n-1} \alpha_t = 1 \end{array}\right\} \tag{4.22}$$

$$\alpha_0 > \alpha_1 > \alpha_2 > \cdots > \alpha_{n-1} \tag{4.23}$$

在某些特定情况下,式(4.23)可以不满足。

①一次指数平滑法

选择参数 $0 < \alpha < 1$,权值取为

$$\alpha_t = \alpha(1-\alpha)^t \qquad t = 0,1,2,\cdots,n-1 \tag{4.24}$$

式(4.23)改写为以下递推关系:

初始条件为

$$S_0 = y_1 \tag{4.25}$$

平滑方程为

$$S_t = \alpha y_t + (1-\alpha)S_{t-1} \qquad t = 0,1,2,\cdots,n \tag{4.26}$$

预测公式为

$$\hat{y}_{n+1} = S_t \tag{4.27}$$

②二次指数平滑法

一般用于预测的是二次指数平滑法。设时间序列为 $y_1,y_2,\cdots,y_n$,取平滑系数为 $\alpha(0 \leqslant \alpha \leqslant 1)$。指数平滑的方法和模型较多。下面采用常见的 Brown 单一参数线性二次指数平滑法。其步骤如下:

a. 对原始序列进行一次指数平滑

$$y_t' = \alpha y_t + (1-\alpha)y_{t-1}' \qquad 2 \leqslant t \leqslant n \tag{4.28}$$

其中,可取 $y_1' = y_1$。

b. 对一次平滑序列进行二次指数平滑

$$y_t'' = \alpha y_t' + (1-\alpha)y_{t-1}'' \qquad 2 \leqslant t \leqslant n \tag{4.29}$$

其中,可取 $y_1'' = y_1'$。

c. 对最末一期数据,计算两个系数

$$a_n = 2y_n' - y_n'' \tag{4.30}$$

$$b_n = \frac{\alpha}{1-\alpha}(y_n' - y_n'') \tag{4.31}$$

d. 建立预测公式

$$\hat{y}_t = a_n + b_n(t-n) \tag{4.32}$$

其中,$t > n$。

2)时间序列法操作流程

在实际工作中,通常把电量或者负荷数据和年份序列号进行回归分析。其预测流程如图4.6所示。

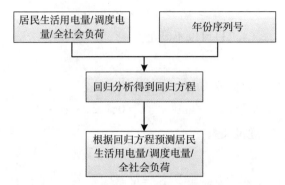

图 4.6　时间序列法预测居民生活用电/调度电量/全社会负荷流程

时间序列法的操作流程与回归分析法类似,不同之处在于其自变量为年份序列号。在插入散点图时,可只选择因变量。以居民生活用电量分析预测为案例,演示具体操作如下:

①插入散点图。

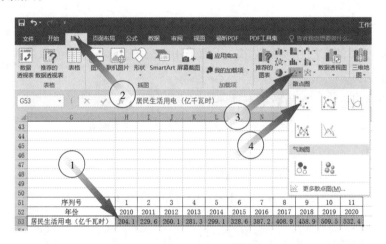

图 4.7　时间序列法-插入散点图

如图 4.7 所示,①在 Excel 中整理历年居民生活用电量数据表格,②选中电量数据后,单击"插入"主选项卡,③单击"图表"子选项卡中的"散点图",④选择第一种类型,得到居民用电量与年份序列号关系散点图。

②生成拟合曲线和回归方程。

③利用回归方程进行预测。

步骤②、步骤③操作流程与回归分析法一致,在此不再赘述。应注意的是,在插入散点图时,只选择了电量数据,拟合曲线的自变量默认为序列号。因此,在回归方程进行公式关联时,其变量应为序列号,如图 4.8 所示的序号⑤。

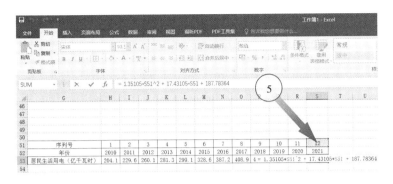

图4.8 时间序列法-利用回归方程进行预测

4.2.3 居民空调电量法

居民空调电量法常用来分析和预测居民生活用电。

1)居民空调电量法基本原理

居民空调电量法,首先需要把居民生活用电量拆分为居民基础电量和居民空调电量。其拆分原则为:将4,5月份的日平均用电量乘以春季(4—6月)天数,作为春季的基础电量,用春季电量减去春季基础电量得到春季空调电量;将10,11月份的日平均用电量乘以秋季(9—11月)天数,得到秋季基础电量,用秋季电量减去秋季基础电量得到秋季空调电量;将本年度春季基础电量和秋季基础电量的平均值作为夏季(6—8月)的基础电量,用夏季电量减去夏季基础电量得到夏季空调电量;将本年度秋季基础电量和次年度春季基础电量作为冬季(12月—次年2月)的基础电量,用冬季电量减去冬季基础电量得到冬季空调电量。应注意的是,居民用电抄表一般滞后一个月,本月的居民生活用电量实际发生在上个月。

拆分后,分别对各季度的基础电量和空调电量进行分析和预测。其中,居民基础电量看成只受人民生活水平的影响,将基础电量和人均可支配收入进行回归分析,建立回归分析模型并开展预测;而居民空调电量则看成同时受居民人民生活水平和各季度平均温度的影响,将空调电量和人均可支配收入、季度平均温度进行二元线性回归分析,建立回归分析模型并开展预测。

2)居民空调电量法操作流程

居民空调电量法预测居民生活用电量流程如图4.9所示。

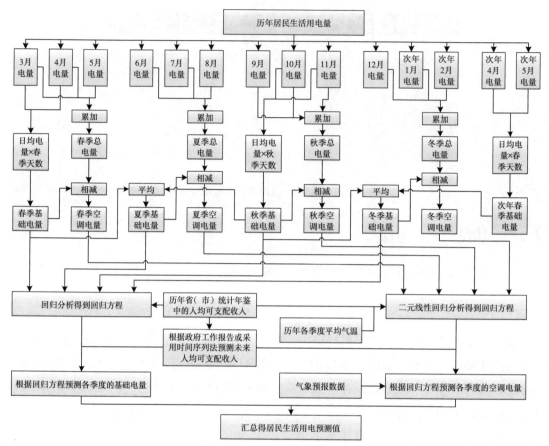

图4.9　居民空调电量法预测居民生活用电量流程

上述过程用到二元回归分析,需要利用 SPSS 软件来实现。现以夏季空调电量的分析和预测为例,演示具体操作流程如下:

①整理二元回归分析需要用到的数据,如图4.10 所示。

A	B	C	D
年份	夏季空调电量Q（亿千瓦时）	人均可支配收入i（元）	夏季平均气温t（℃）
2010	19.4	10361	28.2
2011	14.5	11475	27.9
2012	17.6	12930	28.3
2013	30	14116	30.9
2014	16.7	15397	27.6
2015	16.8	16754	26.5
2016	34.3	18143	27.8
2017	37.2	20009	27.3
2018	50.8	21931	28
2019	54.9	24248	27.6
2020	55.8	25727	26.7

图4.10　整理二元回归分析需要用到的数据

②将数据拷贝至 SPSS 软件数据编辑器,如图 4.11 所示。

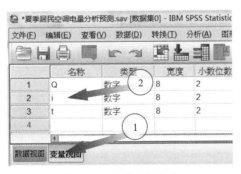

图 4.11 数据拷贝至 SPSS 软件数据编辑器

③修改变量名称,如图 4.12 所示。①单击软件左下角"变量视图"选项卡,②依次修改各变量的名称。

图 4.12 编辑变量名称

④回归分析,如图 4.13(a)、(b)所示。③单击菜单栏"分析",④选择"回归",⑤单击"非线性",⑥将因变量 Q 拖曳至"因变量"方框中,⑦在"模型表达式(M)"中输入回归方程(见图 4.13,a,b,c 均为待求的系数),⑧单击"参数(A)",⑨输入各系数的名称以及开始值并添加(开始值即迭代计算开始值,当取值系数不会影响函数连续性时,可都设置为 1),⑩单击"继续"按钮,⑪单击"确定"按钮。

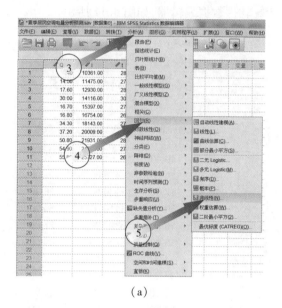

（a）

（b）

图 4.13　回归分析

⑤获取回归分析结果，如图 4.14 所示。生成分析结果后，⑫可查看 R^2 值，⑬双击"参数估值"表格，选中各系数的估算结果，右键单击，⑭单击"单元格属性"，⑮单击"值格式"，选择"数字"，把"小数"设置为 5 位或以上，⑯单击"确定"按钮。

⑥利用回归方程进行预测。将回归方程输入 Excel 表格中的对应单元格，把各系数修改为回归分析所得到的参数估算结果，做好公式关联，即可得到预测结果。

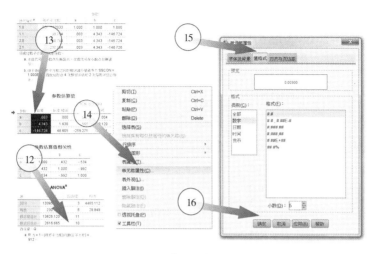

图 4.14　获取回归分析结果

4.2.4　单耗法

单耗法常用来分析和预测三次产业的用电量。

1) 单耗法基本原理

预测期的产品产量(或产值)乘以用电单耗,可得所需要的用电量。其计算公式为

$$E = \sum_{i=1}^{n} \theta_i m_i \tag{4.33}$$

式中　E——某行业预测期的用电量;

　　　θ_i——各种产品产量(或产值)的用电单耗;

　　　m_i——各种产品产量(或产值);

　　　n——计算的行业的企业数。

这个方法适用于工业比重大、已有生产或建设计划的中期电量预测。当分别算出各行业的用电量之后,相加就可得到全部行业的用电量。用电单耗法可衍生出产业产值单耗法和国内生产总值(Gross Domestic Product,GDP)综合电耗法。

(1)产业产值单耗法

产业产值单耗法通过对国民经济三大产业单位产值耗电量进行统计分析,根据经济发展、技术进步及产业结构调整等情况,确定规划期三大产业的单位产值耗电量,然后根据国民经济和社会发展规划的指标,计算得到规划期的国民经济行业用电量预测值,叠加居民生活用电量后可得到全社会用电量。

(2)GDP 综合电耗法

GDP 综合电耗法通过对国内生产总值所消耗的电量统计分析,根据经济发展、技术进步及产业结构调整等情况,确定规划期内单位 GDP 的电耗指标,然后以国内生产总值的预测

值为基础,来预测未来的全社会用电量。

湖南地区 2005—2019 年分产业产值单耗见表 4.4。

表 4.4　湖南地区 2005—2019 年分产业产值单耗

单位:kW·h/万元

项　目	2005	2006	2007	2008	2009	2010	2011	2012
GDP 用电单耗	677	667	674	609	579	603	588	540
第一产业用电单耗	286	348	361	365	388	412	405	423
第二产业用电单耗	1 081	1 007	997	901	805	816	765	681
第三产业用电单耗	190	194	193	174	179	189	198	196
项　目	2013	2014	2015	2016	2017	2018	2019	
GDP 用电单耗	515	466	424	390	382	388	380	
第一产业用电单耗	310	81	61	63	65	49	52	
第二产业用电单耗	646	618	555	483	474	479	457	
第三产业用电单耗	199	200	197	201	200	217	223	

在一定的时期内,电耗指标的变化有一定的规律性,在历史数据基础上,可运用回归法等手段预测未来的电耗指标。

2)单耗法操作流程

单耗法预测三次产业用电量流程如图 4.15 所示。

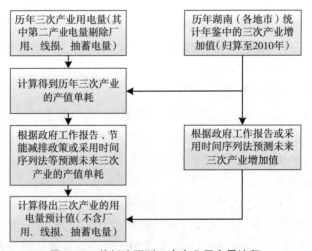

图 4.15　单耗法预测三次产业用电量流程

4.2.5　经济电力传导法

经济电力传导法常用于分析和预测第二产业、第三产业用电量、居民生活用电量以及全社会用电量。

1）经济电力传导法基本原理

从经济发展历史情况来看,湖南经济发展水平由下列两个方面决定:一是资源(投资)流入的总量,二是资源的"转化率",即区域经济发展的多种影响因素,如投资形成的新就业岗位、生产增加值、家庭收入等。经济电力传导模型由计量经济学模型与电力需求量化传导模型两部分构成。

经济模型是以经济发展的主要驱动力——资本为源头,以不同经济部门为切入点,全社会及第二产业、第三产业固定资产投资增速为全省经济增长的驱动核心,引入增加值、CPI(居民消费价格指数)、PPI(生产价格指数)、城镇化率等关键经济变量,基于柯布道格拉斯(Cobb Douglas)方程原理,构建投资、价格指数与增加值之间复杂的数学模型预测出包括三次产业增加值、城镇和农村居民收入水平等经济指标,并利用 CPI,PPI 等价格指数对增加值和居民收入作可比化处理。

经济电力传导模型则在区域宏观经济研究基础之上,运用回归分析模型、时间序列法模型、ARIMA 模型、灰色预测模型等模型,预测各部门、各用户用售电量等主要指标,进而把握全社会电力需求变化规律,提高电量预测的精准度。

2）经济电力传导法操作流程

经济电力传导法预测全社会用电量的流程如图 4.16 所示。

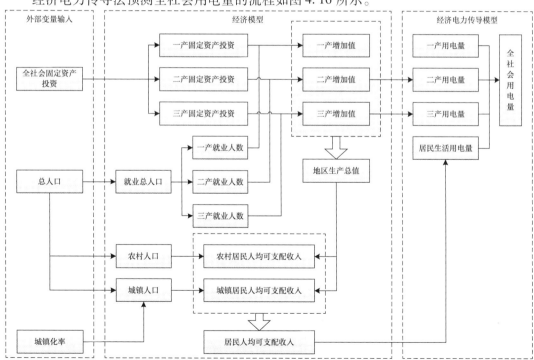

图 4.16　经济电力传导法预测全社会用电量流程

4.2.6 大用户法

大用户法常用来分析和预测第二产业、第三产业用电量。

1) 大用户法基本原理

大用户的发展方向体现了宏观经济的发展趋势、国家和地区的经济政策、地区经济的产业结构特点、地区阶段性的资源优势(能源、矿产、土地、运输、水资源等)。因此,某一地区大用户集中代表了该地区经济发展的热点和特点,是宏观经济发展过程中矛盾的特殊性的体现。应用大用户法进行预测可较准确地抓住地区经济热点的转换,把握短期的电力电量变化趋势,适用于大用户电量占全社会用电量比重较高的地区预测。

大用户法的重点在于用户调研和业扩报装需求收集。通过对本地区大用户的调研走访,可了解现有大用户的生产经营现状,包括企业近两年的产品产量、主要产品价格,主要原材料价格走势情况,产品销售范围,近期重大政策或事件对企业生产经营的影响,如产业项目建设年、供给侧结构性改革、中美贸易摩擦、环保整治、电价政策及行业发展政策等;同时,进一步了解近年来各行业整体景气程度,企业生产经营计划目标,包括订单情况、产品产量目标、利润目标及预计用电量等,准确把握电力市场主要行业市场行情及未来发展趋势。通过和营销部(客户服务中心)对接,收集业扩报装需求,并对规划、在建大用户开展走访调研可掌握新增大用户用电需求。

2) 大用户法操作流程

大用户法预测全社会用电量流程如图 4.17 所示。

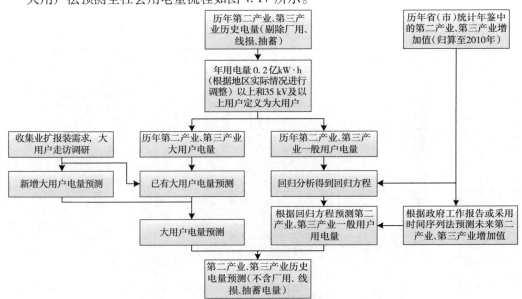

图 4.17 大用户法预测第二产业、第三产业电量(不含厂用、线损和抽蓄电量)流程

4.2.7　弹性系数法

弹性系数法常用于全社会用电量或三次产业用电量的远期粗略预测。

1）弹性系数法基本原理

电力弹性系数是指在某一时期内用电量的平均年增长率与同一时期国内生产总值平均年增长率的比值。该系数从客观上反映了电力发展速度与国民经济发展速度的相对关系。这一系数与电力工业发展水平、科学技术发展水平、国家经济政策及产业结构及人民生活水平等因素有关。

我国 2000—2016 年电力弹性系数见表 4.5。

表 4.5　我国 2000—2016 年电力弹性系数

年份	弹性系数	年份	弹性系数	年份	弹性系数
2000	1.35	2006	1.14	2012	0.73
2001	1.09	2007	1.05	2013	0.98
2002	1.28	2008	0.58	2014	0.56
2003	1.53	2009	0.75	2015	0.14
2004	1.50	2010	1.43	"十二五"期间	0.80
2005	1.19	"十一五"期间	0.99	2016	0.74
"十五"期间	1.33	2011	1.29		

部分发达国家不同时期电力弹性系数见表 4.6。从这些发达国家的发展历程来看，电力弹性系数的变化是有一定规律的：在工业化中期，电力弹性系数一般大于 1，随着工业化进程的推进，电力弹性系数逐渐减小，进入工业化后期，电力弹性系数一般小于 1。

表 4.6　部分发达国家不同时期电力弹性系数

年份	美国	英国	日本	韩国
1960—1970	1.63	2.18	1.37	1.85
1970—1980	1.33	0.67	1.13	1.18
1980—1990	0.81	0.56	0.82	1.16
1990—2000	0.81	0.53	2.09	1.62
2000—2012	0.27	−0.20	−0.30	1.26

湖南地区 2001—2020 年电力弹性系数见表 4.7。

表4.7　湖南地区2001—2020年电力弹性系数

年份	弹性系数	年份	弹性系数	年份	弹性系数
2001	0.92	2008	0.21	2015	0.14
2002	0.89	2009	0.75	2016	0.42
2003	1.61	2010	1.09	2017	0.72
2004	1.03	2011	0.81	2018	1.33
2005	0.77	2012	0.36	2019	0.90
2006	1.09	2013	0.56	2020	0.92
2007	1.06	2014	0.06		

电力弹性系数法是根据已掌握的未来一段时期内国民经济发展规划确定的国内生产总值的年平均增长率,以及电力弹性系数的历史变化规律,预测今后一段时期的电力需求的方法。该方法的关键是确定电力弹性系数。电力弹性系数法计算用电量的计算公式为

$$E_n = E_0(1 + K\beta)^n \tag{4.34}$$

式中　E_n——预测期末的用电量;

E_0——规划期的电力弹性系数;

K——计算期年数;

β——国内生产总值平均年增长速度。

电力弹性系数是一个宏观指标,故该方法适用于远期粗略的电量预测。

2)弹性系数法操作流程

弹性系数法预测全社会用电量或三次产业用电量流程如图4.18所示。

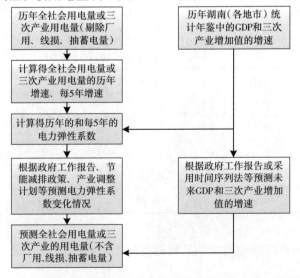

图4.18　弹性系数法预测全社会用电量或三次产业用电量流程

4.2.8 类比法

1）类比法基本原理

类比法就是对类似事物做对比分析，通过已知事物对未知事物或新事物的发展变化做出预测。应用到电力需求预测就是选择一个可对比的对象（地区），把其经济发展及用电情况与待预测地区的电力消费作对比分析，从而估计待预测区的电力需求水平。

例如，对比发达国家在不同经济发展阶段、不同国内生产总值规模时的电力需求，来预测我国或地区达到同一经济发展阶段或达到同样国内生产总值规模时的电力需求。又如，对新建经济开发区或产业园区，由于没有历史数据可以参考，不可能进行模型预测，此时采用类比法是比较有效的，可找一个已建成的、开发规模和产业发展方向等类似的经济开发区，找到相同点，利用相似和比例关系，对待建开发区的用电量进行预测，并根据差异情况对预测结果做出个别调整。

2）类比法操作流程

湖南地区常用人均用电量类比法对远期全社会用电量的预测，人均电量类比对象可为全国人均用电量，也可为历年人均用电量增长曲线与本省（市）类似国家的人均用电量。两种类比方法操作流程如图 4.19、图 4.20 所示。

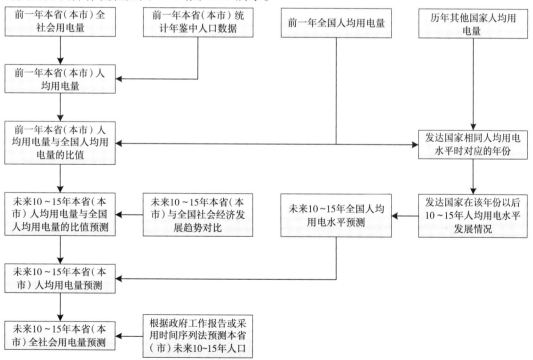

图 4.19　人均用电量类比法（类比全国）预测远期全社会用电量流程

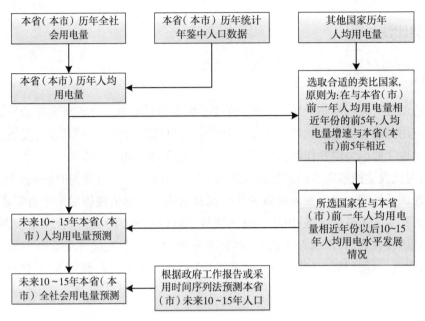

图 4.20　人均用电量类比法(类比其他国家)预测远期全社会用电量流程

4.2.9　调度比重法

调度比重法是在已知全社会用电量预测结果的前提下,通过统计历年调度电量占全社会电量的比重,分析非统调电厂发电量等因素对调度电量占比的影响,根据年度气象预报及小水电资源开发计划,预测调度电量的一种方法。其操作流程如图 4.21 所示。

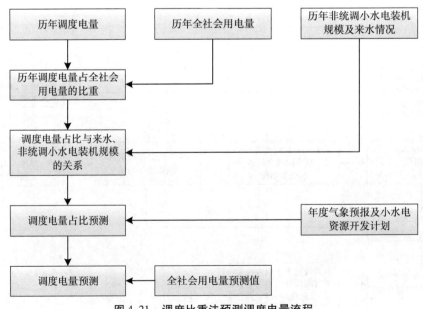

图 4.21　调度比重法预测调度电量流程

4.2.10　最大负荷利用小时数法

最大负荷利用小时数法是已知全社会用电量或调度电量时用来预测全社会最大负荷或调度最大负荷的一种方法。

1）最大负荷利用小时数法基本原理

当已知预测或规划期的用电量后,一般可用最大负荷利用小时数法等预测最大负荷值。按最大负荷利用小时数法,预测最大负荷的计算公式为

$$P_{max} = \frac{E}{T_{max}} \tag{4.35}$$

式中　P_{max} ——预期最大负荷;

　　　E ——预期用电量;

　　　T_{max} ——一年最大负荷利用小时数。

各电力系统的年最大负荷利用小时数可根据历史统计资料及今后的用电结构变化情况分析确定。

2）最大负荷利用小时数法操作流程

最大负荷利用小时数法预测全社会用最大负荷或调度最大负荷流程如图 4.22 所示。

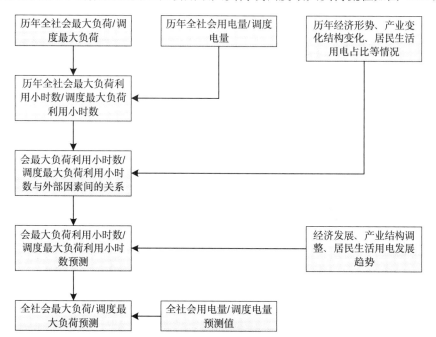

图 4.22　最大负荷利用小时数法预测全社会用最大负荷或调度最大负荷流程

4.2.11　经济气象综合模型法

经济气象综合模型法常用来预测夏季、冬季的调度最大负荷。

1）经济气象综合模型法基本原理

经济气象综合模型法，首先需要把历年夏季（6—8月）、冬季（12月—次年2月）负荷，拆分为基础负荷和空调负荷。其拆分原则为：将当年4月或5月工作日的日负荷曲线与当年10月或11月工作日的日负荷曲线进行平均，作为当年夏季电网每个工作日的基础负荷曲线。将夏季工作日的日负荷曲线与夏季工作日基础负荷曲线的差值，作为夏季工作日的空调负荷曲线，夏季最大负荷时刻在基础负荷曲线和每日空调负荷曲线上对应的值即基础负荷与每日的空调负荷。同理，可得夏季的非工作日的基础负荷和空调负荷曲线、冬季的工作日、非工作日的基础负荷和空调负荷曲线、每日基础负荷和空调负荷。

拆分后，分别对各季度的基础负荷和空调负荷进行分析和预测。其中，基础负荷采用大用户法（110 kV及以上用户视为大用户）进行分析和预测；空调负荷则与综合积累气温、人均可支配收入进行二元非线性回归分析，建立回归分析模型并开展预测，其中综合积累气温P是将每日平均气温和前几日的平均气温加权所得。其具体计算公式为

$$P_\text{夏} = 0.4 \times 当天算术平均气温 + 0.16 \times 前1天平均气温 + 0.15 \times 前3天平均气温 + 0.08 \times 前5天平均气温 + 0.21 \times 前13天平均气温$$

$$P_\text{冬} = 0.73 \times 当天算术平均气温 + 0.02 \times 前1天平均气温 + 0.21 \times 前3天平均气温 + 0.04 \times 前5天平均气温$$

空调负荷与综合积累气温、人均可支配收入的回归方程为生长曲线模型的变形。下面对生长曲线法进行简要介绍。

2）生长曲线法基本原理

生物学中，习惯把生长现象在图上用曲线表示出来。一般在横轴上标出时间，纵轴上标出测定值，称为生长曲线。其中，S形曲线（sigmoid curve）是最普通的生长曲线，电力负荷发展也有类似的规律。某个地区的负荷发展，可能首先是开始时期的低速增长（相当于生物的生长前期）；到某个转折点后，开始进入快速增长期；再发展到某个转折点后，开始进入饱和期（相当于生物的生长后期）。

常用的生长曲线作为一种解析化的数学表达式，可直接应用于负荷预测，包括电量预测和负荷预测。其预测原理类似于回归分析中的对数模型、指数模型等。

（1）简单S形曲线

在Logistic曲线的一种形态 $y = \dfrac{k}{1 + \alpha e^{-\beta x}}$ 的基础上，可得到一种简单S形曲线。其表达式为

$$y = \frac{1}{a + be^{-x}} \tag{4.36}$$

或

$$\frac{1}{y} = a + be^{-x} \tag{4.37}$$

其在无穷远处的形态为

$$x \rightarrow +\infty \quad y = \frac{1}{a}$$

$$x \rightarrow -\infty \quad y = 0$$

对式(4-36)求导,得

$$y'_x = \frac{be^{-x}}{(a + be^{-x})^2} \tag{4.38}$$

因此,当 a,b 同号,分母必不为 0;当 a,b 异号,则在 $x = \ln\left(-\dfrac{b}{a}\right)$ 处分母为 0,这是曲线的分叉点。

对 $\dfrac{1}{y} = a + be^{-x}$ 这种简单的 S 形曲线,可借鉴回归分析的原理。令 $y' = 1/y, x' = e^{-x}$,即可化为形如 $y' = a + bx'$ 的模型,参考一元线性回归法确定模型参数,用于电力需求预测。

(2)其他具有 S 形特征的曲线

修正指数曲线,其表达式为

$$y = K + ab^x \qquad 或 \; y = K + ae^{bx} \tag{4.39}$$

Logistic 曲线表达式为(其中一种形态)

$$y = \frac{1}{K + ab^x} \qquad K > 0, a > 0, 0 < b < 1 \tag{4.40}$$

Compertz 曲线表达式为

$$\ln y = a + be^{-x} \tag{4.41}$$

这些具有 S 形特征的曲线,也可借鉴回归分析的原理进行处理,从而用于电力需求预测。

3)经济气象综合模型法操作流程

经济气象综合模型法预测调度最大负荷流程如图4.23所示。

国网常德供电公司经济技术研究所开发了专用工具——地区电网空调负荷分析工具——用于预测调度最大负荷。下面以该工具为基础,演示经济气象综合模型法空调负荷预测的具体操作流程。

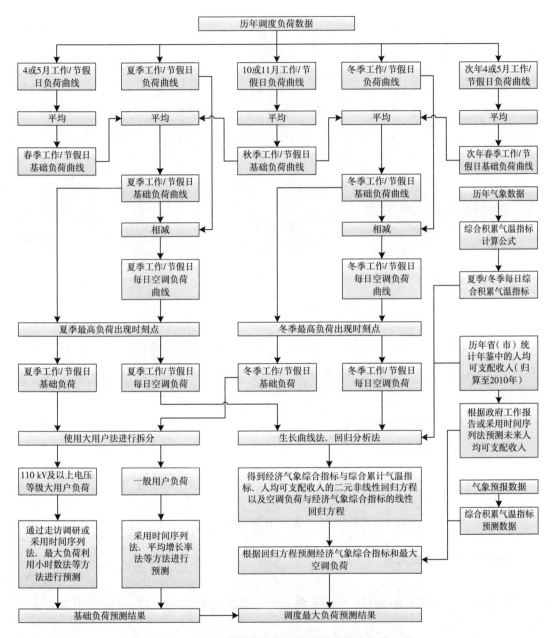

图4.23 经济气象综合模型法预测调度最大负荷流程

（1）设置基本信息

如图4.24所示，打开地区电网空调负荷分析工具，①单击"1.1 基本信息设置"，②设置历史数据起止年份，③设置历年法定假日、节假日调休情况。

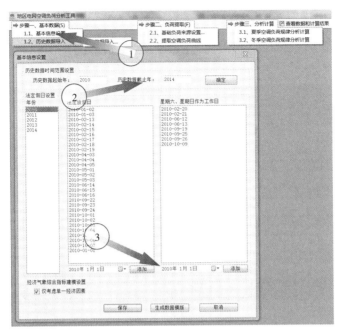

图 4.24　设置基本信息

（2）导入历史数据

如图 4.25 所示，④单击"1.2　历史数据导入"→"数据导入"，⑤分别单击"导入整点负荷"→"导入气象数据"→"导入经济数据"，⑥将已填好的历史数据表（需按照提供的模板填写）导入工具。

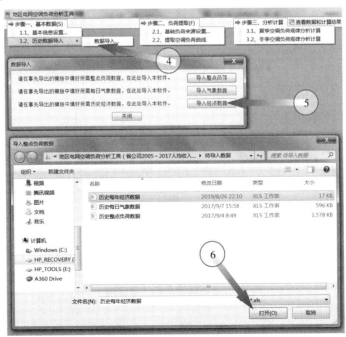

图 4.25　导入历史数据

（3）提取负荷

如图 4.26 所示，⑦单击"2.1　基础负荷来源设置"，⑧设置历年的春季、秋季起止时间并保存设置，⑨单击"2.2　提取空调负荷曲线"，待计算完毕。

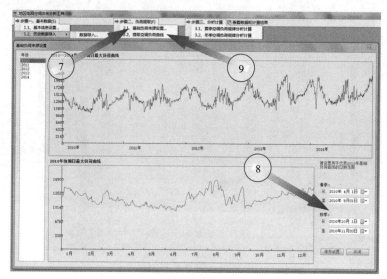

图 4.26　提取负荷

（4）分析计算

如图 4.27 所示，⑩单击"3.1　夏季空调负荷规律分析计算""3.2　冬季空调负荷规律分析计算"，待计算完毕。

图 4.27　分析计算

（5）查看分析计算结果

如图 4.28 所示，⑪单击"查看数据和计算结果"，⑫打开"分析计算"表格。

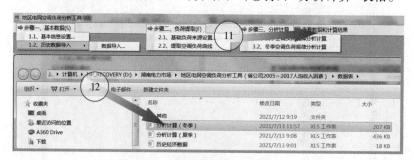

图 4.28　查看分析计算结果

（6）利用回归方程进行预测

如图 4.29 所示，⑬输入预测的经济指标数据和综合累计气温数据，⑭将表格中已生成的经济气象综合指标 z 的公式复制至预测年份对应单元格,计算出预测年份的经济气象综合指标,⑮复制散点图中的回归方程至对应单元格,做好公式关联,即可得到预测结果。

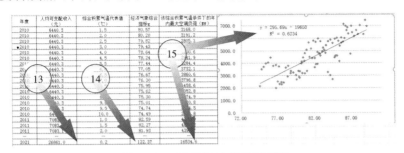

图 4.29　利用回归方程进行预测

4.2.12　其他预测方法

1)组合预测法

电力需求预测方法很多,每一种预测模型和预测方法都有其适用范围,很难适用于所有情况。组合预测方法是将多种预测方法所得的预测结果,选取适当的权重进行加权平均的一种预测方法。组合预测方法的主要问题是确定预测权重,即权重系数,其取决于单项模型在组合预测中的地位或比重。

组合预测法分为定权重组合预测法和变权重组合预测法,定权重组合预测法还可细化为等权平均组合预测法、方差-协方差优选组合预测法、最小方差法和递归等权法。

2)专家预测法

专家预测法主要是召集对电力负荷预测问题具有专家级水平的人员构成专家组成员,依靠专家组成员的判断,对某一地区、某一时期的用电水平等给出一个方向性的结论,提出未来一年或几年全国或地区用电量水平的预测等,通过汇集专家组意见,用统计分析的方法进行处理,最终得出预测结果。

3)马尔可夫预测法

马尔可夫预测法将时间序列看成一个随机过程,通过对事物不同状态的初始概率和状态之间转移概率的研究,确定状态变化趋势,以预测事物的未来。

(1)一重链状相关预测

对时间序列 y_t,若其在 $t = k + 1$ 时取值的统计规律与其在 $t = k$ 时的取值有关,而与 $t = k$ 以前的取值无关,则称此序列为一重链状相关事件序列,或称一重马尔可夫链。

假定目前预测对象处在状态 E_j,用 $P_{ij}(j = 1, 2, \cdots, n)$ 描述由目前状态向各个状态转移的可能性。例如，P_{i1} 表示转向状态 E_1 的可能性，P_{i2} 表示转向状态 E_2 的可能性，P_{in} 表示转向状态 E_n 的可能性等。将 n 个状态转移概率按大小排列，可能性大者就是预测的结果，即可得知预测对象经过一步转移最大可能达到的状态。

（2）模型预测

在实际预测中，往往需要知道经过一段时间后，预测对象可能处于的状态，这就要求利用概率建立一种随机型时序模型进行预测。马尔可夫预测模型可表示为

$$S^{(k+1)} = S^{(k)} P \tag{4.42}$$

式中　$S^{(k)}$——预测对象在 $t=k$ 时刻的状态向量；

　　　P——一步转移概率矩阵。

如果各时段的状态转移概率保持稳定，即 P 恒定，则

$$S^{(k+1)} = S^{(0)} P^{k+1} \tag{4.43}$$

式中　$S^{(0)}$——预测对象的初始状态向量。

由于实际的客观事物很难长期保持同一状态转移概率，故此方法一般适用于有限步的预测。

4）年负荷率法预测法

年负荷率一般用来预测最大负荷，可计算为

$$P_{max} = \frac{E}{\overline{\gamma}\,\overline{\sigma}\rho \times 8\,760} \tag{4.44}$$

式中　P_{max}——最大负荷；

　　　$\overline{\gamma}$——年平均日负荷率；

　　　$\overline{\sigma}$——年平均月不平衡负荷率；

　　　ρ——季不平衡负荷率。

用该方法预测时，需要对预测期的负荷曲线或负荷曲线特性指标进行预测，工作量大且复杂。

5）综合用电指标法

综合用电指标法是根据所预测区域的各类规划用地面积和选取的各类用地的综合用电指标，并考虑一定的需用系数和负荷同时率来预测饱和负荷需求的方法。该方法需首先获取预测区域的详细用地情况，关键是各类用地的综合用电指标的选取。其计算公式为

$$P = K \sum_{i=1}^{n} S_i P_i k_i \tag{4.45}$$

式中　P——预测的负荷值；

　　　S_i——各功能区面积；

P_i——各功能区的负荷密度;

n——计算的用地类别的种类数;

k_i——各功能区需用系数;

K——负荷同时率。

需用系数 k_i 是一个综合系数,表示用电设备组投入运行时,从电力系统实际取用的最大功率与用电设备额定功率之比,也称需用率。需用系数应根据历史实际情况,并参考一些资料得到。负荷同时率应根据各地区电网负荷具体情况确定,但均应小于 1。

应用综合用电指标法应注意各类用地的划分,且各类用地的综合用电指标的选用要合理,能反映预测期的实际情况和用电水平,主要是参照所在城市各类建筑用地单位面积负荷指标的现状资料和地方现行采用的标准或经验数据,也可参照电力系统的相关规范。

该方法适用于预测新规划的产业开发区和经济开发区等,可结合产业布局等预测开发区内各地块负荷,最终预测整个开发区的负荷,为开发区的电力发展规划提供参考。

表 4.8 给出了部分用地综合用电指标,供预测参考。

表 4.8 我国各类用地综合用电指标

用地分类	建筑分类	代码	综合用电指标 /($W \cdot m^{-2}$)	需用系数
居住用地 R	一类:高级住宅、别墅	R1	60 ~ 80	0.35 ~ 0.5
	二类:中级住宅	R2	50 ~ 70	
	三类:普通住宅	R3	30 ~ 50	
公共设施用地 C	行政、办公	C1	50 ~ 80	0.7 ~ 0.8
	商业、金融、服务业	C2	60 ~ 150	0.8 ~ 0.9
	文化、娱乐	C3	50 ~ 100	0.7 ~ 0.8
	体育	C4	30 ~ 80	0.6 ~ 0.7
	医疗卫生	C5	50 ~ 80	0.5 ~ 0.65
	科教	C6	45 ~ 80	0.8 ~ 0.9
工业用地 M	一类工业用地	M1	30 ~ 50	0.3 ~ 0.4
	二类工业用地	M2	40 ~ 60	0.3 ~ 0.45
	三类工业用地	M3	50 ~ 70	0.35 ~ 0.5
仓储用地 W	普通仓储	W1	5 ~ 10	
对外交通用地 T	铁路、公路站房	T1,T2	25 ~ 50	0.7 ~ 0.8
	机场用地	T4	40 ~ 80	0.8 ~ 0.9
道路广场用地 S	道路用地	S1	0.01 ~ 0.02	
	广场用地	52	0.05 ~ 0.15	
	社会停车场用地	S3	0.03 ~ 0.08	

续表

用地分类	建筑分类	代码	综合用电指标 /(W·m⁻²)	需用系数
市政设施 U	水、电、燃气、供热设施用地	U1	0.8 ~ 2	0.6 ~ 0.7
	交通设施用地	U2		
	邮电设施用地	U3		
	环卫设施用地	U4		

6)增长速度法

对一个平稳的、历史数据系列,可计算其相邻时间间隔的增长速度,如果这一增长速度序列的变化较有规律,则可对这一速度序列进行外推预测,从而得到未来时间段的增长速度,来进行预测年份的电量预测,同时也可作为负荷的预测方法。对一个平稳的历史负荷序列 $y_1, y_2, \cdots, y_n$,其增长速度为

$$\Delta_{t,t+1} = \frac{y_{t+1} - y_t}{y_t} \times 100\% \qquad t = 0,1,2,\cdots,n-1 \qquad (4.46)$$

式中　$\Delta_{t,t+1}$——第 $t+1$ 时刻相对于第 t 时刻的增长速度。

以增长速度序列 $\Delta_{1,2}, \Delta_{2,3}, \cdots, \Delta_{n-1,n}$ 为依据,运用回归分析方法,运用各种模型预测未来增长速度 $\hat{\Delta}_{t,t+1}(t \geq n)$。

以 n 时刻的历史数据为基准,按增长速度的定义进行未来时段的数据预测,则未来 t 时刻的预测值 $\hat{y}_t$ 为

$$\hat{y}_t = y_n \left[\prod_{i=n}^{t-1} (1 + \hat{\Delta}_{i,i+1}) \right] \qquad t \geq n+1 \qquad (4.47)$$

7)平均增长率法

平均增长率法利用电量或负荷时间序列数据求出平均增长率,再假定在预测水平年(季、月等),负荷仍按这样一个平均增长率向前发展变化,从而得出时间序列以后各期的电量或负荷预测值。

8)灰色预测法

灰色预测法是建立在灰色系统理论基础上的。灰色系统理论认为,尽管系统表象复杂,数据散乱,信息不充分,但作为系统必然有整体功能和内在规律,必然是有序的。不同于通过大量样本进行统计分析的传统方法,灰色系统理论把随机量看成在一定范围内变化的灰色量,对灰色量的处理不是寻求它的统计规律和概率分布,而是对原始数据加以处理,将杂乱无章的原始数据转化为规律性较强的生成数据,通过对生成数据建立动态模型,来挖掘系

统内部信息,并充分利用信息进行分析预测。

一般意义上的灰色模型为 $GM(m,n)$,表示对 n 个变量建立 m 阶微分方程。电力系统是典型的灰色模型,中长期负荷预测常用的是最简单的灰色时间序列模型 $GM(1,1)$。

$GM(1,1)$ 建模与预测过程如下:

①记给定的原始序列为 $X^0 = [x^0(1),x^0(2),\cdots,x^0(n)]$。

②对原始序列作累加生成

$$x^1(j) = \sum_{i=1}^{j} x^0(i) \qquad i = 1,2,\cdots,n \tag{4.48}$$

显然有

$$x^1(i) - x^1(i-1) = x^0(i) \qquad i = 1,2,\cdots,n \tag{4.49}$$

③建立相应的微分方程为

$$\frac{\mathrm{d}x^{(1)}}{\mathrm{d}t} + ax^1 = b \tag{4.50}$$

式中 a——发展灰数;

b——内生控制灰数。

采用等时距,将式中的微商用差商代替,并用两点的平均值代替 x^1,则

$$x^1(i+1) - x^1(i) + 0.5[x^1(i+1) + x^1(i)]a = b \qquad i = 1,2,\cdots,n-1 \tag{4.51}$$

即

$$b - 0.5[x^1(i+1) + x^1(i)]a = x^0(i+1) \tag{4.52}$$

④引入向量 $\boldsymbol{Y}^0 = [x^0(2),x^0(3),\cdots,x^0(n),]^{\mathrm{T}}$ 及矩阵

$$\boldsymbol{B} = \begin{bmatrix} -0.5[x^1(1) + x^1(2)] & 1 \\ \vdots & \vdots \\ -0.5[x^1(n-1) + x^1(n)] & 1 \end{bmatrix} \tag{4.53}$$

$$\boldsymbol{P} = \begin{bmatrix} a \\ b \end{bmatrix}$$

则残差为

$$\boldsymbol{V} = \boldsymbol{Y} - \boldsymbol{B} \cdot \hat{\boldsymbol{P}}$$

显然应使 $\boldsymbol{V}^{\mathrm{T}}\boldsymbol{V}$ 取极小,由此作参数 a,b 最小二乘估计

$$\begin{bmatrix} a \\ b \end{bmatrix} = (\boldsymbol{B}^{\mathrm{T}}\boldsymbol{B})^{-1}\boldsymbol{B}^{\mathrm{T}}\boldsymbol{Y} \tag{4.54}$$

⑤得到时间响应函数,预测(拟合)模型为

$$\hat{x}^1(i) = \left[x^1(1) - \frac{b}{a}\right]\mathrm{e}^{-a(i-1)} \qquad i \geqslant 1 \tag{4.55}$$

据此,可得 $i \geqslant n+1$ 时的预测值 $\hat{x}^1(i)$。

⑥累减还原

$$\hat{x}^0(i) = \hat{x}^1(i) - \hat{x}^1(i-1) \qquad i \geqslant 2 \tag{4.56}$$

$$x^0(1) = \hat{x}^1(1) = x^0(1) \qquad i \geq 2 \tag{4.57}$$

至此,得到原始序列 $x^0(i)(i=1,2,\cdots,n)$ 的历史拟合值 $\hat{x}^0(i)(i=1,2,\cdots,n)$ 及未来预测值 $\hat{x}^0(i)(i \geq n+1)$。

建立 $GM(1,1)$ 模型一般要通过一系列检验,如果建立的模型不合格或者精度不理想,则要对模型进行残差修正。

灰色模型的精度检验通常有残差检验、关联度检验和后延差检验 3 种形式。预测值的精度则以推算预测值的均方差作为判定依据。

4.2.13 预测结果表述

电力需求预测是电力系统规划设计的基础,预测结果是研究系统规划方案的重要依据。一般情况,预测结果需列出规划水平年、规划水平年以前的逐年和展望年的预测结果。需列出全社会用电量(供电量、售电量)和全社会最大负荷(调度最大负荷)的预测结果,分别给出高、中、低 3 个预测方案。预测结果需满足用电量、最大负荷与最大负荷利用小时数的相互关系。

现以某个区域为例,列出部分预测结果的参考格式,见表 4.9—表 4.19。

表 4.9　某区域(省)全社会用电量预测结果

项目	××××年	××××年	…	规划水平年	××××年
高方案					
中方案					
低方案					

表 4.10　某区域(省)最大负荷预测结果

项目	××××年	××××年	…	规划水平年	××××年
高方案					
中方案					
低方案					

表 4.11　某区域(省)供电量预测结果

项目	××××年	××××年	…	规划水平年	××××年
××省					
××市(地区)					
⋮					
××市(地区)					

表 4.12 某区域（省）售电量预测结果

项目	××××年	××××年	…	规划水平年	××××年
××省					
××市（地区）					
⋮					
××市（地区）					

表 4.13 某区域（省）供电荷预测结果

项目	××××年	××××年	…	规划水平年	××××年
××省					
××市（地区）					
⋮					
××市（地区）					
同时率					

表 4.14 某市（地区）全社会用电量预测结果

项目	××××年	××××年	…	规划水平年	××××年
高方案					
中方案					
低方案					

表 4.15 某市（地区）最大负荷预测结果

项目	××××年	××××年	…	规划水平年	××××年
高方案					
中方案					
低方案					

表 4.16 某市（地区）供电量预测结果

项目	××××年	××××年	…	规划水平年	××××年
××市（地区）					
××县（区）					

续表

项目	××××年	××××年	...	规划水平年	××××年
⋮					
××县（区）					

表 4.17　某市（地区）售电量预测结果

项目	××××年	××××年	...	规划水平年	××××年
××市（地区）					
××县（区）					
⋮					
××县（区）					

表 4.18　某市（地区）供电荷预测结果 1

项目	××××年	××××年	...	规划水平年	××××年
××市（地区）					
××县（区）					
⋮					
××县（区）					
同时率					

表 4.19　某市（地区）供电荷预测结果 2

项目	××××年	××××年	...	规划水平年	××××年
××市（地区）					
××变电站					
⋮					
××变电站					
同时率					

　　各单位也可根据实际工作需要,增加或删减上述表格内容。

4.3 湖南电力需求预测

4.3.1 总体流程

湖南地区开展电力需求预测时,首先采用时间序列法、回归分析法和居民空调电量法对居民生活用电量进行预测,采用回归分析法、单耗法、弹性系数法及大用户法对产业用电量进行预测;然后根据居民生活和产业电量的预测结果,汇总得出全社会用电量;最后采用部门法校验推荐结果的合理性。

在全社会用电量推荐方案的基础上,采用时间序列法、调度比重法对湖南省调度电量进行预测;采用最大负荷利用小时数法、时间序列法对全社会负荷进行预测;采用最大负荷利用小时数法、经济气象综合模型法对调度负荷进行预测。湖南省电力需求预测总体流程如图4.30所示。

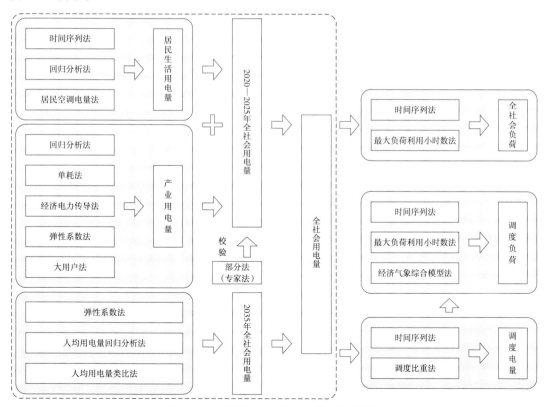

图4.30 湖南省电力需求预测总体流程图

应注意的是,预测所采用的经济数据如 GDP、人均 GDP、城乡居民可支配收入等经济类相关数据需要归算至同一年份。

各单位可参考上述流程,结合实际工作需求,编制本单位的预测流程。

4.3.2 电量预测

1)2021—2025 年电量预测

(1)全社会电量预测

①居民生活用电量预测

通过 4 种方法对湖南居民生活用电进行预测,具体如下:

A. 时间序列法

通过对居民生活用电量的历史值进行时间序列分析,建立一元二次回归模型,得到回归方程

$$y = 1.325x^2 + 17.413x + 187.84$$

式中 y ——居民用电量;

   x ——年份对应的序列号。

根据回归方程计算得到 2021—2025 年居民生活用电量,见表 4.20。

表 4.20   时间序列法预测居民生活用电量

单位:亿 kW·h

年 份	2021	2022	2023	2024	2025	"十三五"	"十四五"
居民用电量	562.5	661.4	715.0	778.9	837.5	10.1%	9.5%

B. 回归分析法

通过对历年人均居民生活用电量以及居民可支配收入的历史数据进行回归分析,得出预测水平年的人均居民生活用电量。结合地区人口规划,预测居民生活用电量(见表4.21)。具体如下:

a. 对 2021—2025 年湖南城乡人口数量进行预测。根据《国家人口发展规划(2016—2030 年)》,预计 2021—2025 年湖南人口年均增速在千分之一左右,"十四五"年均增速在千分之一左右。

b. 对居民可支配收入进行预测。根据《湖南省国民经济和社会发展第十四个五年规划和二〇三五年远景目标纲要》,预计 2021—2025 年居民人均可支配收入年均增速在 6.5% 左右。

c. 对 2005—2021 年湖南居民可支配收入和乡居民人均用电量建立一元线性回归模型,

得到回归方程

$$y = 0.028\ 1\ x + 25.178$$

式中　y——居民人均用电量；

　　　x——居民人均可支配收入。

建立回归模型计算得到居民人均用电量。

d. 居民人均用电量乘以人口得到居民生活用电量。

表 4.21　回归分析法预测居民生活用电量

项　目	2021 年	2022 年	2023 年	2024 年	2025 年	"十三五"年均增速	"十四五"年均增速
1. 总人口/万人	6 966	6 977	6 986	6 992	6 999	0.5%	0.2%
2. 居民可支配收入/元	31 290	33 324	35 490	37 796	40 253	8.7%	6.5%
3. 居民人均用电量/[kW·h·(人·年)$^{-1}$]	815.0	932.7	991.8	1 054.6	1 121.6	10.6%	7.0%
4. 居民生活用电量/(亿 kW·h)	562.0	628.5	672.9	720.6	771.7	10.1%	7.4%

C. 居民空调电量法

将 2010—2020 年全省各月居民生活电量分解成基础电量(除空调以外的其他家用电器用电量)和空调电量(见表 4.22)。具体方法为：将空调开启后的居民生活电量与空调未开启时的居民生活电量之差来测算居民生活空调电量。

根据历史数据分析，随着居民生活水平的提高，各季节的居民生活基础电量逐年提高，因此可认为决定居民生活基础电量的主要因素是居民生活水平；而居民生活空调电量每年各季节的变化还与气象有关，因此认为决定各季节居民生活空调电量的因素包含三大类：一是居民生活水平，二是气象因素，三是居民可支配收入和平均温度。影响居民生活基础电量的主要因素主要是居民可支配收入。因此，对全省居民可支配收入、平均气温与居民生活空调电量进行回归分析，预测未来全省居民生活空调电量。采用全省居民可支配收入与居民生活基础电量进行回归分析预测全省居民生活基础电量。

对全省各季节的平均温度按两种情境预测：若夏季、冬季未出现极端高温或低温天气，则未来各季度平均温度按 2010—2020 年各季度的平均温度进行预测(夏季为 28 ℃，冬季为 7 ℃)；若夏季、冬季出现极端高温或低温天气，则夏季平均温度按比 2010—2020 年夏季出现的最高平均气温(31 ℃)高 1 ℃预测，即 32 ℃进行预测，冬季平均温度按比 2010—2020 年冬季出现的最低平均气温(5 ℃)低 1 ℃，即 4 ℃进行预测。最后计算得到两种情境下 2021—2025 年各季节的居民生活空调电量。各季节居民生活基础电量与居民生活空调电量之和即全年居民生活电量，见表 4.23。

表 4.22　全省各季节居民生活基础电量与空调电量

单位:亿 kW·h

年份	基础电量				空调电量			
	春季	夏季	秋季	冬季	春季	夏季	秋季	冬季
2010	41.4	42.7	43.1	41.3	3.1	19.4	3.1	13.5
2011	48	50.7	51.9	47.5	2.3	14.5	2.3	18.3
2012	51.3	54.2	55.6	52.8	4.5	17.6	2.2	31.8
2013	55.7	57.5	58	56.2	0.7	30	3.1	22
2014	60	62.8	64	60.3	4.2	16.7	3.5	33.2
2015	65	70.9	74	67.7	6.7	16.8	4.3	33.8
2016	72.3	79.1	82.7	76.7	5.2	34.3	3.4	37.1
2017	77.7	82.8	86	82.3	8.2	37.2	3.1	39.1
2018	87.2	87.9	89.9	87.3	4.7	50.8	4.1	49.4
2019	90.8	90.9	90.4	89.3	10.3	54.9	6.5	71.4
2020	97.7	100.1	100.5	93.6	11.5	55.8	2.2	71.0

表 4.23　空调电量法预测居民电量

单位:亿 kW·h

项　目	2021 年	2022 年	2023 年	2024 年	2025 年	"十三五"	"十四五"
高方案(异常天气)	569.7	653.5	708.3	756.6	808.1	11.1%	8.7%
低方案(正常天气)	558.9	636.8	688.1	739.2	779.2	10.7%	7.9%

D. 预测结果

根据上述预测结果,居民生活用电量推荐值见表4.24。预测结果表明:

表 4.24　居民生活用电量预测结果汇总

单位:亿 kW·h

项　目	2021 年	2022 年	2023 年	2024 年	2025 年	"十三五"	"十四五"
时间序列	562.5	661.4	715.0	778.9	837.5	11.0%	9.5%
回归分析	562.0	628.5	672.9	720.6	771.7	10.0%	7.7%
空调电量法(异常天气)	569.7	653.5	708.3	756.6	808.1	11.1%	8.7%
空调电量法(正常天气)	558.9	636.8	688.1	739.2	779.2	10.7%	7.9%
推荐值	560	640	690	750	800	10.4%	8.5%

　　a. 湖南经济社会的发展,人民生活水平的提高,人均可支配收入的增长,促进了湖南居民生活用电量的增加。

　　b. 随着居民阶梯电价的实施,节约用电的意识逐渐深入民心,但居民生活用电量并没有因此而大幅下降,主要原因有:一方面随着居民生活水平的提高,家用电器有所改变,空调、电饭煲等高能耗电器用电比重不断增加;另一方面随着居民收入的提高,电费占生活成本的比重将逐渐下降,人们对电费的敏感程度有所下降。

　　②产业用电量预测

　　采用 GDP 回归分析法、单耗法、弹性系数法等方法对各产业用电量进行预测。具体如下:

　　A. GDP 回归分析法

　　对 2005—2020 年湖南一产、二产、三产 GDP 和用电量进行回归分析,建立一产、二产、三产用电量与三大产业 GDP 之间的一阶回归方程分别为

$$y = 0.079\,2\,x - 90.672$$
$$y = 0.025\,9\,x + 359.72$$
$$y = 0.023\,4\,x - 32.52$$

式中　y——三大产业的用电量;

　　　　x——三大产业的 GDP。

　　通过一产、二产、三产 GDP 的预测值和一产、二产、三产的一阶回归方程,得到 2021—2025 年湖南一产、二产、三产用电量,见表 4.25。

表 4.25　回归分析法预测全社会电量

单位:亿 kW·h

项　　目	2021 年	2022 年	2023 年	2024 年	2025 年	"十三五"	"十四五"
一产用电量	19.1	20.4	21.9	23.3	24.7	-0.4%	7.1%
二产用电量	845.2	872.3	862.5	879.6	935.7	1.4%	3.1%
三产用电量	397.9	415.1	438.0	470.8	516.1	10.2%	7.7%
产业电量合计	1 262.2	1 307.9	1 322.4	1 373.7	1 476.5	3.7%	4.9%

　　B. 产值单耗法

　　对 2005—2020 年湖南三大产业的产值单耗分析得:第二产业的产值单耗逐年递减,递减速度为 6.0%;第三产业产值单耗略有增长,年均增速为 1.1%。

　　"十一五""十二五""十三五"期间湖南单位 GDP 能耗分别下降了 20.4%,25.5%、19.4%。从用电单耗情况来看,"十一五""十二五""十三五"期间全省 GDP 用电单耗年均分别下降了 2.3%,6.8%,1.0%。其中,"十一五""十二五""十三五"期间二产单耗年均分别下降了 5.5%、7.4%,3.8%。

　　根据国家节能减排战略目标,类比"十一五""十二五""十三五"期间湖南单位 GDP 能

耗和用电单耗下降速度,预测"十四五"期间湖南第一产业产值单耗年均增长 0.9% 左右,第二产业产值单耗年均下降 2.5% 左右。

根据预测的一产、二产、三产 GDP 和用电单耗,得到"十四五"期间的一产、二产、三产用电量,见表 4.26。

表 4.26　产值单耗法预测全社会电量

单位:kW·h/万元、亿 kW·h

项　目	2021 年	2022 年	2023 年	2024 年	2025 年	十三五	十四五
一产用电单耗	53.4	53.9	54.5	55.0	55.6	-2.8%	0.9%
二产用电单耗	446.8	435.6	424.7	414.1	403.7	-4.6%	-2.5%
三产用电单耗	225.6	235.8	246.4	257.5	269.1	1.9%	4.5%
一产用电量	18.4	19.1	19.9	20.6	21.4	0.7%	4.1%
二产用电量	870.4	847.5	868.5	889.9	911.8	1.8%	2.8%
三产用电量	397.8	446.9	512.3	563.9	633.3	10.2%	12.7%
产业电量合计	1 286.6	1 313.5	1 400.6	1 474.4	1 566.5	3.9%	6.2%

C. 经济电力传导法

a. 建立湖南经济-电力传导模型。

根据 2005—2020 年历史经济、电力需求数据,建立经济指标和电力指标预测方程,检验模型的有效性和预测误差范围大小是否在可接受的范围。通过分析和检验,得到湖南经济-电力传导模型。

b. 设定模型的外部参数变量。

近年来,全省经济运行保持总体平稳、稳中向好的态势。供给侧,工业生产稳中有升,工业经济质量同步提升;需求侧,投资增长缓中趋优,消费市场平稳增长,外贸依旧保持快速增长。

根据 2005—2020 年历史经济、电力需求数据,建立经济指标和电力指标预测方程,检验模型的有效性和预测误差是否在可接受的范围。通过分析和检验,得到湖南经济-电力传导模型。

c. 预测电力需求。

根据外生变量的设定值和湖南经济-电力传导年度模型,得到 2021—2025 年湖南全社会用电量预测值,见表 4.27 和表 4.28。

表 4.27　2021—2025 年湖南固定资产投资增长指数设置

项　目	2021 年	2022 年	2023 年	2024 年	2025 年
固定资产投资增长指数	1.099	1.098	1.097	1.096	1.095

表 4.28　经济传导法预测全社会用电量

单位：亿 kW·h

经济传导法	2021 年	2022 年	2023 年	2024 年	2025 年	"十三五"	"十四五"
全社会用电量	2 131	2 291	2 447	2 613	2 764	6.0%	7.5%

D. 大用户法

通过对全省各市（州）2020 年全年用电量 0.2 亿 kW·h 以上及用电量前 10 位的大用户开展调查，掌握大用户的历史和预计用电情况，进而分析不同行业当年用电的大致趋势，最终分析和预测主要行业和产业用电水平及发展走势。采用回归分析法、历史相似年份对比等方法，对二产和三产一般用户分别进行预测，结合新增投产项目用电电量的估计值，综合厂用线损抽蓄电量和居民生活电量预测结果，最终得到全省 2021—2025 年全社会用电量的主要预测结果。

主要预测过程如下：

a. 开展调查，针对全省 14 个地市区年用电量在 0.2 亿 kW·h 以上的用户开展调查。涵盖黑色金属、有色金属、非金属（建材）及化工四大高耗能行业，采矿业、造纸业和近年发展较快的汽车制造业、计算机、通信和其他电子设备制造业等主要第二产业行业，以及交通运输、仓储和邮政业、建筑业和市政、房地产业等主要第三产业行业，共计 359 家大用户。采用走访业主、电话访谈等形式，并积极与营销部门沟通，收集近年来各大用户生产用电情况，掌握 2021—2025 年用户电力大致需求。

b. 分析已有大用户样本。2020 年调查大用户总用电量 504.8 亿 kW·h（同比增长 2.4%），其中第二产业用户用电量 453.9 亿 kW·h，同比增长 13.6%，占第二产业（剔除厂用+线损+抽蓄）用电量 57.1%；第三产业用户用电量 51.1 亿 kW·h，同比下降 6.1%，占三产用电比重 14.6%，具有一定的代表性。

c. 电量预测。根据用户生产计划调研结果，对已有大用户、新增大用户和一般用户用电分别按高、中、低情境进行预测，厂用线损及抽蓄电量和居民生活电量采用上一节预测结果。

ⅰ. 新增大用户电量预测。

5 个"100"产业项目建设、制造强省重大项目、湘南湘西承接产业转移为用电增长注入强劲动力，根据业扩报装和对接经信委、园区管委会等了解到的情况，预计 2021 年、2025 年全省新增用户用电需求分别为 65.8，108.1 亿 kW·h 左右。

ⅱ. 一般用户电量预测。

将一般用户用电量进一步分解成一产用户、二产一般用户和三产一般用户预测。首先将已有大用户 2011—2020 年各历史年用电量数据，分解为二产大用户用电量和三产大用户用电量，然后分别用二产净用电量和三产用电量分别与之做差，得出二产一般用户净用电量和三产一般用户用电量，二者与一产用电量之和即一般用户用电量。

参考本节回归法预测产业电量思路，对湖南二产、三产 GDP 和一般用户用电量历史值做回归分析,建立二产一般用户净用电量、三产一般用户用电量与产业 GDP 之间的一阶回归方程。结合 2021 年实际情况,预测 2021 年全年一产用电量、二产一般用户净用电量和三产一般用户用电量分别为 18.6,369.7,330.2 亿 kW·h 左右。2021—2025 年,考虑一产、三产用电量增长趋势与历史年份基本保持一致,预测 2025 年用电量分别为 24.2、435.7 亿 kW·h 左右;考虑近年来供给侧改革成效逐步释放,工业经济及用电复苏企稳态势显著,二产一般用户净用电量增速将高于历史年份均值,预测为 425.4 亿 kW·h 左右。

一般用户电量预测结果见表 4.29。

表 4.29　一般用户用电量预测结果

单位:亿 kW·h

	项　目	2021 年	2022 年	2023 年	2024 年	2025 年	"十三五"	"十四五"
高方案	一产用电量	18.8	20.4	21.7	23.0	23.2	0.5%	5.8%
	二产一般用户净用电量	373.2	386.2	399.7	413.7	428.2	0.9%	4.6%
	三产一般用户用电量	333.2	354.3	402.9	425.7	457.3	11.0%	9.0%
	一般用户用电量合计	725.2	760.9	824.3	862.5	908.7	4.7%	6.7%
中方案	一产用电量	18.6	20.2	21.5	22.8	23.0	0.5%	5.6%
	二产一般用户净用电量	369.7	371.5	419.4	443.5	468.9	0.9%	6.5%
	三产一般用户用电量	321.3	344.0	385.5	409.4	435.5	11.0%	7.9%
	一般用户用电量合计	709.7	735.7	826.4	875.6	927.4	4.7%	7.1%
低方案	一产用电量	18.5	19.5	20.5	21.7	22.9	0.5%	5.5%
	二产一般用户净用电量	362.3	360.4	415.2	425.8	450.2	0.9%	5.6%
	三产一般用户用电量	328.7	340.5	381.7	405.3	431.1	11.0%	7.7%
	一般用户用电量合计	709.5	720.4	817.4	852.7	904.2	4.7%	6.6%

大用户法预测 2021—2025 年电力需求结果见表 4.30。

表 4.30　大用户法预测全社会用电量

单位:亿 kW·h

	项　目	2021 年	2022 年	2023 年	2024 年	2025 年	"十三五"	"十四五"
高方案	大用户	566.0	594.9	597.7	601.1	605.0	4.2%	3.7%
	一般用户	725.2	760.9	824.3	862.5	880.0	4.7%	6.0%
	新增用户	24.3	84.3	81.3	81.9	78.9	—	—
	厂用线抽蓄	248.5	260.4	273.5	287.5	300.9	4.8%	5.1%

续表

项　目		2021 年	2022 年	2023 年	2024 年	2025 年	"十三五"	"十四五"
	居民生活	560.0	598.0	655.0	716.0	784.0	10.1%	8.0%
	全社会电量	2 124.0	2 298.6	2 431.8	2 549.0	2 648.9	5.9%	6.5%
中方案	大用户	555.3	572.0	574.1	576.8	580.0	4.2%	2.8%
	一般用户	718.6	735.7	826.4	875.6	880.4	4.7%	6.0%
	新增用户	21.8	75.1	70.6	69.8	62.5	—	—
	厂用线抽蓄	248.5	260.4	273.5	287.5	300.9	4.8%	5.1%
	居民生活	560.0	598.0	655.0	716.0	784.0	10.1%	8.0%
	全社会电量	2 104.2	2 241.2	2 399.6	2 525.8	2 607.9	5.9%	6.2%
低方案	大用户	541.6	543.4	544.7	546.5	548.8	4.2%	1.7%
	一般用户	713.5	720.4	817.4	852.7	858.3	4.7%	5.5%
	新增用户	19.2	64.9	68.3	70.5	65.0	—	—
	厂用线抽蓄	248.5	260.4	273.5	287.5	300.9	4.8%	5.1%
	居民生活	560.0	598.0	655.0	716.0	784.0	10.1%	8.0%
	全社会电量	2 082.8	2 187.1	2 358.8	2 473.3	2 557.0	5.9%	5.8%

汇总得到高中低 3 种情境预测结果见表 4.31。

表 4.31　大用户法预测全社会用电量结果

单位：亿 kW·h

大用户法		2021 年	2022 年	2023 年	2024 年	2025 年	"十三五"	"十四五"
全社会用电量	高方案	2 124.0	2 298.6	2 431.8	2 549.0	2 690.6	6.1%	6.9%
	中方案	2 104.2	2 241.2	2 399.6	2 525.8	2 661.1	5.8%	6.6%
	低方案	2 082.8	2 187.1	2 358.8	2 473.3	2 617.0	5.5%	6.3%
	推荐值	2 104.2	2 241.4	2 399.8	2 526.0	2 661.4	5.8%	6.6%

③全社会电量预测结果汇总

采用以上方法得到的居民生活用电和产业用电之和可得到预测水平年的全社会用电量（见表 4.32）。预计 2021 年全社会电量 2 100 亿 kW·h，2025 年全社会电量 2 660 亿 kW·h，"十四五"年均增速 6.6%。

表 4.32　2021—2025 年湖南全社会电量预测结果

单位:亿 kW・h

项　目		2021 年	2022 年	2023 年	2024 年	2025 年	"十三五"	"十四五"
回归法		2 071	2 166	2 284	2 400	2 557	5.5%	5.8%
单耗法		2 095	2 172	2 329	2 478	2 651	5.7%	6.6%
经济传导法		2 131	2 291	2 447	2 613	2 764	6.0%	7.5%
大用户法		2 104	2 241	2 400	2 526	2 661	5.8%	6.6%
全社会用电量	高	2 130	2 290	2 445	2 610	2 760	6.1%	7.4%
	中	2 100	2 230	2 365	2 510	2 660	5.9%	6.6%
	低	2 070	2 170	2 285	2 400	2 540	5.6%	5.7%

（2）调度电量预测

采用时间序列法、调度比重法对调度电量进行预测。

①时间序列法

对 2010—2020 年湖南省调度电量的历史值进行时间序列回归分析,建立多项式回归模型,根据回归方程计算得到 2021—2025 年湖南省调度电量数值。其预测结果见表 4.33。

表 4.33　时间序列法预测调度电量

单位:亿 kW・h

项　目	2021 年	2022 年	2023 年	2024 年	2025 年	"十三五"	"十四五"
调度电量	1 864	1 992	2 131	2 285	2 463	7.8%	7.7%

②调度比重法

通过调度比重法对湖南省调度电量进行预测,具体过程如下:

根据历年调度电量与全社会用电量比重的变化情况可知调度电量占全社会用电量比重 2006—2011 年呈上升趋势,2011 年达到 82.5%。2012 年湖南省由于来水较多,导致湖南省趸售电量下降较快,另外湘西等地区部分高耗能用户受电价因素影响转由地方电网供带。因此,2012 年湖南省调度电量比重下降至 78.8%。2013—2017 年呈波动状态,其中 2015,2016 年为丰水年,调度电量比重较低,2017,2018 年来水偏枯,调度电量比重上升,2019 年全省 35 kV 及以上的小水电全部上划,虽然来水偏丰,但由于统计口径的变化,调度电量比重小幅提升至 85.5%。

2020 年湖南省调度电量 1 694.2 亿 kW・h,占全社会电量比重 87.8%,较去年同期提高 1.7 个百分点,创 2005 年以来最高水平,主要原因:一方面在于 2020 年来水偏丰(全省汛期平均降水量 1 300.6 mm,多年平均水量 1 148.4 mm,较常年偏多 13.3%),湖南电网非统调机组发电同比增幅大;另一方面是口径调整,2019 年全省 35 kV 及以上的小水电全部上划。根据湖南省专业气象台的年度气象预报,与今年汛期大气环流相似的历史年份有 1999,2004,2008,2011,2015 年,预计 2021 年全省各水库流域年降水较往年略少,预计汛期降水总体偏少 1 至 2 成,非统调水电发电量较去年略有减少。预计未来随着省内小水电资源开发殆尽,非调度新增装机容量增长有限,全省调度电量占全社会电量的比重总体呈增长态势,预计 2021—2025 年所占比重由 88.3% 提升至 91.5%。根据前面预测的全社会用电量,推算出 2021—2025 年调度电量。其具体结果见表 4.34。

表 4.34　调度比重法预测调度电量

单位:亿 kW・h

项　目		2021 年	2022 年	2023 年	2024 年	2025 年	"十三五"	"十四五"
调度比重法	高方案	1 935	2 053	2 211	2 382	2 546	8.1%	8.5%
	中方案	1 881	1 985	2 112	2 284	2 441	7.6%	7.6%
	低方案	1 798	1 924	2 050	2 170	2 317	7.2%	6.5%

③调度电量预测结果汇总

综合上述两种方法,给出调度电量预测推荐值,见表 4.35。

表 4.35　2021—2025 年湖南调度电量预测结果

单位:亿 kW・h

项　目		2021 年	2022 年	2023 年	2024 年	2025 年	"十三五"	"十四五"
时间序列法		1 864	1 992	2 131	2 285	2 463	7.8%	7.8%
调度比重法	高水平	1 935	2 053	2 211	2 382	2 546	8.1%	8.5%
	中水平	1 881	1 985	2 112	2 284	2 441	7.6%	7.6%
	低水平	1 798	1 924	2 050	2 170	2 317	7.2%	6.5%
调度电量	高水平	1 890	2 050	2 210	2 380	2 540	8.0%	8.4%
	中水平	1 860	1 990	2 130	2 280	2 440	7.6%	7.6%
	低水平	1 830	1 930	2 050	2 170	2 320	7.2%	6.5%

2)2035 年电量预测

采用人均用电量回归法、弹性系数法、人均用电量类比法及终端能源消费总量预测法等,对 2035 年用电量进行预测。

(1)人均用电量回归法

根据《国家人口发展规划(2016—2030年)》(国发〔2016〕87号),在实施全面两孩政策后,全国"十三五"时期出生人口有所增多,"十四五"以后受育龄妇女数量减少及人口老龄化影响,人口增长势能减弱。总人口将在2030年前后达到峰值,此后持续下降。预计到2030年全国人口将达到14.5亿人,全省常住人口达到7 200万人。2030—2050年期间全国和全省人口将以每年千分之一的速度缓慢下降。

对2005—2019年全省人均用电量和人均GDP进行回归分析,得到2035年全省人均用电量,结合人口预测结论得到全省全社会用电量(见表4.36)。预计2035年湖南用电量将达到4 081亿kW·h。

表4.36　人均用电量回归法

单位:万人

项　目	2035年	2025—2035年增速
湖南人口	7 164	0.1%
人均用电量	5 697	4.3%
人均GDP	131 913	5.1%
全社会用电量	4 081	4.6%

(2)弹性系数法

随着科技的不断发展,智能小区、智慧交通及智慧工厂的出现,电动汽车的普及,电能占终端能源的比重将快速提升,结合湖南历史弹性系数,预计"十四五"全省电力弹性系数会延续当前水平,保持在1.0左右,"十五五""十六五"分别为0.8,0.85左右(见表4.37)。2035年,湖南全社会用电量将达到4 099.5亿kW·h(见表4.38)。

表4.37　2010—2030年各区间年弹性系数预测

项　目	"十三五"	"十四五"	"十五五"	"十六五"
弹性系数	0.85	1.0	0.8	0.85
GDP年均增速	7.8%	6.5%	5.5%	5.0%
全社会电量年均增速	5.9%	6.5%	4.4%	4.3%

表4.38　弹性系数法预测全社会电量

单位:亿kW·h

项　目	2035年	2025—2035年增速
全社会电量	4 099.5	4.7%

（3）人均用电量类比法

分别类比全国人均用电量和世界其他国家人均用电量来预测湖南人均用电量。

①类比全国平均水平

2020 年,全国人均用电量 5 365 kW·h,大致是美国 1964 年、英国 1987 年、法国 1985 年、德国 1977 年、日本 1983 年、韩国 1999 年的水平(见表 4.39)。根据相关预测结果,预计到 2021 年全国人均用电量为 5 700 kW·h,2030 年为 7 000 kW·h,2035 年约 7 700 kW·h。

2020 年湖南人均用电量为 2 904 kW·h,仅为全国平均水平的 54%。随着湖南经济社会发展提速,人均电量与全国平均水平的差距预计将有一定缩小。预计到 2035 年,湖南人均用电量达到全国平均水平的 70%,在 5 390 kW·h/人左右。

表 4.39　各国人均用电量历史情况

单位:kW·h

国家或地区	1960 年	1970 年	1980 年	1990 年	2000 年	2005 年	2010 年	2011 年
欧盟	1 429	2 889	4 201	5 160	5 825	6 277	6 222	6 094
日本	1 110	3 222	4 718	6 486	7 974	8 213	8 378	7 848
韩国	—	—	914	2 373	5 907	7 804	9 744	10 162
英国	2 412	4 167	4 684	5 357	6 115	6 289	5 745	5 516
德国	1 587	3 834	5 798	6 640	6 635	7 113	7 162	7 081
法国	1 462	2 630	4 417	5 951	7 238	7 655	7 735	7 289
意大利	975	2 073	3 105	4 145	5 300	5 669	5 384	5 393
卢森堡	4 548	10 650	10 784	13 668	15 668	15 642	16 834	15 530
加拿大	5 631	8 962	12 764	16 109	16 991	17 319	16 154	16 406
美国	4 050	7 237	9 862	11 713	13 671	13 705	13 395	13 246
澳大利亚	1 826	3 610	5 915	8 527	10 194	10 458	10 724	10 720
中国	—	—	282	511	993	1 784	2 944	3 298

②类比其他国家水平

对全球其他国家历年来人均用电量进行分析,选取与湖南人均用电量增速相近的国家进行类比,选取原则是:该国历史人均用电量在 1990 年以前达到 2 695 kW·h(2019 年湖南人均用电量),且在达到 2 695 kW·h 的前 5 年时间里,该国家人均用电量年均增速在 7% 左右。根据该原则,选取了塞浦路斯、比利时、德国、法国、意大利、荷兰、西班牙、奥地利作为类比对象(见表 4.40)。

对选取的国家人均用电量达到 2 695 kW·h 的前 5 年、后 5 年、5—10 年、10—15 年、15—25 年、25—35 年的人均用电量增速进行分析(见表 4.41)。结合湖南实际情况,全省在

"十三五"期间人均电量年均增速在5.2%左右,预测2021—2030年期间人均电量年均增速在5%左右,2030—2035年期间全省人均用电量增速在2%~3%。预计,2035年全省人均用电量将达到5 000 kW·h。

表4.40 类比法选取的国家历年来人均用电量

单位:kW·h

国家	1960年	1970年	1980年	1990年	2000年	2005年	2006年	2007年	2008年	2009年	2010年
塞浦路斯	—	—	1 415	2 430	3 373	4 080	4 227	4 380	4 573	4 609	4 623
比利时	1 576	3 032	4 894	6 380	8 248	8 510	8 684	8 614	8 522	7 903	8 388
德国	1 587	3 834	5 798	6 640	6 635	7 113	7 174	7 184	6 576	5 844	7 162
法国	1 462	2 630	4 417	5 951	7 238	7 655	7 536	7 520	7 402	7 020	7 735
意大利	975	2 073	3 105	4 145	5 300	5 669	5 755	5 713	5 332	4 982	5 384
荷兰	1 353	2 948	4 364	5 218	6 560	6 988	7 055	7 210	7 226	6 896	7 010
西班牙	495	1 416	2 648	3 538	5 207	6 147	6 144	6 101	5 872	5 574	5 769
奥地利	1 815	3 019	4 684	6 111	7 076	7 978	8 224	8 180	8 192	7 955	8 321

表4.41 类比法选取的国家历年来人均用电量增速

单位:kW·h

类比对象	人均电量达到 2 695 kW·h年份	人均用电量达到2 695 kW·h后人均用电量年均增速					
		前5年	后5年	后5—10年	后10—15年	后15—25年	后25—35年
塞浦路斯	1993年	6.4%	5.9%	0.8%	4.3%	1.7%	—
比利时	1967年	6.1%	8.9%	4.0%	2.2%	6.9%	3.9%
德国	1966年	8.1%	12.1%	4.8%	2.5%	2.4%	1.0%
法国	1970年	5.4%	6.9%	4.4%	3.7%	5.6%	4.0%
意大利	1977年	6.3%	3.9%	2.4%	3.2%	1.9%	1.9%
荷兰	1968年	8.0%	8.8%	3.6%	0.8%	5.1%	4.2%
西班牙	1980年	6.2%	2.9%	3.1%	2.0%	5.1%	0.3%
奥地利	1967年	6.2%	6.2%	4.8%	2.9%	6.2%	3.3%
各国平均增速		6.6%	7.0%	3.5%	2.7%	3.8%	2.2%

③预测结果

根据前述人均用电量预测结果,结合人口预测结论,预计类比全国、类比其他国家,2035年湖南全社会用电量分别达到3 861亿kW·h,3 596亿kW·h(见表4.42)。

表4.42 人均用电量类比法预测全省全社会用电量

单位:kW・h、亿kW・h

项 目	2035 年	2025—2035 年增速
全国人均用电量	7 700	3.8%
人均用电量(类比其他国家)	5 390	3.9%
人均用电量(类比全国)	5 020	3.2%
湖南全社会用电量(类比全国)	3 861	4.0%
湖南全社会用电量(类比其他国家)	3 596	3.3%

(4)终端能源消费总量预测法

按照国家节能减排的相关政策和指标,在全面分析湖南能源消费总量占全国比重的基础上,根据我国终端能源消费总量预测结果,得到湖南终端能源消费总量,再根据电能占终端能源比重,可得到远景湖南全社会用电量。

国网能源院在《我国能源发展2035、2050"两阶段"展望》文中指出,2035年全国电力占终端能源比重约30%。

据此预测,2035年湖南用电量将达到4 168亿kW・h,见表4.43。

表4.43 终端能源总量预测法预测全省全社会用电量

单位:亿 t 标煤、亿kW・h

项 目	2035 年	2025—2035 年增速
湖南终端能源消费总量	2.5	2.7%
电能占终端能源比重	30%	—
湖南全社会用电量	4 168.3	4.8%

(5)预测结果汇总

根据以上预测方法预测结果,得到2035年湖南3个水平的全社会用电量,结论如下:

高水平:2035年湖南全社会用电量将达到4 100亿kW・h。中水平:2035年湖南全社会用电量将达到3 900亿kW・h。低水平:2035年湖南全社会用电量将达到3 600亿kW・h(见表4.44)。

表4.44 2035年湖南全社会电量预测结果

单位:亿kW・h

项 目	2035 年	2025—2035 年增速
弹性系数法	4 099	4.7%
人均用电量回归法	4 081	4.6%

续表

项　目		2035 年	2025—2035 年增速
人均用电量类比法(全国)		3 861	4.0%
人均用电量类比法(其他国家)		3 596	3.3%
能耗总量分配法		4 168	4.8%
全社会用电量	高水平	4 100	4.3%
	中水平	3 900	4.1%
	低水平	3 600	4.0%

4.3.3　负荷预测

1)负荷特性指标预测

综合考虑经济结构转变、两型社会建设、节能减排力度加大及新型工业化推进等因素,湖南用电结构将发生变化,即第二产业用电将稳步增长,但用电比重将呈现继续下降的趋势,到"十三五"末比重下降至53.4%左右,2025 年比重降至46.4%左右,至2035 年比重下降至42%左右;第三产业用电和居民生活用电增长迅速,二者所占比重将由 2020 年的45.7%左右,提高到2025 年的52.7%左右,2035 年达到57%(见表4.45)。

表4.45　湖南用电结构预测

单位:亿 kW·h

项　目	2025 年	2030 年	2035 年
1.第一产业	0.9%	0.8%	0.8%
2.第二产业	46.4%	44.0%	42.0%
3.第三产业	21.9%	23.7%	25.0%
4.居民生活	30.8%	31.5%	32.2%

(1)年最大负荷利用小时数 T_{max}

随着产业结构持续优化调整,最大负荷利用小时数呈缓慢下降趋势。"十三五"时期是湖南全面建成小康社会决胜期,在这一时期内湖南仍然处于工业化中期向工业化后期的转型阶段,预计到2025 年左右将达到工业化后期,这一时期全省第三产业快速发展并占据支配地位,全省居民和第三产业用电比重将快速上升,预计 2025 年湖南最大负荷利用小时数约4 840 h。2025—2035 年,湖南将从工业化后期向后工业化时期过渡,智能化不断发展,最大负荷利用小时数降幅收窄。

（2）年负荷曲线

根据 2005—2020 年的年负荷曲线，并考虑用电结构变化对季负荷率等年度负荷指标的影响，预计未来湖南最大负荷仍将出现在夏季的 7 月、8 月，夏、冬季负荷高峰愈发明显，随着季节性负荷特别是空调负荷的迅速增长，2035 年季负荷率将呈减小趋势。由于居民生活水平的提高，夏季与冬季之间的负荷水平差距将变小。

（3）典型日负荷曲线

根据 2005—2020 年夏冬季典型日负荷曲线，考虑用电结构变化对典型日负荷率和典型日峰谷差率的影响，预计未来湖南夏季典型日和冬季典型日负荷曲线仍呈 M 形的双高峰特征。夏季典型日最大负荷出现在 2:00 左右，冬季典型日最大负荷出现在 20:00 左右。随着空调负荷比重的增长，2020—2035 年夏冬季典型日负荷率将呈下降趋势，日峰谷差率呈上升趋势，日负荷曲线波动加大。

（4）其他负荷特性指标

对 2005—2020 年湖南用电结构与负荷特性指标进行回归分析，结合用电结构预测结果，预测湖南电网负荷特性指标。

2021—2035 年，随着第三产业和居民生活用电负荷的迅速增长、工业用电比重的下降，湖南年负荷率、年平均日负荷率、年最小负荷率等指标将有所下降，年平均峰谷差率、年最大峰谷差率等指标有所上升，见表 4.46。

表 4.46 湖南负荷特性指标预测

单位：亿 kW・h

项　　目		2021 年	2025 年	2035 年
季负荷率		0.78	0.771	0.757
年负荷率		0.567	0.550	0. 0.549
T_{max}		4 970	4 815	4 810
年平均日负荷率		0.803	0.795	0.778
年平均峰谷差率		0.397	0.405	0.422
年最大峰谷差率		0.584	0.609	0.66
年最小负荷率		0.416	0.391	0.34
夏季典型负荷日	日负荷率	0.85	0.846	0.838
	日峰谷差率	0.325	0.33	0.341
冬季典型负荷日	日负荷率	0.789	0.784	0.773
	日峰谷差率	0.424	0.435	0.456

2）负荷预测

（1）全社会负荷预测

采用时间序列法、最大负荷利用小时数法对全社会负荷进行预测。

① 最大负荷利用小时数法

2005 年后湖南省高能耗行业发展迅猛，促进了工业用电量的迅速增长。因此，2005—2008 年全社会最大负荷利用小时数呈波动上升趋势，2008 年达到最大值 5 802 h。2009 年后，因全球金融危机和宏观经济增速放缓的影响，全省用电结构不断调整，三产、居民生活用电量比重不断提高，最大负荷利用小时数下行，到 2020 年全省全社会最大负荷利用小时数降至 4 897 h。

预计 2021 年疫情将得到进一步控制，同时考虑消费集中释放等因素影响，全社会负荷将出现较快增长。预计 2021 年、2025 年、2035 年全社会最大负荷利用小时数约为 4 970 h，4 832 h，4 815 h。结合 2021 年—2035 年湖南省全社会用电量高中低预测方案，得出全社会最大负荷预测结果，见表 4.47。

表 4.47　2021—2035 年湖南全社会负荷预测结果

单位：万 kW

项　　目		2021 年	2022 年	2023 年	2024 年	2025 年	2035 年	"十四五"	2025—2035 年
全社会负荷	高方案	4 286	4 612	4 944	5 297	5 651	8 478	7.5%	4.1%
	中方案	4 225	4 510	4 855	5 156	5 540	8 043	7.1%	3.8%
	低方案	4 098	4 477	4 710	5 011	5 343	7 609	6.3%	3.6%

② 时间序列法

选取不同时间区间进行时间序列分析，对湖南省全社会负荷的历史值进行时间序列回归分析，建立多项式回归模型，根据回归方程计算得到 2021—2035 年湖南省全社会负荷，预测结果见表 4.48。

表 4.48　2020—2035 年湖南全社会负荷预测结果

单位：万 kW

项　　目		2021 年	2022 年	2023 年	2024 年	2025 年	2035 年	"十三五"	"十四五"	2025—2035 年
全社会负荷	高方案	4 315	4 597	4 902	5 245	5 645	8 521	7.4%	7.5%	4.2%
	中方案	4 187	4 528	4 824	5 147	5 503	8 074	7.0%	6.9%	3.9%
	低方案	4 129	4 383	4 699	5 006	5 345	7 487	6.7%	6.3%	3.4%

③ 全社会负荷预测结果汇总

综合以上两种方法，给出全社会负荷预测推荐值，见表 4.49。

表 4.49 全社会负荷预测结果汇总

单位:万 kW

项　　目		2021 年	2022 年	2023 年	2024 年	2025 年	2035 年	"十四五"	2025—2035 年
时间序列法	高水平	4 286	4 612	4 944	5 297	5 651	8 478	7.5%	4.1%
	中水平	4 225	4 510	4 855	5 156	5 540	8 043	7.1%	3.8%
	低水平	4 098	4 477	4 710	5 011	5 343	7 609	6.3%	3.6%
最大负荷利用小时数法	高水平	4 315	4 597	4 902	5 245	5 645	8 521	7.5%	4.2%
	中水平	4 187	4 528	4 824	5 147	5 503	8 074	6.9%	3.9%
	低水平	4 129	4 383	4 699	5 006	5 345	7 487	6.3%	3.4%
全社会负荷	高水平	4 300	4 610	4 940	5 290	5 650	8 500	7.5%	4.2%
	中水平	4 200	4 500	4 820	5 150	5 500	8 100	6.9%	3.9%
	低水平	4 100	4 390	4 700	5 010	5 350	7 700	6.3%	3.7%

（2）调度负荷预测

①最大负荷利用小时数法

通过最大负荷利用小时数法对湖南省调度负荷进行预测。

调度最大负荷利用小时数变化趋势与全社会最大负荷利用小时数基本一致,2011 年后全省调度最大负荷利用小时数呈下降趋势,到 2017 年全省调度最大负荷利用小时数降至 4 881 h,2020 年回弹至 5 084 h。

随着未来全省产业结构的继续调整,2020—2035 年期间,湖南省调度最大负荷利用小时数将在 2018 年(2019 年凉夏利用小时数偏高)基础上波动下降,预计至 2021 年全省调度最大负荷利用小时数为 5 050 h 左右,2025 年为 4 800 h 左右,2035 年为 4 650 h 左右。结合 2021—2035 年湖南省调度用电量高中低测算方案,得出调度最大负荷测算结果,见表 4.50。

表 4.50 2021—2035 年湖南调度负荷测算结果

单位:万 kW

项　　目		2021 年	2022 年	2023 年	2024 年	2025 年	2035 年	"十四五"	2025—2035 年
调度负荷	高方案	3 705	4 076	4 483	4 917	5 351	8 387	9.9%	4.6%
	中方案	3 628	3 964	4 364	4 768	5 187	7 957	9.3%	4.4%
	低方案	3 497	3 876	4 239	4 624	5 041	7 312	8.6%	3.8%

②时间序列法

选取不同长度时间序列,对湖南省调度负荷的历史值进行时间序列回归分析,建立多项式回归模型,根据回归方程计算得到2021—2035年湖南省调度负荷,预测结果见表4.51。

表4.51 2021—2035年湖南调度负荷预测结果

单位:万 kW

项 目	2021 年	2022 年	2023 年	2024 年	2025 年	2035 年	"十四五"	2025—2035 年
调度负荷	3 600	3 900	4 276	4 656	5 057	7 976	8.7%	4.7%

③调度负荷预测结果汇总

综合以上两种方法,给出调度负荷预测推荐值,见表4.52。

表4.52 调度负荷预测结果汇总

单位:万 kW

项 目		2021 年	2022 年	2023 年	2024 年	2025 年	2035 年	"十四五"	2025—2035 年
时间序列法		3 600	3 900	4 276	4 656	5 057	7 976	8.7%	4.7%
最大负荷利用小时数法	高水平	3 705	4 076	4 483	4 917	5 351	8 387	9.9%	4.6%
	中水平	3 628	3 964	4 364	4 768	5 187	7 957	9.3%	4.4%
	低水平	3 497	3 876	4 239	4 624	5 041	7 312	8.6%	3.8%
调度负荷	高水平	3 700	4 060	4 480	4 910	5 350	8 350	9.9%	4.6%
	中水平	3 600	3 970	4 360	4 770	5 200	7 950	9.3%	4.3%
	低水平	3 500	3 880	4 240	4 630	5 050	7 550	8.7%	4.1%

4.3.4 预测结果

综合考虑经济社会和电力工业发展,采用中方案为推荐方案。预测:2021年、2025年、2035年湖南全社会用电量分别为2 100亿 kW·h、2 660亿 kW·h、3 900亿 kW·h,"十三五"、"十四五"、2025—2035增长率分别为5.9%,6.6%,3.9%。全社会用电负荷分别为4 200万 kW、5 500万 kW、8 100万 kW,"十三五"、"十四五"、2025—2035年增长率分别为7.3%,6.9%,3.9%,见表4.53。

表4.53 湖南中长期电力需求预测结果汇总

单位:亿 kW·h、万 kW

项 目		预测值						预测增速	
		2021 年	2022 年	2023 年	2024 年	2025 年	2035 年	"十四五"	2025—2035 年
全社会电量	高水平	2 130	2 290	2 445	2 610	2 760	4 100	7.40%	4.00%
	中水平	2 100	2 230	2 365	2 510	2 660	3 900	6.60%	3.90%
	低水平	2 070	2 170	2 285	2 410	2 560	3 600	5.80%	3.50%

续表

项　　目		预测值						预测增速	
		2021 年	2022 年	2023 年	2024 年	2025 年	2035 年	"十四五"	2025—2035 年
调度电量	高水平	4 300	4 610	4 940	5 290	5 650	8 500	7.50%	4.20%
	中水平	4 200	4 500	4 820	5 150	5 500	8 100	6.90%	3.90%
	低水平	4 100	4 390	4 700	5 010	5 350	7 700	6.30%	3.70%
全社会负荷	高水平	4 300	4 610	4 940	5 290	5 650	8 500	8.40%	4.40%
	中水平	4 200	4 500	4 820	5 150	5 500	8 100	7.60%	4.30%
	低水平	4 100	4 390	4 700	5 010	5 350	7 700	6.70%	4.10%
调度负荷	高水平	3 700	4 060	4 480	4 910	5 350	8 350	9.90%	4.60%
	中水平	3 600	3 970	4 360	4 770	5 200	7 950	9.30%	4.30%
	低水平	3 500	3 880	4 240	4 630	5 050	7 550	8.70%	4.10%

第5章　电力供应能力分析

5.1　电力供应总述

5.1.1　电力供应的概念

电能与其他产品相同,它经过了从产生到传输到配送最后被消费的全过程。但是电能与产品不同的是,电力供应的各个环节是同时进行的,电能的供给与消耗必须始终保持平衡。作为一种无形产品,电力的流通过程包括从发电机到消费者的整个链式过程,并且该过程中每个参与者之间都有供求关系。电力供应过程中的发电、输电、配电及消纳的过程相互连接并相互影响,以满足最终用户的电能需求。

一般电力供应的全过程分为原材料供给、电力生产、电力传输、电力配给、电能销售及电能消纳。

1)原材料供给

目前,电力供应是以常规能源发电和新能源发电并存的电力供给方式,故而电力供应中的原材料不仅包括煤炭、天然气和水资源,还包括风、光等能源。煤炭和天然气的供应方式及成本构成较为明确,是由供应商根据火力发电厂生产计划需求进行供应。而水、光、风均为自然可再生资源,其供给具有明显的不确定性因素,受外部环境影响明显,故需要使用储能系统来进行调节,才能带来稳定的电力供给。

2)电力生产

电力供应中不仅存在着火力发电和水力发电这种传统发电方式,还存在着由新能源构成的集中式电源和分布式电源发电的方式。火力发电主要依靠化石燃料机组进行规模化生产,根据电力供应中电力需求的信息流进行电力生产的调节。水力发电主要依靠修水库等人工措施,对河川径流在时间上进行重新分配,人为地增加或减少某一时期、某一地区的水量,以进行电力生产调节。而以风光类新能源构成的电源,主要依靠一定容量的储能设进行出力调节。

3)电力传输

电力传输相较于其他产品传输,它要求的传输技术较高,传输的线路固定成本较大,传输过程中要求有较高的稳定性。由于技术的限制,在传输的过程中电力必定会产生一定的损耗。因此,在考虑电力传输成本时,不仅要考虑电力传输线路架设的固定成本,还需要考虑电力传输过程中的损耗成本。

4)电力配给

新型电力供应系统中包含有双向电流传输的用户侧微电网,电网公司不仅仅是电力能源的配给商,还是调节用户侧微电网上网的电力能源服务商,电网公司在改变自身固有形象的同时为用户提供优质供电服务,打破了电网公司只进行电力配给运营的固定模式,为用户侧微电网不断发展奠定了坚实的基础。

5)电能销售

售电公司通过销售环节将电力从发电交付至终端用户,在此过程中,售电公司通常采用需求响应管理方式,利用电力的价格波动,以此来调整用户的用电行为和用电积极性。

6)电能消纳

电力根据用户的需求被生产出来,除了在传输过程中的消耗以及被电网中的储能装置暂时存储起来的部分,其他全部都要被不同类型的电力用户消纳。储能装置中的电能不可能永久被存储起来,而是在电力需求的波峰时段进行及时上网,从而有效调节电能消纳效果,并且反作用于电力供应中各个环节,对各个环节的运行情况进行调节。

5.1.2　电力供应的特征

在传统电力供应中,与其他商品不一样,电力需要及时消纳,它无法被长时间大量储存。因此,在对电力用户进行管理时,电网公司会使用需求响应政策来调节电力用户的行为,处于电力供应链上游的发电厂也会根据电力用户的需求进行调节,但因传统发电厂发电时,机组的启停会消耗一定的时间,故传统电力供应链的电力消纳调节具有滞后性。随着新能源发电的出现,因其间歇性、不稳定和易波动的特点,故通过连接储能装置的新能源电源,电力可一定程度上储存在储能装置中。对于整体电力供应链而言,电力在新能源电源输出和大电网配电给电力用户的同时,储能装置成为调节电力供需关系的关键,也为电能的流通提供了保障。根据供应结构,电力供应具有动态性、复杂性、关联性及用户导向性等特征。

1)动态性

电力用户的需求在不同的时间段不同,这就需要电网公司建立电力价格波动信号来调节用户的用电量,尽可能调动电力用户对电网公司的用电政策进行需求响应,而一部分发电厂会参考每年或每月的平均负荷动态调节发电量。因此,电力供应有明显的动态特性。

2)复杂性

电力供应最终的目的是满足电力用户的负荷需求,而用户的需求容易受到多方面的影响而变得复杂,这也导致电力供应的过程需要多种手段来保障电力供应的稳定。随着电力体制的不断深化改革以及可持续能源的开发技术能力不断增强,用户侧微电网、虚拟电厂以及电动汽车与电网交互技术等分布式发电方式的不断出现和改进,电力供应链的部分结构增加的层级也越来越多。

3)关联性

由于电力需要被及时消纳,因此在电力供应过程中的各个环节需要紧密联系,发电厂根据用户的需求需及时调整发电机组的启停,电网企业利用电价的波动调节电力用户的用电行为,电力用户将存储的分布式电源产生的电力根据价格信号调节进行上网,这一系列电力供应链的运行活动相互影响、相互关联。

4)用户导向性

在电力供应过程中,电力用户的用电需求是推进电力供应运行过程的动力源头,发电端产生的电能需要满足电力用户的需求,配给的电力需要配送到电力用户端,电网公司一系列的政策都是根据电力用户的特点加以设计和制订的。

5.1.3 电源分类及简介

根据所用能源种类,电源可分为火力发电、水力发电、核能发电、风力发电、太阳能发电及生物质发电等。电源规划是满足电力供应的基本条件,主要是研究规划期内各种电源的开发时序,确定电源建设的项目、布局、容量等。具体内容包括:规划年份需要建设的发电装机总容量;规划期内逐年建设的发电容量;新扩建发电容量的建设地点;根据负荷需求,提出逐年建设电源的组成类型建议,特别要重视调峰电源的规划,满足电网调峰需要。

1)燃煤火电厂运行特性

燃煤火电厂是我国承担系统负荷的主力电源。目前,燃煤火电容量约占系统总装机容量的 65.0%。燃煤火电厂投资相对较低,运行也较经济,除计划检修和事故停机,电厂基本都处于运行状态,一般年利用小时数为 4 000 ~ 5 500 h(年利用小时数 = 发电量/装机容量)。

燃煤火电厂由锅炉燃烧产生蒸汽,通过汽轮机带动发电机旋转发电。由于锅炉启动时间较长,燃煤机组从冷态启动到并网发电过程需要 4.0 ~ 8.0 h,并且启动和停机过程消耗的燃料更多。因此,在日平衡中一般不考虑燃煤火电启停。

燃煤机组参与电力平衡需要机组额定容量和最小技术出力两个指标。最小技术出力是燃煤机组降低出力时锅炉保证稳定燃烧的出力最小限制值。根据锅炉类型容量不同,最小技术出力占机组额定容量的比例也不一样。常规煤电机组最小出力见表 5.1。

表 5.1　常规煤电机组最小出力

类　　型	最小出力(标幺值)
60 万 kW 及以上	0.4
30 万 kW 至不足 60 万 kW	0.5
20 万 kW 至不足 30 万 kW	0.6
10 万 kW 至不足 20 万 kW	0.7
不足 10 万 kW	0.8

燃煤机组出力大小直接影响机组的煤耗,一般 80.0% 额定容量以上出力较经济,出力越低煤耗越高。因此,虽然满足最小技术出力要求,但从经济运行的角度,燃煤机组不宜深度调节。

2)热电厂运行特性

热电厂也是燃煤电厂,只是在冬季不仅要发电,还利用汽轮机的抽汽或排汽为用户供热。与常规纯发电燃煤机组三大主机(锅炉、汽轮机、发电机)相比,热电厂仅汽轮机与纯发电燃煤机组的汽轮机不同。常规纯发电燃煤机组采用凝汽式汽轮机,汽轮机做功后回收的蒸汽全部进入凝汽器,冷凝成水再回锅炉,热电厂的蒸汽部分用于供热,余下的部分蒸汽回收进入凝汽器。热电厂汽轮机按供热方式,可分为背压机组、抽气背压机组和抽凝两用机组。

背压机组、抽气背压机组按“以热定电”的运行方式运行,一般是按热负荷要求来调节电负荷;热负荷变化时,发电功率随之变化,没有热负荷时背压机组不能单独运行;背压机组、抽气背压机组没有调节能力。

抽凝两用机组在非供暖期机组按纯凝工况运行,运行特性与常规纯发电燃煤机组相同。但在供暖期,由于其高压缸通流容积是按凝气流量设计的,需要抽气供热,发电出力大幅降低。因此,抽凝两用机组供暖期只有部分可发电容量。另外,受低压缸流量限制,使机组调节能力下降。供暖期抽凝两用热电厂发电出力一般不变或少量可变。

3)抽水蓄能

与常规水电不同,抽水蓄能电厂是一种储能设施。抽水蓄能电厂的机组是可逆的水泵/水轮机和电动/发电机机组,它的上游、下游两个水库均能存储一定数量的水,在电网负荷低谷时机组作电动机-水泵运行,利用电网过剩的电力把水从下水库抽入上水库,使电能变成具有一定位能的水;当电力需求达到高峰时,上水库放水发电,机组作水轮发电机组运行,从而起到填谷削峰的作用。抽水蓄能电站主要是为满足系统的调峰需求设置的,也可以为系统调频或承担少量的备用。抽水蓄能电厂具有以下特性:

①抽水蓄能电厂是可填谷调峰的电源。

②抽水蓄能电厂具有启停灵活,增减工作出力迅速的优点。一般从全停到满载发电约5 min,从全停到满载抽水约8 min。

③每次抽水至发电的能量转换循环中,都有能量损失,使发电电量小于抽水电量,两者之比是抽水蓄能电厂的循环效率,一般为0.70~0.75。抽水蓄能电厂的发电容量与抽水容量大致相同。

④抽水蓄能电厂除了上述发电工况和抽水工况外,还具有发电调相和抽水调相工况。

抽水蓄能电站参与平衡时需要单机容量、装机容量、日抽水(或发电)利用小时及转换效率等指标。日抽水(发电)利用小时决定了抽水消耗的电量。如果常规电厂(站、场)能满足系统负荷的调峰要求,在电力平衡时抽水蓄能电站一般承担备用。如果需要抽水蓄能电站参与调峰运行,必须要考虑抽水和发电两种工况对负荷进行修正。

4)核能发电

核能也称原子能。利用原子核变化时释放出来的能量加热蒸汽用以发电的过程,称为核能发电。核电厂主要采用铀235作燃料,在密闭的反应堆内进行核裂变反应。反应堆是核电厂最核心的部分,按反应堆类型可将核电厂分为压水堆、重水堆、沸水堆、气冷堆、快中子增殖堆等不同类型核电厂。我国已投运的核电机组容量及反应堆类型见表5.2。

表5.2 我国已投运的部分核电机组容量及反应堆类型

序号	核电厂	容量/MW	反应堆类型
1	秦山核电一期	1×310	压水堆
2	秦山核电二期	2×600+2×650	压水堆
3	秦山核电三期	2×728	重水堆
4	方家山核电	2×1 000	压水堆
5	宁德核电	3×1 080	压水堆
6	红沿河核电	3×1 080	压水堆
7	大亚湾核电	2×984	压水堆
8	岭澳核电	2×990+2×1 080	压水堆
9	田湾核电	2×1 120	压水堆

序号	核电厂	容量/MW	反应堆类型
10	阳江	2×1 080	压水堆
11	福清	1×1 080	压水堆

核电厂具有以下特性:考虑核反应堆的安全和核电厂运行经济的因素,核电机组一般优先按额定容量出力不变带系统基荷运行,年利用小时也非常高。

核电机组出力技术上是能够调节的,并且基本没有低负荷出力限制,最小技术出力主要取决于汽轮机要求。在电网需要时,核电厂可适度地降低出力运行,并可跟踪负荷调整出力。

5)燃气电厂

燃机具有快速启动、可频繁启停的特点,并且调节范围较大。因此,燃气电厂通常作为调峰电源带峰荷运行或备用。当燃气电厂的调峰能力受设备、环境条件限制时,也可带基荷运行。

燃气电厂采用燃气蒸汽联合循环,有两台燃机带一台余热锅炉汽机的多轴布置,也有燃机、汽机、发电机在同一轴上的单轴布置。燃气电厂的装机容量为燃机蒸汽联合循环机组容量之和。燃气电厂一般没有最小技术出力限制,但对必须带基荷运行的燃气电厂,可根据实际运行情况给定一个最小技术出力要求。燃气电厂的燃机具有随时调节出力的能力。但是,在燃机由冷态启动的短时间内,汽机的调节能力会受到限制。

6)生物质发电

生物质发电是利用生物质所具有的生物质能进行发电。它是可再生能源发电的一种,包括生物质直燃发电、生物质气化发电、垃圾焚烧发电、垃圾填埋气发电、沼气发电及生物质燃料电池发电。目前,常用生物质发电主要有 3 种形式:生物质直燃发电、沼气发电和生物质气化发电。

7)地热发电

地热发电是利用地下热水和蒸汽为动力源的发电技术。地热发电方式分为蒸汽发电、地热双循环发电、地热全流发电及干热岩发电等,开发利用以前两种为主。

8)水力发电、光伏发电及风力发电

水力发电、光伏发电及风力发电将在本书后续三类电源小节中进行介绍。

5.2 水力发电功率预测

5.2.1 水力发电概述

常规水电依靠河流水位落差的势能变化。通过水流驱动水轮机组转动发电的过程,称为水力发电。水电站按水库调节性能,可分为无调节、日调节、周调节、月调节、季调节、年调节及多年调节水电站。水电站发电功率预测主要用于无调节能力或调节能力较小的小水电站功率预测。水电站向电网提供的容量通常采用以下指标表征:

1) 保证率与保证出力

水电站的设计保证率是指运行过程中正常工作不遭破坏的概率。水电站在相应设计保证率的枯水时段内的平均出力,称为保证出力。保证出力是水电站最重要的技术指标之一。电力平衡按水电站保证出力考虑,确定容量效益。

2) 强迫出力

水电站为满足下游用水部门用水量而必须发电的最小出力,称为强迫出力。

3) 预想出力

某一时段水电站可能的最大出力,称为预想出力,它与该时段的水文条件紧密相关。

4) 平均出力

某一时段内水电站出力的平均值,称为该时段的平均出力。

5) 受阻容量

当水电站的预想出力小于电站装机的额定容量时,其与额定容量之间的差额部分,称为水电站的受阻容量。

6) 空闲容量

水电站受日保证容量及利用方式所限,使水电站的工作容量与旋转备用容量之和小于预想出力。其小于的那部分容量称为空闲容量。它随工作容量的大小而变化。

水电是可再生能源的一种重要组成形式,具有自然资源丰富,没有任何污染物排放,无环境污染问题,水力发电成本低,有很高的回报率,水力发电的主要动力设备效率较高,设备启动、操作灵活,以及社会综合效益大等特点。小水电站是水电站中装机容量较小的电站,一般装机容量为 1 000 ~ 12 000 kW,是对大电网的一种补充,有效地利用了现有的水电资源,降低了弃水率,提升了小水电站周围地区的供电可靠性。

湖南属大陆型亚热带季风湿润气候,雨量丰沛,河网密布,地势不平,河流落差较大,水力资源比较丰富,主要分布在湘南、湘西,如怀化市、湘西自治州、郴州市、永州市、邵阳市等地。全省现有水电已开发利用量已超过经济可开发量的 95.0%。湖南水电总装机容量在全国居第五位,目前有 4 800 多座中小水电站,总装机接近 700.0 万 kW,数量居全国第三。这些小水电分布散,规模小,且由于降水量年内、年际分配不均匀,水力发电能力不稳定。年度内降水具有明显的季节性,径流量与降水量主要集中在每年的 3 月中旬—6 月中旬,这 4 个月的径流量一般占年径流量的 50.0% ~ 70.0%,而其他 8 个月份则属枯水季节,水资源相对不足,水能出力受限。

5.2.2 小水电站发电功率影响因素

小水电站是由溪流、湖泊等水能资源形成的落差水位而进行发电的一种水电站,也是微电网的重要组成部分。其发电功率的大小受外界因素的影响较大。

外界因素主要包含自然因素和水电站自身的因素。水电站的自身因素(如水轮发电机效率等)在这里因数据缺失和影响不大而不考虑,主要是对小水电站的自然因素分析,选取合适的影响因素。小水电站的自然因素主要有来水量、水头、小水电站负荷率等因素,来水量随着时间和空间的变化而呈现不同,如夏天处于丰水期,来水量大;而冬天处于枯水期,来水量小,且小水电站在丰水期和枯水期的来水量差别明显,甚至有数十倍差距。小水电站负荷率也因负荷和发电量随着时间的变化而不同。因此,在对小水电站的发电功率预测选取影响因素分析中,采取以年为单位,并根据前述学者的研究将小水电站发电功率的影响因素确定为年来水量、年来水量的时空分布(水量离差系数)和年负荷率,这 3 个影响因素将作为后续所构建预测模型的输入。

5.2.3 小水电站发电功率预测分类

发电能力一般是描述电厂供应能力大小的物理量,一般以电厂出力或一定时间内所发电量表示。对于水电厂而言,其发电能力受天气因素影响显著,呈现出一定的季节特性,这与电力系统负荷预测有一定的相似性。因此,水电发电能力预测可参考电力系统负荷预测的相关方法。

在对小水电站发电功率的研究中,传统的研究预测方法主要有以下 3 类:

1)专家经验判断预测法

专家经验判断预测法,主要是指预测者根据已有的各种影响因素数据和历史发电能力数据,凭借个人或群体的直觉、主观经验、知识以及其他综合判断能力,对水电短期发电能力的未来发展趋势做出判断的预测方法。该方法是一种以定性分析为主并结合定量分析的预测方法,其优点是简便易行,直接可靠,能在信息数据不充分和有些因素难以量化的情况下做出预测;但不足之处体现在预测过多地依赖于人的主观性,受个人素质影响显著,容易出现疏漏和失误。因此,经验判断预测法更多地应用于定性趋势预测方面。

2)基于时间序列分析的方法

该方法利用数学中的随机过程理论和统计方法,分析小水电站发电量序列遵循的发布规律,根据历史运行数据预测后续结果,如 ARMA、灰色理论等方法。

3)采用回归分析模型的方法

该方法主要是分析与小水电站发电量有关的影响因素,并选取合适的相关性大的影响因素,对选取的影响因素构建对应的数学回归模型,推导模型相符合的回归计算公式,增强模型的拟合度,如线性回归、逻辑回归和多项式回归等方法。

随着机器学习的发展,神经网络模型等算法模型相继出现,神经网络凭借着优良的泛化能力和处理非线性函数能力得到广泛的应用,因而有学者将神经网络预测模型用于小水电站发电功率的预测中,并取得了不错的效果;后继有学者提出二分类有监督学习的支持向量机用于小水电站的发电功率预测;也有学者采取综合上述两种或 3 种预测方法组成混合预测模型,有效地提高了预测的准确性。

5.2.4　基于神经网络法发电功率预测

1)BP(Back Propagation)神经网络

人工神经网络(Artificial Neural Networks, ANN)是模拟大脑内神经元通过突触相互联结的一种数学模型。它具有进行分布式信息并行处理的良好能力,也称神经网络。它主要由人工神经元组成。人工神经元可通过突触相互联结,完成对输入信号的分析和处理,并将处理结果交于神经网络的激励函数,从而实现对信号的完全分析。人工神经元可看成一个简单的数学模型,主要完成对信号的分析和处理,联结人工神经元之间的突触则体现了每个人工神经元联结关系,主要表现为权重和偏差,通过所有人工神经元对输入信号的处理和突触对人工神经元携带信息权重和偏差的计算,得到最后的处理结果经神经网络的激励函数输出。激励函数的不同会造就神经网络具有不同的性能。常用的激励函数有阈值函数、Sigmiod 函数和径向基函数等。根据人工神经元之间联结方式的不同,神经网络也可分为多类,主要有前向网络、反馈网络和竞争神经网络等。

BP 神经网络模型是目前神经网络中使用频率最高、应用最为广泛的一种多层前馈神经网络模型之一。其最主要特点是具有误差反向传播能力,输入信号沿着神经网络正向传递,而误差沿着神经网络反向传播。

2）BP 神经网络基本结构

BP 神经网络是一种多层前馈神经网络。一般使用较广泛的是三层神经网络,包含输入层、隐含层和输出层,邻层之间的神经元相互完全连接,而隔层之间的神经元没有任何连接,同层内所有的神经元之间相互独立,无连接,神经网络的深度结构主要是通过设定隐含层数和隐含层内神经元数来实现。研究表明,任何一个三层神经网络都可有效地逼近任意一个非线性函数。如图 5.1 所示为一个简单的 BP 神经网络结构图。

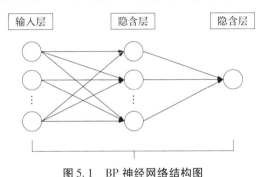

图 5.1　BP 神经网络结构图

3）BP 神经网络流程

BP 神经网络的学习主要是通过大量的样本数据来训练构建的神经网络模型,在训练中不断地迭代和更新神经元之间的相互联结的权重和偏差,使最后网络的输出和目标函数的误差在设定的阈值范围内。BP 神经网络的学习过程就是对网络参数的最优化,提高和目标函数间的拟合度,通过反复训练,直到误差在设定的阈值范围内或迭代次数达到最大迭代次数为止。BP 神经网络的学习主要包含以下两个部分:

①工作信号的正向传播

数据通过输入层的神经元进入 BP 神经网络,并通过神经元的计算传播到隐含层,隐含层的神经元再通过计算传播到输出层,最后通过输出层每个神经元的计算结果得到最终计算结果经神经网络的激励函数处理后得到输出数据。在信号向前逐层的传播过程中,每个神经元的联结权重和偏差均不会发生变化,输入数据也是逐层计算。当输出数据达不到网络设定的阈值时,则需进行反向传播。

②误差信息的反向传播

当输出数据达不到网络设定的阈值时,误差信息将会由输出层向前面的隐含层传播,直到输入层,而当误差信息沿上述途径反向传播时,会调节该层神经元的联结权重和阈值。重复正向传播和反向传播两个过程,可有效地调节每层的参数,降低最终输出结果的误差。

在神经网络中,神经元又称节点,在后续描述中,神经元均用节点来描述。

5.3 光伏发电功率预测

5.3.1 光伏发电概述

1）光伏电站的工作原理及基本结构

光伏发电是直接将太阳能转换为电能的技术。当太阳照射到半导体界面时,会产生光生伏特效应,而在此过程中半导体两端会产生电压电流,于是光能就会转化成电能。太阳电池板是由很多小的太阳能电池片组成,太阳能电池片是由硅制作而成,而硅是日常生活中最常见的半导体。

在太阳能电池片的导体层中夹着晶体硅,每个硅原子都与周围相近的原子结合,它们会将电子紧紧束缚,故电流无法通过。硅太阳能电池片有两层不同的导体层。其中,一层导体层中掺杂着磷原子后会形成 N 型硅,N 型硅中电子有盈余;另一层导体层中掺杂着铝、硼等三价原子后就形成了 P 型硅,P 型硅有额外的位置存放电子,称为空穴。两层导体层交界的地方,称为 P/N 结。电子可从 P/N 结穿过,在一端产生正电荷,在另一端产生负电荷。从太阳射过来的微粒流(光子)携带能量击中电池片时会击出一个电子,产生一个空穴,它们能在导体层中任意移动,但在 P/N 结处的电场影响下,它们只能单向运动,电子向 N 侧移动,空穴向 P 侧运动。此时,在电池片正面使用细小金属探针收集移动的电子,它们就会通过外电路,对外做电功,于是光能就能持续地转化为电能。其原理图如图5.2所示。

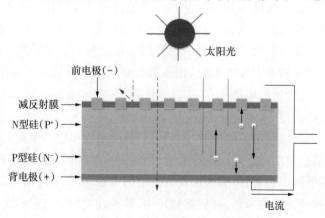

图5.2 太阳能电池发电原理

光伏电站除了光伏电池片组串以外,还包含一些外部电路,如汇流箱、逆变器、集电线路、升压站及气象站等。光伏电站主要构成如图 5.3 所示。

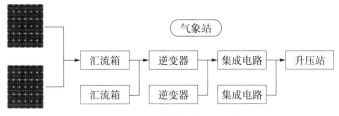

图 5.3　光伏电站主要构成

汇流箱将多个光伏片组串的输出电流汇流后,输送到逆变器的直流端口,逆变器会将直流电转换成三相交流电,而不同逆变器需要利用集电线路把电能送进升压站中最终实现升压并网。其中,气象站可采集监测不同的环境参数,用来辅助光伏电站的正常运行。

2)光伏电站的出力特性

光伏发电具有以下特性:与常规电厂相比,光伏发电出力具有间歇性、不可控性等特点;与风电相比,光伏发电出力更具规律性。光伏发电的出力特性由光资源的特性和发电设备的特性决定,不考虑发电设备影响的情况下,可将光资源对光伏发电出力的影响总结为季出力特性和日出力特性。

(1)季出力特性

光伏发电在全年的自然出力特性主要取决于两个因素:一是太阳辐照,辐照数越高,光伏电站出力越接近峰值功率;二是气温,气温越低越适合光电转化。

(2)日出力特性

晴朗天气情况下,光伏电站出力形状类似正弦半波,一般中午日照最强时达到最大;多云天气时,受到云层遮挡,辐照度数据变化大,导致光伏电站出力短时间波动大。2020 年湖南省光伏月度日均出力曲线如图 5.4 所示。

湖南光伏日均出力曲线的最大出力一般出现在 12:00—14:00,略微滞后于湖南电网白天高峰负荷时刻。11:00—15:00 均保持较高水平出力。从 2020 年各月份来看,月度日均最大出力水平最高的月份为 7—8 月和 4—5 月,日均最大出力在装机容量的 50.0% ~60.0%;月度日均最大出力水平较高的月份为 6,9—12 月,月度日均最大出力在装机容量的 40% ~50%;日均最大出力水平较低的月份为 1—3 月,日均最大出力仅为装机容量的 20.0% ~30.0%。2020 年湖南省光伏发电月最大出力标幺值如图 5.5 所示。

湖南省光伏在 8,9,11 月出力水平最高,可达装机容量的 90%以上;6—7,10,12 月光伏出力水平较高,维持在装机容量的 80.0% ~90.0%;1 月出力最小,仅为装机容量的 60.0%左右。因此,在午负荷时段全省光伏出力同时率建议采用 85.0%。

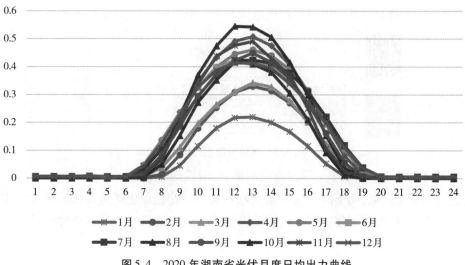

图 5.4　2020 年湖南省光伏月度日均出力曲线

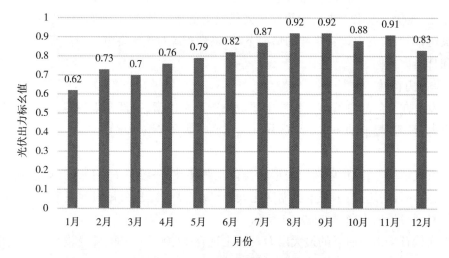

图 5.5　2020 年湖南省光伏月最大出力

5.3.2　光伏电站发电功率影响因素

1）影响光伏电站出力的内部因素

光伏电站包括光伏阵列、电力电子转换器和电缆等。光伏电池的材料和光伏组件的规格型号决定光伏电池在一定光照和温度下输出电流和电势差的物理性能和光电转化效率；光伏组件安装的倾斜角和方位角、光伏降列的排布和周围建筑物的遮挡情况，也影响组件表面接收到的太阳辐射；输电线路的规格和长度、逆变器等电气设备的性能指标，也决定光伏系统的输出性能。光伏组件首先将接收到的太阳能转化为电能,通过线缆汇总到汇流箱,然后经逆变器转化为交流电,最后通过升压逆变器传输到电网,这就是光伏电站能量转化和传输的过程。在这一过程中,光伏系统的电能或多或少会有一些损耗。其中,主要的损耗环节包括:

①失配损耗,光伏组串或阵列由于输出不匹配所导致的损耗,即人们常说的容配比。

②逆变设备损耗,包括逆变器自身损耗、直流交流转换中最大功率点跟踪导致的损耗等。

③线缆损耗,主要是由于线路电阻的热损耗,与布线方式、材料和线径有很大关系。

2) 影响光伏电站出力的外部环境因素

(1) 太阳辐射

光伏系统产生电能的数量几乎是和照射到光伏面板上的太阳辐射量成正比的。研究表明,太阳辐射量(单位:kW/m^2)减少 50.0%,光伏面板的输出功率也会降低 50.0%。地球表面的太阳辐射量对于太阳能系统领域的工程应用和研究来说至关重要。一般来说,入射到光伏面板的太阳辐射由 3 个部分组成,即直接辐射、散射辐射和反射辐射。

(2) 云量情况

云是影响光伏发电输出功率的主要因素之一。由于遮挡作用,云会大幅度降低达到光伏面板的太阳辐射量;同时,云的快速移动或变化会导致光伏输出功率的大幅度波动。一片飘过的云团可在几秒钟内使一个点上的太阳辐射的变化超过 60.0%。云对光伏系统的影响和太阳位置改变对光伏系统的影响不同,太阳位置的改变对光伏系统输出的影响具有统一性和相关性,但云的大小、形状、速度和方向都在持续地变化,故云具有高随机性和不确定性,从而导致被其遮挡的光伏系统输出功率在不断地随机性波动变化。

(3) 气温

太阳能光伏电池的效率随着温度的升高而减少,因温度升高会使载流子的迁移率、扩散长度以及少数载流子的寿命变差。硅光伏电池具有很好的吸热性,故它们的温度会在运行期间显著的上升,从而改变了光伏发电系统的光电转换效率。光伏面板的温度取决于光伏面板的吸收特性、封装结构与材料、散热性、光伏面板工作的地点、大气参数如辐照度水平、环境温度、风速及特定安装条件等。

(4) 灰层

在户外环境中构建的光伏系统,光伏面板暴露在空气中,天长日久自然会积累灰尘。研究表明,积累的灰尘会降低太阳能光伏电池的性能。光伏面板暴露在户外 10 天后,它的透光率平均降低 8.0%,8 个月后光伏面板的性能大约降低 32.0%。光伏面板上的沙子堆积将造成光伏发电效率下降 17%。

(5) 风速

风速对光伏电池性能具有重要的影响,因它影响光伏面板的温度和灰尘积累。风可加速光伏面板上方的气流流动,而流动的空气可加快光伏面板的热传递,使面板的温度降低。实验表明,面板的温度是以风速约 1.5 ℃/(m/s) 的增加而降低的。此外,也影响光伏电池上的灰尘覆盖层中沉积结构,从而影响覆盖层的透射率。

5.3.3 光伏发电功率预测的分类

光伏发电功率的预测从时间角度出发,可分为短期、中期和长期预测 3 种类型。

一般而言,中长期预测是对未来几个月到一年时间的光伏功率进行预测,长期预测相对比较容易。长期预测大多是基于光伏电站发电和 NWP(数值天气预报)记录的历史数据,并通过统计回归可获得一个合理的且可接受的预测结果。这种类型的预测通常用于光伏电站的设计、选址和咨询服务,要求精度不高。因此,长期预测很容易实现。短期预测又可分为短期预测和超短期预测,短期预测是对未来 1~48 h 的光伏功率进行预测,而超短期预测预测时长从数分钟到 1 h,它们主要是辅助电网的运营调度,对大规模光伏并网尤为重要。短期预测是电力系统考核的重要指标之一,直接影响电站当日的发电计划。因此,短期光伏功率的精准预测尤为重要。

对所有类型的光伏应用,如光伏电站、光伏微网、分布式光伏发电系统等,都必须有短期预测模块来支持系统的安全与稳定运行。此外,随着光伏系统的快速发展,光伏系统短期功率预测的需求也在不断增加并越来越迫切。短期预测能满足不同时间尺度的要求。当短期预测符合其预期的精确度时,它同样也可得到中长期功率预测所需要的结果。

光伏发电功率的预测从空间角度出发,可分为微尺度、小尺度、中尺度及大尺度 4 种类型。其中,微尺度类型是指单个光伏发电元件;小尺度类型是指独立的光伏发电站;中尺度类型是指多个独立的光伏电站所组成的电站集群;大尺度类型是指大型区域内的电站。由于小型尺度类型的电站发电功率受环境的影响,波动性较大,在安全性及稳定性方面问题较大。因此,空间尺度越小的光伏电站,其预测难度越高,精度要求也越高。

光伏发电功率的预测从方法角度出发,可分为统计和物理方法两种类型。其中,统计方法是通过统计学的原理,分析光伏发电功率的历史数据,采用常规的统计、归纳以及总结等方法,发现历史数据中所存在的内在规律,最后将其所获得的规律应用在光伏发电功率预测的过程中。而如果使用物理方法,前提是要已知太阳辐照度,并且综合考虑光伏电站内部因素以及外部的环境,最终所要研究的就是太阳光能转化为电能的物理过程。

5.3.4 函数型特征数据法发电功率预测

1)基于函数型光伏历史数据的预测总体框架

现阶段已建成的光伏电站,配备的数据采集装置能将光伏出力过程实时地刻画出来。针对此类数据,提出聚类处理与预测分析的总体流程框图,如图 5.6 所示。

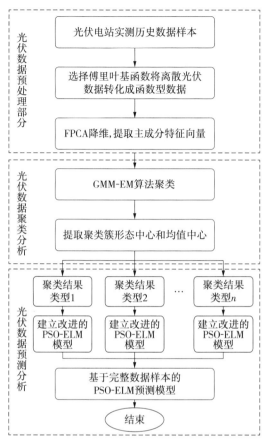

图 5.6　预测算法总体流程框图

由图 5.6 中可知:

(1)光伏数据预处理部分

选取傅里叶基函数作为转换模型,通过傅里叶基函数将离散的光伏数据转换为函数型数据;利用 FPCA(函数主成分分析)对函数型数据降维,提取函数主成分对应的特征系数,用少量代表曲线特征的特征向量来替代函数型光伏数据特征。

(2)光伏数据聚类分析部分

利用 GMM-EM(高斯混合模型最大期望)算法将光伏函数主成分特征向量快速准确分类,提取簇类别中心与均值中心突出各种类别的差异性和独特性。

(3)光伏数据预测分析部分

从 GMM-EM 算法得到光伏聚类分组结果 $1,\cdots,n$,选取处理海量数据性能优越的 ELM(极限学习机)神经网络作为函数型光伏数据预测模型,并利用改进 PSO 算法寻求 ELM 网络中的参数,分别对聚类分组结果 $1,\cdots,n$ 建立改进 PSO-ELM(粒子群优化-极限学习机)算法预测模型。

2）光伏数据预处理模型

（1）傅里叶基函数

光伏历史数据的完整性是进行数据分析的前提，首先筛选剔除缺失片段数据。傅里叶基函数适用于周期性的观测数据，鉴于光伏数据呈正弦波形，且日光伏出力曲线也具有一定的周期性，故采用傅里叶基函数对其进行转换。用 $X = [x_1, x_2, \cdots, x_n]^T$ 代表光伏的日出力数据，其第 i 天光伏数据 x_i 的近似展开形式为

$$
\begin{aligned}
\hat{X}_i(t) &= \sum_{i=0}^{k} c_i \theta_i(t) \\
&= c_0 + c_1 \sin(\omega t) + c_2 \cos(\omega t) + \\
&\quad c_3 \sin(2\omega t) + c_4 \cos(2\omega t) + \cdots
\end{aligned}
\tag{5.1}
$$

其中

$$
\theta_0(t) = 1, \quad \theta_{2r-1}(t) = \sin(r\omega t), \quad \theta_{2r}(t) = \cos(r\omega t)
$$

式中　c_i ——权重系数；

　　　K——展开序列的傅里叶级；

　　　ω——基角频率；

　　　r——基角频率的倍数。

（2）基于 FPCA 的光伏数据降维

主成分分析是多元数据的一种重要的降维方法。这种降维思想推广到函数型数据称为函数主成分分析，基于 FPCA 的光伏数据降维。其具体步骤如下：首先设光伏历史近似展开数据集合 $\hat{X}_i(t) = [\hat{x}_1(t), \hat{x}_2(t), \cdots, \hat{x}_n(t)]^T$，$n$ 为光伏出力的天数，$\hat{x}_i(t)$ 为式(5-1)拟合展开的第 i 天光伏数据，为随时间变量 t 变化的曲线。对 n 天光伏出力曲线 $\hat{X}_i(t)$ 计算其协方差函数矩阵 $\hat{V}$。然后求解光伏日出力曲线协方差函数的特征值和特征向量，即

$$
\hat{V}\alpha(t) = \xi\alpha(t)
$$

式中　ξ ——光伏日出力曲线函数主成分的特征向量；

　　　$\alpha(t)$ ——光伏日出力曲线函数主成分。

将求取的函数主成分对应的特征值按由大到小顺序排列得到 $\xi_1, \xi_1, \cdots, \xi_n$，计算所有特征值的累积贡献率

$$
D = \sum_{i=1}^{m} \left(\lambda_i \Big/ \sum_{i=1}^{n} \lambda_i \right)
$$

通常选取 $D > 85\%$ 时前 m 个特征值，光伏函数主成分特征向量为 $\{(\xi_{i1}, \xi_{i1}, \cdots, \xi_{im},)\}_{i=1}^{n}$。最后，选取 $\{(\xi_{i1}, \xi_{i1}, \cdots, \xi_{im},)\}_{i=1}^{n}$ 作为新变量，并对光伏曲线数据降维后所选的主成分进行合理性解释分析。

3）基于聚类模型 GMM-EM 算法的光伏数据聚类模型

（1）GMM-EM 算法能精确快速将数据分类

本章采用该模型对降维后的光伏数据特征向量 $\{(\xi_{i1}, \xi_{i1}, \cdots, \xi_{im},)\}_{i=1}^{n}$ 进行聚类分组，假定光伏特征向量服从有限个高斯分布的线性组合。每一个输入高斯分布参数的极大似然表达式为

$$P(\alpha \mid \theta) = \prod_{i=1}^{N} P(\alpha \mid \theta) = \underset{\theta}{\mathrm{argmax}} \, P(\alpha \mid \theta) \qquad (5.2)$$

式中　$P(\alpha \mid \theta)$——高斯分布的最大似然函数；

　　　Θ——GMM 的参数集合。

对 GMM 的聚类分组，实质上就是求取 GMM 模型中的参数。GMM-EM 聚类算法的流程框图如图 5.7 所示。

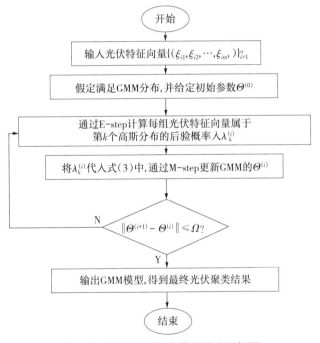

图 5.7　GMM-EM 聚类算法的流程框图

GMM 中最优聚类个数的确定，通过贝叶斯信息准则（Bayesian information criterion，BIC）进行选取，即

$$\mathrm{BIC}_{\theta} = 2 \log P(\alpha \mid \theta) - \gamma \log(n) \qquad (5.3)$$

式中　$\log P(\alpha \mid \theta)$——由 k 个高斯成分混合成的模型对数似然函数；

　　　n——样本量；

　　　γ——未知参数个数。

极大化 BIC_{θ} 得到的 Θ 对应最优的模型参数。

（2）光伏聚类簇的形态模型提取

为了突出光伏数据通过 GMM-EM 算法聚类分组后类别的差异性和独特性，从各个类别中提取典型光伏曲线表征该类型数据特征选取类别均值中心与形态中心。

4）基于改进 PSO-ELM 的光伏预测模型

ELM 作为一种单隐含层前馈神经网络算法，不仅适应性强、训练样本速度快，而且对大数据样本适应性较好。但该算法输入层权值与隐含层阈值随机产生，稳定性较弱。因此，利用改进 PSO 算法寻求 ELM 神经网络中的输入权值和隐藏层阈值，提高模型的预测精度和稳定性。

（1）改进 PSO 算法

为防止标准 PSO 算法陷入局部最优，对标准 PSO 算法做出以下改进：引入平均粒子距离 $D(t)$，当平均粒子距离小于某一阈值判断粒子是否陷入局部最优；引入动态学习因子 c_1，c_1 和惯性权重 w。具体改进为

$$w_i = w_{\min} + \left[w_{\max} - w_{\min} \frac{(m-i)}{(m-1)} \right]$$

$$c_{1i} = c_{2i} - \frac{(w_i + 1 + 2)}{2} \tag{5.4}$$

$$D(t) = \frac{1}{mL} \sum_{i=1}^{m} \sqrt{\sum_{d=1}^{n} (p_{id} - \bar{p}_d)^2}$$

式中　$w_{\max}$——最大惯性系数；

　　　$w_{\min}$——最小惯性系数；

　　　L——搜索空间对角最大长度；

　　　m——解空间维数；

　　　p_{id}——光伏数据在 ELM 神经网络训练参数第 i 个粒子位置的第 d 维坐标值；

　　　$\bar{p}_d$——光伏数据在 ELM 神经网络训练参数粒子在第 d 维坐标的均值。

因此，粒子群优化算法的最小适应度函数为

$$\sigma_{\min}^2 = \min \frac{1}{b} \sum_{i=1}^{b} \left(\frac{y_i - \hat{y}_i}{y_i} \right) \times 100\% \tag{5.5}$$

式中　$\sigma_{\min}^2$——粒子群优化算法的最小适应度函数；

　　　b——训练样本总数；

　　　y_i——第 i 个实际光伏数据；

　　　$\hat{y}_i$——第 i 个 ELM 网络训练得到的光伏数据。

（2）ELM 神经网络

ELM 神经网络结构主要分为 3 层，即天气数据输入层、隐含层和光伏出力输出层，如图 5.8 所示。

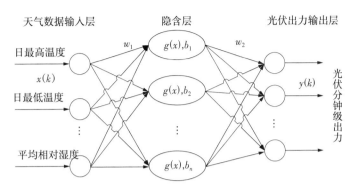

图5.8 ELM神经网络结构框图

图5.8中,输入与输出的关系式为

$$y(k) = \sum_{i=1}^{L} w_2 g_i \left[w_1 x(k) + b_i \right] \tag{5.6}$$

式中 $x(k)$——天气数据,包括最高气温、最低气温、平均气温、平均相对湿度及日照小时数等;

$\quad\quad y(k)$——每天 min 级光伏出力数据;

$\quad\quad w_1, w_2$——输入层到隐含层、隐含层到输出层的权值;

$\quad\quad L$——隐含层节点数;

$\quad\quad b_i$——第 i 个隐含层节点的阈值;

$\quad\quad g_i(\cdot)$——第 i 个隐含层节点的激励函数。

当激活函数 $g_i(\cdot)$ 能无误差地逼近输出光伏出力样本,此时

$$t(k) = \sum_{i=1}^{L} w_2 g_i \left[w_1 x(k) + b_i \right] \tag{5.7}$$

上述方程的矩阵表达式为

$$HW_2 = T \tag{5.8}$$

式中 H——ELM神经网络隐含层到输出层的权值矩阵;

$\quad\quad T$——期望的 min 级光伏出力向量。

通过 min 级光伏出力训练样本,确定输出权值 H 和光伏出力输出矩阵 T,利用最小二乘法 $\min_{W_2} | HW_2 - T |$,解出输出权值 $\hat{W}_2$ 为

$$\hat{W}_2 = H^{-1} T \tag{5.9}$$

式中 H^{-1}——隐含层输出矩阵 H 的逆矩阵。

(3)改进 PSO-ELM 预测模型

首先利用改进 PSO 算法寻求 ELM 神经网络算法中的输入权值和隐藏层阈值,然后采用 ELM 算法训练样本,提高 ELM 神经网络的稳定性和精确性。其预测模型流程框图如图5.9所示。

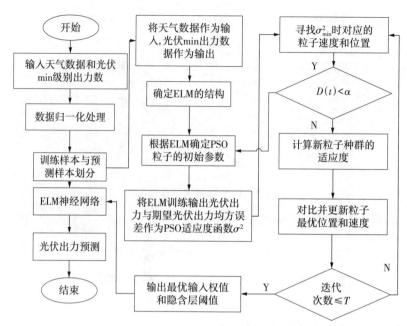

图 5.9 改进 PSO-ELM 预测模型流程框图

　　选取天气数据和光伏 min 级出力数据,将数据归一化处理,划分 ELM 神经网络的训练样本和测试样本,天气数据作为 ELM 算法输入层,min 级光伏出力作为 ELM 算法输出层,进而确定 ELM 神经网络的结构。

　　通过 PSO 算法寻求 ELM 模型的输入层权值和隐含层阈值,把 ELM 训练输出光伏出力与期望光伏出力误差比值平方作为改进 PSO 算法适应度函数 σ^2,计算各个粒子的适应度值,找到 σ^2_{min} 对应的粒子速度和位置,并设置平均粒子距离 $D(t)$ 阈值避免 PSO 算法陷入局部最优。最后将寻求的最优粒子输入层权值和隐含层阈值赋值 ELM 神经网络中,得到光伏的预测模型。

5.4 风力发电功率预测

5.4.1 风力发电概述

1)风力发电工作原理及基本结构

　　风能是一种无污染、可再生的清洁能源。风力发电是以风能作为原动力,利用风力带动风车叶片旋转,再透过增速机将旋转的速度提升,将风能转换为机械能,再利用机械能发电的过程。依据风车技术,约为 3 m/s 的微风速度(微风的程度),便可开始发电。风力发电正在世界上形成一股热潮,因为风力发电不需要使用燃料,也不会产生辐射或空气污染。

风力发电所需要的装置,称为风力发电机组。这种风力发电机组,大体上可分风轮(包括尾舵)、发电机和塔筒 3 部分。大型风力发电站基本上没有尾舵,一般只有小型(包括家用型)才会拥有尾舵。

风轮是把风的动能转变为机械能的重要部件。它由若干只叶片组成。当风吹向桨叶时,桨叶上产生气动力驱动风轮转动。桨叶的材料要求强度高、质量小,多用玻璃钢或其他复合材料(如碳纤维)来制造。由于风轮的转速比较低,而且风力的大小和方向经常变化着,这又使转速不稳定。因此,在带动发电机之前,还必须附加一个把转速提高到发电机额定转速的齿轮变速箱,再加一个调速机构使转速保持稳定,然后联接到发电机上。

铁塔是支承风轮、尾舵和发电机的构架。它一般修建得较高,以获得较大和较均匀的风力,并有足够的强度。铁塔高度视地面障碍物对风速影响的情况以及风轮的直径大小而定,一般为 6~20 m。

风力发电机组按照转速特点,可分为恒速和变速风电机组;按照桨叶控制方式,可分为定桨距和变桨距风电机组;按照发电机类型,可分为异步和同步发电机两大类,其中异步发电机按转子结构可分为笼型异步发电机和绕线式双异步发电机,同步发电机按磁场的磁极类型可分为电励磁同步发电机和永磁同步发电机。

2)风电场出力特性

风电具有以下特性:

①风电场的出力主要受风力资源的影响,风的大小在一定时间内是随机的,存在昼夜更替、季节变化和年度风资源差异,但在长期统计下反映出一定的规律性,主要表现为季节特性与日特性。其中,风的季节特性是指由于气候等原因,风速在不同季节统计意义上的大小变化规律。不同地区季节变化规律存在一定差异,在我国北方大部分地区一般是冬春两季风较大,而夏秋两季风相对较小,部分沿海地区则是夏季风最强,春季风最弱。风的日特性是指风速在日内各时段统计意义上的大小变化规律不同地区的风速日变化均存在差异。

如图 5.10、图 5.11 所示为湖南省风电月平均出力曲线。可知,风电月平均出力较高的月份为 4—7 月以及 10—11 月。2020 年月平均曲线与 2018—2019 年发生较大的差异,主要原因是:2—3 月,受疫情和水电大发影响,弃电达 20% 以上,导致平均出力降低;4—5 月份来水偏枯,同时采取了扩需增发鼓励低谷用电政策,没有发生弃风,平均出力水平较接近。6,7 月风电情况好,6 月因水电偏枯及低谷负荷水平上升没有弃电,月平均出力达到年度最高水平;7 月尽管因雨水偏多发生弃风平均出力受到影响,但总体维持较高水平。9 月受雨水偏多水电出力高发生弃电,导致月平均出力偏低。12 月因气温偏低导致风机叶片因覆冰出力大幅降低,月平均出力低于前两年。但总体而言,因 2020 年风电来风情况好于 2018—

2019 年,不受气候异常影响的其他月份,月平均出力高于前两年。

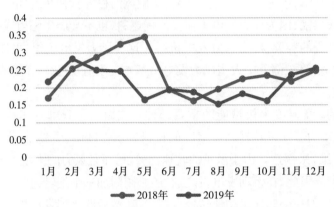

图 5.10　2018—2019 年湖南省风电月平均出力曲线

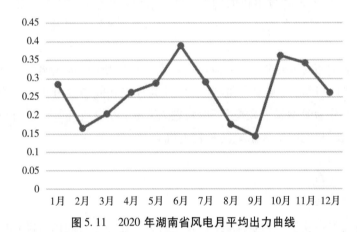

图 5.11　2020 年湖南省风电月平均出力曲线

如图 5.12—图 5.14 所示为湖南省风电季度日均出力曲线。可知,风电日均出力曲线呈凹字形。一天内,风电出力最大时刻一般在 21:00—次日 7:00,最小时刻一般在 11:00—15:00。

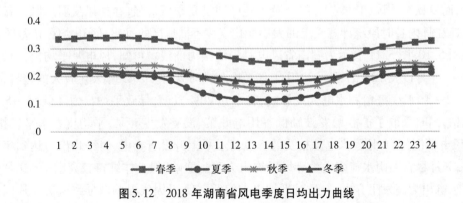

图 5.12　2018 年湖南省风电季度日均出力曲线

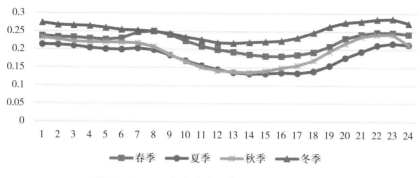

图 5.13　2019 年湖南省风电季度日均出力曲线

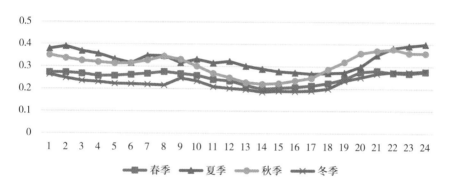

图 5.14　2020 年湖南省风电季度日均出力曲线

2018 年日均出力最大在春季,最小发生在夏季;2019 年日均出力最大发生在冬季,最小发生在夏季;2020 年因 2,3,7,9 月大规模弃电,发电特性发生变异,四季的日均出力差距较小,日均出力最大发生在夏季,最小发生在冬季。可知,各季风电出力受来风和弃电影响,其季节特性规律性较差。

②风电场出力具有随机性、波动性和间性的特点,一般用风电可信容量、风电保证容量等指标来反映其出力特性。在电力平衡计算中,参考风电可信容量或风电保证容量,考虑一定比例的风电参与平衡,风电可信容量和风电保证容量需要依据风电场多年历史数据计算。风电可信容量是指在可靠性前提下风电机组可视为常规火电机组的容量大小,风电容量可信度为其可信容量占装机容量的比例。风电保证容量是指风电场在高峰负荷时段对常规机组的替代容量。计算方法是将负荷高峰时段的风电出力按从大到小排序,取某一保证率下(一般取 95.0%)风电的最小出力,即风电保证容量。

5.4.2　风电场发电功率影响因素

首先输出功率受风速的影响。在风电场实际运行过程中,只有当风速在某个限定的区间时,随着风速的增加,风力发电机输出功率随之增加然后趋于稳定。当低于或高于该风速区间时,发电机输出功率为零。一般情况下,控制其他环境条件一致,当风速 $3\ \mathrm{m/s} \leqslant v \leqslant$

12 m/s 时,输出功率随着风速的增大而增大;当风速超过 12 m/s,输出功率不变。

风向也是影响发电机组输出功率的主要影响因素之一。通过测风塔和 SCADA 系统可测得来自不同方向的风。规定以正北方向为基准,顺时针方向 90°,180°,270°,360°分别为东风、南风、西风、北风。由于风力电站输出功率与风轮机扫过的面积有关,而风向与叶片的夹角又影响着风轮机扫过的面积。因此,风向也是风力发电的重要影响因素。

根据试验测得的风电机组在不同空气密度下的输出功率,可知控制其他环境条件一致,当风速 3 m/s ≤ v ≤ 12 m/s 时,输出功率随着空气密度的增大也在增大;当风速超过 12 m/s,输出功不变。

风是由空气对流产生的,而空气对流的最大动力就是温度差,在大气层近地面由于光照的不均匀,空气受热不均,受热的空气就会上升,而受冷的空气下沉,这就使在近地面气压不同。此时,空气就会从密度大的地方向空气密度小的流过来补充,就形成了风。一般来说,温度差越大,空气越易发生对流运动,进而影响输出功率。

此外,除了上述因素对风电输出功率有影响外,湿度、雨雪及覆冰也是影响输出功率的因素之一。当湿度很大、雨雪天或覆冰时,风机叶片表面会形成附着物,影响风力对叶片的作用力。同时,当海拔高度不同时,空气密度也不同,风机的输出功率也会不同。

5.4.3 风电场发电功率预测的分类

目前,针对风电功率预测的方法层出不穷,国内外学者提出的不同方法有效地提高了风电功率的预测精度,取得了较好的成果。风电功率预测方法的划分根据不同的标准有多种划分方式。根据预测时间长度的不同,可分为长期预测(预测单位:年)、中期预测(预测单位:月)、短期预测(预测单位:周或天)和超短期预测(预测单位:h)。而根据所用数学方法的不同,风电功率预测可分为物理方法、统计方法和组合方法。

1)物理方法

物理方法主要考虑风电场的地理因素(电场位置、等高线和海拔等)、气象因素(风量、湿度和温度等)和风电设备自身的参数情况(风机机组的轮毂情况等)等众多物理信息去构建一个稳定、准确的风电功率预测模型。该类模型一般是根据一系列气象数据,对这些数据进行综合分析来建立输出功率预测模型。风力的大小和风资源的多少决定输出功率的多少。如果可掌握风速的预测,那么就可根据风速和输出功率之间存在的某种联系,间接地对风电输出功率进行预测。

2)统计方法

统计方法根据统计学思想并考虑风速序列的时间特性,对风电场的历史运行数据进行分析,通过曲线拟合等数学手段建立历史数据与未来数据在不同时间段的某种映射关系,从而实现对风速及风电功率的预测。统计方法大多只需要对历史风速或风电功率数据进行分析,比较适合用于短期或者超短期风速或风电功率预测。目前,常用的统计方法预测有时间序列法、回归分析法、灰色预测法及机器学习等。利用自回归滑动平均模型(ARMA)具有的对随机过程快速建模和准确预测的优点,通过对原始风速序列进行差分处理获取平稳随机序列,实现对风速的预测,并利用残差方法来修正预测值,以达到提高预测精度的目的;针对模型输入问题提出了改进模糊 C 均值聚类和极限学习机短期风速预测方法,利用互信息理论最大相关最小冗余方法对选取的 32 维风速影响因素属性约简,并完成了对数据的预处理过程,采用模拟退火遗传优化算法对模糊 C 均值聚类方法中的聚类中心进行优化,提高了算法的聚类能力,引入正则化系数对极限学习机进行改进,从而有效地提高了模型的预测能力及预测精度。

5.4.4　自回归移动平均法发电功率预测

自回归移动平均模型(ARMA)是研究时间序列的重要手段。它由自回归模型(AR 模型)和移动平均模型(MA 模型)组成。最常用的是 G. E. P. Box(威斯康星大学的博克斯)和 G. M. JenkinS(统计学家詹尼斯)提出的一种方法。Box-JenkinS(博克斯-詹金斯)方法是一种相对完整的统计预测方法,可为实际工人提供分析和预测时间序列以识别、估计和诊断。其优点是:一旦建立了正确的模型并确定了模型的系数,就可基于有限的一组数据来预测其发展趋势。

1)ARMA 基本思想

根据统计特征,时间序列可分为平稳性序列和非平稳性序列。其中,ARMA 模型主要用于平稳性序列,而对非平稳性序列模型,则在进行之前通过适当的转换将其转换为 ARMA 模型再进行建模。ARMA 的基本思想是:某些时间序列是一组依赖于时间的随机变量,组成此时间序列的单个序列值是不确定的,但整个序列具有一定的规则。通过分析和研究此数学模型,可从根本上了解时间序列的结构和属性,并在最小变化方向上获得理想的预测。

2)ARMA 基本原理

自回归移动是由自回归 AR 和移动平均 MA 组合构成。用 p 和 q 分别表示前一部分阶数的上限值和后一部分的阶数值的上限值,自回归滑动平均 ARMA(p,q) 可表示为

$$u_t = \eta_1 x_{t-1} + \eta_2 x_{t-2} + \cdots + \eta_p x_{t-p} + \varepsilon_t - \theta_1 \varepsilon_{t-1} - \theta_2 \varepsilon_{t-2} - \cdots - \theta_q \varepsilon_{t-q} \qquad (5.10)$$

式中　$\eta_1, \eta_2, \cdots, \eta_p$ ——自回归模型的参数;

　　ε_t ——独立同分布的随机变量序列;

　　$\theta_1, \theta_2, \cdots, \theta_p$ ——滑动平均模型的参数。

自相关函数(ACF)和偏自相关函数(PACF)这两种方法是识别 ARMA 模型最有效的方法。自相关和偏自相关定义如下:

自相关

$$\vartheta_k = \frac{\sum\limits_{t=1}^{N-k}(x_t - \bar{x})(x_{t-k} - \bar{x})}{\sum\limits_{t=1}^{N}(x_t - \bar{x})^2} \tag{5.11}$$

式中　ϑ_k ——自相关系数,即自相关程度;

N——样本数量;

k——滞后期;

$\bar{x}$——样本数据的算术平均值。

自相关系数 ϑ_k 的取值范围为 $[-1,1]$,且 $|\vartheta_k|$ 越接近1,自相关程度就越高。

偏自相关

$$\zeta_{k,j} \begin{cases} \vartheta_1 & k = 1 \\[2mm] \dfrac{\vartheta_1 - \sum\limits_{j=1}^{k-1} \zeta_{k-1,j} \cdot \vartheta_{k-j}}{1 - \sum\limits_{j=1}^{k-1} \zeta_{k-1,j} \cdot \vartheta_j} & k > 1 \end{cases} \tag{5.12}$$

式中　$\zeta_{k,j}$ ——偏自相关系数,即偏自相关程度。

采用这两种函数很难确定 p 和 q 的阶数,这就给计算带来很大的困难。因此,应用最为广泛的 AIC(赤池信息准则)和 BIC(贝叶斯信息准则)准则来确定 ARMA 的阶数。

AIC 准则函数为

$$AIC(n) = N \ln \hat{\sigma}^2 + 2(n + 1) \tag{5.13}$$

$$AIC(\tilde{p}) = \min_{1 \le n \le M(N)} AIC(n) \tag{5.14}$$

式中　n——样本编号;

$\hat{\sigma}^2$——拟合残差方差;

$M(N) = \sqrt{N}$;

$\tilde{p}$——最佳自回归模型阶数。

BIC 准则函数为

$$BIC(n) = \ln \hat{\sigma}^2(n) + \frac{n}{N} \ln N \tag{5.15}$$

$$BIC(\tilde{q}) = \min_{1 \le n \le M(N)} BIC(n) \tag{5.16}$$

式中　$\tilde{q}$——最佳系数。

3)ARMA 模型的建立

ARMA 预测模型建模步骤如下(见图5.15):

①确定输入数据是否是平稳性随机序列。如果不稳定,进行平稳性处理后转到下一步。

②模型的识别和定阶。采用 AIC 或 BIC 准则并结合自相关和偏自相关函数对模型进行

识别和定阶。

③模型参数估计。

④判断该模型是否可通过适应性检验。若通过检验,就可确定预测模型,对风电输出功率进行预测。若未通过检验,需要返回步骤②,重新确定模型。

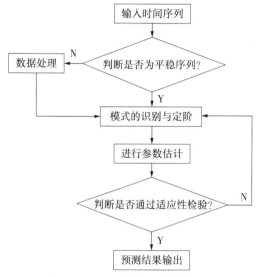

图 5.15 ARMA 模型建模流程图

5.5 湖南电力供应展望

5.5.1 能源电力保障有关要求

根据《湖南省国民经济和社会发展第十四个五年规划和二〇三五年远景目标纲要》,湖南省"十四五"着力打造现代基础设施支撑体系,夯实能源保障网,全面支撑全省经济社会高质量发展。能源电力领域相关内容及重点项目如下:

1) 切实加大能源供应能力

坚持省外优质引入和省内加快建设相结合,多渠道全面提升能源供应能力,构建保障有力、清洁低碳、适度超前的能源供应体系。大力引入区外优质能源,提升祁韶直流、雅江直流利用率,加快"宁电入湘"特高压直流工程前期工作,实现鲤鱼江电厂送电湖南;加大天然气、煤炭引入力度。充分发挥煤电兜底作用,实现永州、平江、华容和怀化石煤 4 个电厂建成投产;鼓励煤电机组延寿改造和煤电联营,加快推进株洲电厂退城进郊、益阳电厂三期、石门电厂三期等项目前期工作,争取湘南地区新建一个煤电项目。深度挖潜水电,建成五强溪电站扩机工程;重点依托一体化基地规模化布局风电,坚持集中式和分布式并重发展光伏发电,因地制宜发展生物质发电和地热能,稳步推进氢能等发展。加强应急储备调峰设施建设。增强电力系统调节能力,大力推进煤电灵活性改造,建成平江抽水蓄能电站,开工建设安化抽水蓄能电站,争取安化二期、东江、汨罗、攸县和湘南地区等抽水蓄能电站纳入选址规划,鼓励风电、光伏发电与储能融合发展;推进长沙、常德、衡阳等地应急储气调峰设施建设,新建长沙等一批天然气调峰电厂。

2)着力构建坚强能源网络

优化布局能源输配通道,构建"十纵八横六通道"的综合能源大受端。建成荆门-长沙-南昌交流和祁韶、雅江直流相结合的强交强直特高压网;优化完善电网主网架,基本建成湘东"立体双环"网、湘南日字形环网、湘西北和湘北环网,实现 500 kV 电网市州全覆盖和 220 kV 电网县级全覆盖;加强配电网升级改造,全面提高城网可靠性和智能化水平,将长沙打造为一流城市配电网,实施农村电网巩固提升工程,着力加强县城电网建设,全面提升农村供电能力,基本实现城乡供电服务均等化。加快充电基础设施建设,建成充电桩 40 万个,形成"车桩相随、开放通用、标准统一、智能高效"的充电网。

3)深入推进能源体制改革

推进能源领域市场化改革,还原能源商品属性,形成统一开放、竞争有序的能源市场。加快推进电力体制改革,建立健全以中长期交易为基础、现货交易为补充的交易机制,推动电力交易机构独立规范运行和增量配电业务试点。完善电力辅助服务,研究增加绿电交易品种,提升可再生能源消纳能力。完善两部制电价政策,提升调峰电源建设积极性。优化需求侧管理,推进需求响应机制建设。持续优化营商环境,全面提升"获得电力"服务水平,简化能源工程建设项目审批流程,降低市场准入门槛,加强和规范事中事后监管。

5.5.2　电力供应保障主要思路

按照"加大电力输入力度,强化煤电兜底保障,积极有序发展新能源,提高系统调节能力,构建坚强柔性电网"的思路,全力推动电力供应保障能力提升。

1)加大电力输入力度

抓住特高压发展的有利时机,按照国家特高压规划,加快推进南昌—长沙、荆门—长沙交流特高压、雅江直流特高压建设,全力争取"宁电入湘"特高压直流工程,加快推进鲤鱼江电厂灵活送电湖南。

2）强化煤电兜底保障

发挥煤电调节性强、可靠性高的基础电源优势,结合湖南煤电风险预警等级为绿色,装机占比远低于全国平均水平,具备建设一定规模煤电项目的条件,积极推进已核准电源建设,全力争取新建煤电指标。

3）积极有序发展新能源

积极响应碳达峰、碳中和发展战略,结合湖南资源禀赋和消纳条件,按照"风光为主、降本增效、多元融合、跨越发展"总体思路,加快推进省内新能源发展,加大省外新能源引入力度。

4）提高系统调节能力

切实提升电力系统调节能力,解决用电高峰期间供应能力不足、低谷期间清洁能源消纳困难问题。供给侧,推动火电灵活性改造,加快抽水蓄能和新型储能建设。需求侧,加强电力需求响应管理,引导电动汽车、虚拟电厂积极参与。

5）构建坚强智能电网

建设以特高压、超高压为骨干网架,各级电网协调发展,安全可靠、经济高效、绿色低碳、智慧共享的坚强智能电网,确保外电入湘电力的安全疏散及消纳、新能源送出需要、负荷中心用电需求。

5.5.3　电源项目情况

考虑目前已核准的大型电源项目,结合老旧火电机组 30 年到期退役,2020—2025 年湖南电网新增的电源项目火电包括神华永州电厂(2×100 万 kW)、华电平江电厂(2×100 万 kW)、神华华容电厂(2×100 万 kW)、怀化石煤电厂(2×30 万 kW);水电包括柘溪、风滩机组扩机(8.5 万 kW)、五强溪扩机工程(2×25 万 kW)、东江扩机工程(3×17 万 kW)、平江抽水蓄能电站(1×35 万 kW);此外将有耒阳电厂一期(2×21 万 kW)、华岳一期(2×36.3 万 kW)服役时间超过 30 年,见表 5.3。

表 5.3　湖南 2021—2025 年大型电源投产及退役项目情况

序号	类别	项目名称	所在地市	装机规模/万 kW	预计投产或退役时间/年
1	火电	永州电厂	永州	2×100	2021
2		平江电厂	岳阳	2×100	2022
3		华容电厂	岳阳	2×100	2024

续表

序号	类别	项目名称	所在地市	装机规模/万 kW	预计投产或退役时间/年
4	火电	怀化石煤电厂	怀化	2×30	2025
5		华岳一期	岳阳	72.5	2023（退役）
6		耒阳电厂一期	衡阳	42	2024（退役）
1	水电	凤滩、柘溪增容	怀化、益阳	8.5	2022
2		五强溪扩机	怀化	2×25	2023
3		东江扩机	郴州	3×17	2025
4		平江抽蓄	岳阳	1×35	2025

1）新能源

根据省内新能源发展规划和项目前期工作情况，预计风电发电 2025 年并网 1 200 万 kW；光伏发电 2025 年并网 1 300 万 kW；生物质发电 2025 年并网 150 万 kW。

2）区外来电

到 2025 年，祁韶直流满送 800 万 kW，雅江直流分电湖南 400 万 kW，宁电入湘特高压建成投产，鄂湘联络线送电 176 万 kW，合计区外来电规模达到 2 000 万 kW。

第6章 电力供需平衡分析

6.1 电力电量平衡基础知识

6.1.1 目的及意义

电力电量平衡是以电力负荷预测和规划的电源装机容量为基础,结合地区能源资源、电源建设条件及前期工作调研,分析某一地区或多个地区电力电量供应与负荷需求之间的平衡。

通过电力电量平衡,可达到以下9个方面的目的:

①确定满足系统最大负荷需求的各类发电设备容量。

②确定系统的备用容量(包括负荷、事故、检修备用)。

③计算系统各类电源的利用情况(包括弃水、弃风、弃光),核算各类发电设备利用的合理性。

④确定满足系统负荷峰谷变化需要的调峰容量或调峰措施(方案)。

⑤分析送端系统的外送能力和受端系统的消纳能力,确定系统之间的电力交换容量,是分析电网联网规模、网络方案、电源接入系统方案的依据。

⑥分析系统电源的结构,确定系统各类电源装机相对合理的占比。

⑦分析系统备用容量在主要可承担备用的电源之间的分配比例。

⑧计算系统的燃料需求及污染物排放。

⑨分析特定条件下的运行方式。

6.1.2 主要内容

电力电量平衡主要包括电力平衡和电量平衡。必要时,也可开展调峰平衡计算。

电力平衡是电网内电源(发电设备)容量与电力负荷(包括损耗、备用)的平衡,主要内容包括电源工作容量计算、备用容量计算和电力平衡校核等。

电量平衡是研究在规定时间(年、月、日)内电力负荷所需电量与系统内各发电厂可发电量(或可利用电量)的平衡,主要内容包括各类电源发电量计算、核算电源设备年利用小时分析电源能否满足负荷需求等。电力电量平衡分析时,对水电比例较大的地区,需要针对不同水文年进行分析;对新能源开发规模较大的地区,需要考虑新能源的影响及其对其他电源的影响。

调峰平衡是特定条件下的电力平衡,其目的是校验电网内电源调节能力是否满足电力负荷波动和新能源出力变化的要求。通过调峰平衡可研究合理的电源结构、调峰电源建设需求、新能源消纳能力等,为电源规划和网架设计提供指导。

电力电量平衡容量组成可分为系统容量组成和电厂(站、场)容量组成两部分。

1) 系统容量组成

电力平衡的容量包括负荷和电源两类指标。负荷指标主要包括最大发电负荷、备用容量;电源指标主要包括电源工作出力、系统必需容量、受阻容量、水电空闲容量、系统装机容量及电力盈余等。

(1)最大发电负荷

最大发电负荷是指系统典型日最大负荷时段的需求。

(2)备用容量

备用容量是指最大负荷时段除工作出力之外,还需要增加设置的电源容量(包括负荷备用、事故备用、检修备用)。备用容量又可分为热备用和冷备用。热备用在电网频率偏离正常时能自动投入,负荷备用为热备用,事故备用中约 50.0% 为热备用;冷备用应在规定的时间内投入运行,事故备用余下的为冷备用(热备用中承担工作出力的机组的备用容量,也称旋转备用容量)。

(3)电源工作出力

电源工作出力是指系统各类电源在最大负荷时段的发电出力之和,数值等于最大发电负荷。

(4)系统必需容量

系统必需容量是指系统各类电源满足负荷需求的有效容量,数量等于工作容量与备用容量之和。

(5)受阻容量

受阻容量是指电源额定容量与实际发电能力之差。对燃煤火电厂、核电厂、燃气电厂,

因机组的设备缺陷、燃料发热量、环境气温等,可能造成部分机组受阻。而水电主要因水头
(上下游落差)不足造成厂内全部机组受阻或来水量不足造成径流水电厂整体发电能力
受阻。

(6)水电空闲容量

水电厂装机容量扣除受阻后的发电能力,称为预想出力,但因来水量不足,预想出力也
有不能完全利用的情况。当水电厂承担的工作出力和备用容量小于水电厂的预想出力时,
余下的部分,称为水电空闲容量。

(7)系统装机容量

系统装机容量是指系统各类电厂发电机额定容量之和。

(8)电力盈余

电力盈余是指系统装机容量与系统必需容量、水电空闲容量、受阻容量合计值之差。

2)电厂(站、场)容量组成

系统电源一般由燃煤火电厂(含热电厂)、水电厂、抽水蓄能电站、核电厂、燃气电厂、风
电场及太阳能电站(包括光伏电站、光热电站)组成。电厂(站、场)容量指标主要有单机容
量和装机容量。

(1)单机容量

电厂(站、场)由一台或多台发电机组成(光伏电站除外)。单机容量是指电厂(站、场)
单台发电机的额定容量。

(2)装机容量

装机容量是指电厂(站、场)全部发电机额定容量之和。

6.1.3　主要流程及方法

电力电量平衡计算主要流程,首先是确定水平年负荷、电源装机以及外购电协议,然后
进行全网及各分区的电力电量平衡计算,从而校验水平年装机容量以及调峰容量,并判断联
络线输送容量能否满足需求,提出各分区间电力流规划。电力电量平衡可人工计算,也可利
用计算机软件计算,具体根据规划设计需求、电源结构特点、基础资料收集等情况来选择
确定。

针对火电为主的电网,可采用规划设计人员手动编制电力电量平衡表的方式。首先进
行电力平衡,然后根据所确定各类电源的装机容量进行电量平衡校验。

在水电和新能源装机比例较高的地区,简单地根据规划年电力负荷和电源装机情况,分
析电力电量供应与需求之间的平衡关系,已不能满足需求。一般可考虑采用计算机软件计
算,如电力系统源网荷一体化生产模拟软件(PSD-PEBL)等。

此种方法能充分考虑电网中各类型发电资源(火电、水电、核电、气电、抽蓄、储能、新能
源)的特点,在电网逐月典型日负荷曲线上,模拟全网及各分区水平年内各时段的运行方式,

给出电站工作位置及工作容量,从而确定系统内各电站(机组)的发电量、系统及各分区的弃水电量和备用容量等,提升电力电量平衡的精细化水平和新能源消纳能力分析水平。

6.2　电力平衡

6.2.1　电力平衡原则

电力平衡原则主要包括水文年选取,备用选取,以及平衡代表年、月选取等。电力平衡原则的确定主要以实际电网运行情况为依据。

1)水文年选取

对水电占比较大的电网,需要考虑不同水文年的情况。水电按不同的出力保证率可分为丰水年、平水年、枯水年及特枯水年。

(1)丰水年

丰水年是指水电厂保证率小于10.0%的水文年为丰水年。

(2)平水年

平水年是指水电厂保证率为50.0%的水文年。平水年的电量反映了水电厂多年的平均发电量,是确定其他电源多年平均利用水平的基础,同时也是反映水电弃水的最有效指标。

(3)枯水年

枯水年是指水电厂设计保证率对应的水文年,水电厂的设计保证率宜按85.0%~95.0%选取,水电比重大的系统取较高值,比重小的取较低值。枯水年电力平衡是确定系统电源装机容量的依据。

(4)特枯水年

特枯水年是指水电厂设计保证率以外的枯水年,接近于保证率100.0%的水文年。

在系统规划设计中,一般按枯水年进行电力平衡,按平水年进行电量平衡。必要时,还应校核丰水年和特枯水年的电力电量平衡。

2)备用选取

正常运行时,需要保证各时刻所有发电厂的有功功率之和等于电网发电负荷,考虑电网运行时机组故障、检修及负荷波动等因素影响,电网总的装机容量必须大于最大发电负荷。电网总装机容量与最大发电负荷之差,称为备用容量。备用容量标志着装机容量的充裕度,是保障用户连续供电、满足电网运行可靠性的必要条件。备用容量一般包括负荷备用、事故备用和检修备用 3 个部分。

（1）负荷备用

负荷备用是为满足电力负荷短时波动变化以稳定电网频率及承担短期内计划外负荷增加而设的备用容量。

一般负荷备用为最大负荷的 2.0% ~ 5.0%，低值适用于大系统，高值适用于小系统，同时还需考虑电网内有无冲击性负荷及其大小。

负荷备用处于旋转备用状态，一般由具有调节库容的水电厂（含抽水蓄能电站）和负荷中心带有一定工作容量的燃煤或燃气电厂承担。

（2）事故备用

事故备用是用于替代发生故障停运的机组出力，满足系统发电机组事故时仍能按规定的可靠性标准供应电力而设置的设备容量。事故备用容量中应有一部分机组在频率下降时能自动投入，另一部分应在规定时间内投入运行。事故备用应在各类电源间进行合理分配，一般可按各电源工作容量的比例进行分配。

事故备用一般选取电网最大负荷的 8.0% ~ 10.0%，并且不小于电网最大单机（或受电直流单极）容量，其中约 50.0% 应为可快速调用的热备用，另外 50.0% 可为冷备用。

热备用一般也由具有调节库容的水电厂（含抽水蓄能电站）和负荷中心带有一定工作容量的燃煤或燃气电厂承担，冷备用则为处于停机状态的燃煤或燃气机组，以利于系统的经济运行和事故时频率的稳定。

（3）检修备用

检修备用是为发电机组定期检修而设置的发电容量。电力电量平衡不仅要用到电源的运行特性，也必须考虑电源的检修。电厂设备的检修主要有大修、小修及事故修理 3 种，其中事故修理由事故备用容量来安排，检修备用只考虑大修和小修。

①机组检修要求

在《燃煤火力发电企业设备检修导则》（DL/T 838—2017）中，以机组检修规模和停用时间为原则，将燃煤机组检修分为 A，B，C，D 4 个等级，并规定了各检修等级机组的停用时间和检修间隔时间。

在电力电量平衡中，机组检修一般按折算到每年计划检修的平均时间考虑，即燃煤和水电机组每年都安排一次检修，燃煤机组检修时间为 45 天，水电机组检修时间为 30 天。

热电机组的检修时间与燃煤机组一样；抽水蓄能机组的检修时间参考水电机组。

燃气机组的检修按每年检修一次，检修时间为 30 天。

风电场是由大量风机组成的，单台风机的检修对风电场出力影响不大，平衡中一般不考虑风电机组的检修。

太阳能光伏电站由大量的发电单元组成，单个发电单元检修对光伏电站的出力影响不大，平衡中一般不考虑光伏电站的检修。太阳能光热电站由于现在尚处于试验运行阶段，还没有比较明确的检修安排规律。

②系统检修安排

系统检修主要是指对燃煤、水电、燃气机组的检修安排。检修应以不影响(或少影响)系统容量平衡和经济运行为原则,一般对机组的检修优先考虑尽可能利用负荷下降的季节安排检修,系统装机控制月份(一般也是最大负荷月份)尽量不安排机组检修。只有当季节低落时所空闲出来的容量不足以保证全部机组周期性检修时,才需要设置检修备用容量。

热电机组在供暖期不安排检修。对水电比重较大的系统,为减少检修备用容量,一般在枯水期安排水电机组检修,在丰水期安排火电机组检修。抽水蓄能机组在调峰困难期间不安排检修。太阳能光热电站安排在系统容量充裕且光资源较少期间检修。

检修安排还需要考虑电厂检修能力,原则上一个电厂在同一时间段内只安排一台机组检修。电力平衡中检修备用一般为最大负荷的 8.0% ~ 15.0%。

(4)电源承担备用原则

风电、太阳能电站由于发电出力不稳定,不作为备用电源容量。核电厂由于运行安全和经济性的原因,一般也不作为备用电源容量。系统的备用电源,主要由水电厂、抽水蓄能电站、燃煤电厂、燃气电厂承担。

负荷备用在不产生弃水(或少弃水)的原则下,优先考虑由调节能力较好的水电机组承担,其次由燃气机组承担,余下的由燃煤机组承担。同时,也可由水电、燃气、燃煤机组根据承担工作出力按一定的比例分担。

事故备用热备用的承担原则基本与负荷备用相同,只是在比例上燃煤机组承担的份额更大。事故备用的冷备用基本由停机状态的燃煤机组承担。承担事故备用的电源,均应具有相应的能量或燃料储备。水电厂要求具有所承担的事故备用容量在基荷连续运行 3 ~ 10 天的备用库容(水量)。

抽水蓄能电站可短时间承担事故备用。

对水电比重大且水电调节性能差的系统,为不产生(或减少)弃水,丰水期水电可少承担(甚至不承担)备用。

检修备用是系统装机安排检修后,可用机组不能满足系统负荷与负荷备用和事故备用需要增加设置的装机容量,一般是燃煤机组。

对跨区的联网送电,送端承担外送容量电源检修备用,而受端承担受电容量的负荷备用和事故备用。

3)平衡代表年、月的选择

电力平衡一般逐年进行,应按逐年控制月份的最大负荷和水电厂设计枯水年的月平均出力编制。如果有两个月份起控制作用,应分别进行电力平衡。不能确定控制月份时,可先进行逐月电力平衡,找出其中起控制作用的月份,再按控制月进行逐年平衡。

6.2.2 电力平衡表的编制

1）电力平衡负荷

电力平衡采用的负荷是各月最大负荷日的负荷曲线,可通过以下步骤得到:
①由全年最大负荷与年负荷特性得到各月最大负荷。
②由各月最大负荷与该月日负荷特性得到该月最大负荷日的负荷曲线。

2）电力平衡电源

电力平衡采用的电源以收集到的电源装机以及电源对应的出力特性为基础。电力平衡中水电厂一般采用枯水年出力特性参与计算。只有在研究水电装机比重较大的系统的外送能力时,可采用平水年出力特性参与计算。

电力平衡是各月最大负荷日的平衡,对有调节能力的水电厂,其日发电能力按调节后的出力参与平衡,调节后的出力为相应水电厂的月平均出力乘以水库调节系数。

3）电力平衡结果

负荷曲线与电源特性确定后,按上述平衡计算过程计算电源工作出力、备用容量等指标。电力平衡结果通常用表格形式表示,一般水电比重较小时,采用人工计算电力平衡。其电力平衡表的格式见表6.1。

表 6.1　电力平衡表

编号	项目	××××年	××××年	××××年	××××年	××××年
一	负荷					
二	备用容量					
1	负荷备用					
2	事故备用					
3	检修备用					
三	需要发电装机					
四	新增装机容量					
1	其中:常规水电					
2	抽蓄					
3	煤电					
4	气电					
5	核电					
6	风电					

续表

编号	项目	××××年	××××年	××××年	××××年	××××年
7	太阳能发电					
8	生物质能发电					
五	退役容量					
六	年末装机容量					
1	其中:常规水电					
2	抽蓄					
3	煤电					
4	气电					
5	核电					
9	风电					
7	太阳能发电					
8	生物质能发电					
七	受阻容量					
八	年末可用装机容量					
1	其中:常规水电					
2	抽蓄					
3	煤电					
4	气电					
5	核电					
6	风电					
7	太阳能发电					
8	生物质能发电					
九	装机盈亏					
十	送(受)电规模					
1	输电通道1					
2	输电通道2					
十一	电力盈亏					

（1）负荷

一般按照电网最大发电负荷考虑。

（2）备用容量

考虑负荷备用、事故备用和检修备用3个部分。

（3）需要发电装机

需要发电装机是指维持电网正常供电所必需的装机总容量，即最大负荷和备用容量之和。

（4）新增装机容量

新增装机容量是指电网中当年新投产的各类电厂发电机组额定容量。

（5）退役容量

退役容量是指每年退出运行的机组容量。

（6）年末装机容量

年末装机容量是指根据新增装机及退役容量情况，当年年末电网实际可能的装机安排容量。一般为前一年的年末装机容量与当年新增装机容量之和，再减去当年退役容量。

（7）受阻容量

因各种原因，发电设备不能按额定容量发电，额定容量与工作容量之差，称为受阻容量。

（8）年末可用装机容量

年末可用装机容量是指在控制时段，发电机组可提供的工作容量。具体考虑如下：

①每年新增火电和水电机组，如果投产期在平衡控制月之前，则可计入当年平衡；如果投产期在平衡控制月之后，则不计入当年平衡；如不能确定电源投产的具体月份，可按新增装机容量的 1/2 或 1/3 计入当年平衡。

②煤电可用装机容量一般按额定装机容量的 100.0% 出力，对控制月为采暖期的电网，因供热期供热机组运行主要是以热定电，故供热机组可用装机容量一般按 90% 考虑。

③系统内水电比重较小时，水电出力按平均出力考虑。

④对新能源开发规模较大的系统，比较准确的方法是按照新能源发电可信容量或保证容量参与电力平衡。考虑计算可信容量、保证容量时，需要大量新能源出力历史数据。当条件不具备时，可按一定比例考虑新能源装机容量，但不宜过大，如按照新能源装机容量的 5.0% 考虑，如果控制时段在夜间，太阳能发电不参与平衡。

⑤送（受）电规模是指该电网与其他电网的送（受）电规模。

电网规划设计中，针对受端电网通常分析电力市场空间，以明确其可接受区外来电或本地新建电源的规模，参与平衡的电源优先考虑在建项目、规划的水电、核电、燃机、抽水蓄能及新能源发电等电源结构调整项目，以及已核准及同意开展前期工作的火电电源项目；与区外电力交换，可只考虑现状及已明确的送（受）电规模。

电力平衡首先关注电源工作出力能否满足最大负荷需求；其次关注电源是否有足够的备用容量以及各类电源承担的备用比例是否合适；最后还要关注是否增加检修备用容量。

电力平衡也关注水电的利用情况，包括工作容量、备用容量、空闲容量、是否弃水以及弃水容量等。

电力平衡结果反映的电源装机控制月一般为系统负荷的最大月，但对水电比重较大的系统，电源装机控制月可能转移到不是系统最大负荷月的水电厂出力较低的枯水期。

电力平衡表可根据实际情况进行修改。

6.3 电量平衡

6.3.1 电量平衡原则

电量平衡的目标是在保证系统对用户充分供电、安全可靠运行的情况下使系统的总燃料费用最小。一般原则是:

①优先利用水电、风电和太阳能的发电量。

②充分利用热电厂热电联产的发电量以及核电电量。

③火电设备年利用小时数应在合理范围内。

当电力系统中有水电时,一般要进行不同代表水文年的电量平衡。

6.3.2 电量平衡表的编制

1)纯燃煤火电或水电占比较小系统的电量平衡

纯燃煤火电或水电占比较小系统的电量平衡,是为校核燃煤机组的年利用小时。如果年利用小时过高,则需要增加电源装机使电源的年利用小时在合理的范围内。电量平衡的计算和结果表达都很简单。

2)对水电占比较大系统的电量平衡

对水电占比较大系统,因涉及弃水的问题,电量平衡是在各月平均负荷特性曲线的基础上以电力平衡的方法计算的,水电厂的出力均以平水年的出力参与平衡,即使有调节能力的水电厂,也不计入水库调节系数的影响。

各月平均负荷曲线可通过以下步骤得到:

①由全年负荷电量按年负荷特性分配到各月(注意各月利用小时不同)。

②由各月负荷电量得到各月的平均负荷。

③由各月日负荷特性得到该月平均负荷特性曲线。

水电占比较大系统的电量平衡,不仅关注水电的利用以及弃水的情况,也关注燃煤电厂是否能充分发挥作用,以此来分析电源结构是否合理。

3）含抽水蓄能电源的电量平衡

系统含有抽水蓄能电源,在电量平衡表中需要增加抽水蓄能电源发电工况和抽水工况的电量信息。如果平衡计算中某月抽水蓄能电站只承担备用,则发电和抽水电量均为零;当某月系统调峰电源不足,需要抽水蓄能电站工作时,则需要计算相应的发电和抽水电量,并在电量平衡表中体现。

4）其他电源的电量平衡

含有核电、风电、太阳能电站的系统,电量平衡优先考虑消纳其电量。在系统负荷扣除上述电源的发电量后,再根据该系统的水电占比采用不同的方法进行电量平衡。

电量平衡结果通常采用表格形式表示,电量平衡表的一般格式见表 6.2。

表 6.2 电量平衡表

编号	电量平衡	××××年	××××年	××××年	××××年	××××年
一	用电量					
二	区外送(受)电量					
1	与外区 1 的交换电量					
2	与外区 2 的交换电量					
三	需发电量					
四	可发电量					
1	水电					
2	抽蓄					
3	气电					
4	核电					
5	风电					
6	太阳能					
7	生物质					
五	煤电发电量					
六	煤电利用小时数					

表 6.2 中的第三项需发电量等于系统的用电量加上与外区的电量交换。其中,区外送(受)电量是指电网与外界的电量交换情况。如果未明确外送(受)电量,可通过送(受)电通道功率和通道利用小时数估算外送(受)电量,一般情况需要综合考虑输电通道的特点(交流或直流、送端配套电源结构是否为水电、火电、风光打捆等)来确定。

表 6.2 中,可发电量为除煤电以外的其他电源的可发电量,煤电发电量为需发电量减去

可发电量,新能源发电厂的利用小时数需要综合考虑电网接纳新能源发电的能力,电网接纳新能源发电量后将使火电利用小时数降低,如果火电利用小时数过低,则可能存在弃水或新能源弃电的情况。在考虑其他电源合理利用小时的基础上,进行电量平衡校验。根据运行经验,从火电发电量及火电设备利用小时等来检验电力系统的电量平衡程度。

6.4　调峰平衡

在电力平衡中,如果燃煤电厂开机的最小技术出力合计值大于该月典型日最小负荷,或在电量平衡中,出现大量的弃水,以及电力电量平衡能满足日负荷变化的需求,但燃煤电厂处于深度调峰的情况,都需要分析调峰平衡。

对风电场、太阳能电站占比很大的系统,也需要分析调峰平衡。

6.4.1　调峰平衡原则

调峰电源主要包括水电可调机组、抽水蓄能机组、煤电机组、燃气机组及其他形式调峰电源。

①水电按不同电站(无、日/季/年调节)的调节性能确定调峰容量,在丰水期水电尽可能带基荷避免弃水调峰,在枯水期可参与调峰。一般水电机组丰水期调峰能力小于枯水期调峰能力,具体调峰能力根据水电出力特性确定。

②抽水蓄能电厂调峰容量一般按2倍的装机容量考虑。

③常规燃煤机组一般按具备调峰运行能力设计,最小技术出力可参考前述电源分类及其运行特性。

④燃气机组具有良好的调节能力和调峰性能。联合循环燃气机组调峰容量是额定容量的30.0%～50.0%,单循环燃气机组调峰容量等于机组的额定容量。

⑤核电机组、生物质发电、新能源等机组一般不考虑参与调峰。

6.4.2　调峰平衡表的编制

编制调峰平衡表的目的一般是校核电网调峰能力是否能满足电网负荷波动和可再生能源出力的需要,能为电源规划提供指导,同时在风电、光伏电源规模较大的电网,通过调峰平衡,能校核电网风电、光伏的接纳能力。

调峰平衡是特殊方式下的电力平衡,调峰平衡计算对负荷特性、电源出力都可能考虑一些极端的影响。

调峰平衡的特点就是既要满足高峰负荷的容量需求,又要满足低谷负荷的电源出力要求,并且还要考虑弃水(风、光)以及燃煤机组深度调峰等经济问题。因此,调峰平衡结果表达必须对高峰负荷和低谷负荷都有体现。

调峰平衡结果通常以表格形式表示,但表格内容可根据研究的对象有所差别。调峰平衡表的一般格式见表6.3。可按照不同水平年、不同月份分别计算。

表6.3　调峰平衡计算表

项目	××××年	××××年	××××年
一、调峰需求			
最大负荷			
最小负荷(新能源出力最大时刻负荷)			
旋转备用率			
二、电源调峰能力			
其中:常规水电			
抽蓄			
煤电			
气电			
其他机组			
三、区外联络线调峰能力			
四、调峰盈余			

1)调峰需求

调峰需求为电网最大负荷减去电网最小负荷,加上旋转备用容量。小电网旋转备用选择最大一台单机,大电网一般为最大负荷的2.0%～5.0%。

2)电源调峰能力

电源调峰能力为电网内各类型电源调峰能力之和。

3)区外联络线调峰能力

区外电网通过联络线可提供的调峰能力,计算区外调峰能力时要综合考虑区外电网自身的调峰能力、送受电协议和联络线输电能力等因素。

对风电、光伏装机规模较大的电网,得到电网调峰盈余后,可进一步研究电网计及新能源发电出力后的调峰平衡。应用电网调峰盈余减去新能源发电考虑同时率后的出力。其结果为正,则说明调峰能力富余;结果为负,则说明调峰能力不足,可能出现新能源弃电。新能源发电同时率可根据多年历史数据统计确定。例如,我国酒泉区风电按照95%保证率的出力同时率不超过60.0%。

当系统出现调峰不足时,可结合电源规划,优先增加调峰容量大的电源。例如,增加水电站,现有水电站扩机,以及新建抽蓄电厂、燃气机组等。

6.5　电力电量平衡案例

电力规划不同的工作任务,对电力电量平衡的目的与要求不完全相同。下面针对规划工作中常见的电力电量平衡类型作简要说明。

对地区电网规划,进行电力电量平衡的主要目的是确定规划设计水平年内逐年和展望年该地区电网各电压等级所需配置的变电容量及输变电项目的建设进度,为拟订地区电网网络方案提供依据。平衡计算应分层(电压层)进行,并考虑各电压层地方电源出力及相邻地区电网送受电力。对一般的输变电项目,进行电力电量平衡的主要目的是确定本工程的建设规模及建设进度。

表6.4为浙江某地区配网网格化规划报告中,通过电力(容量)平衡,校核规划期110 kV电网建设方案是否满足《配电网规划设计导则》中关于容载比的要求。

表6.4　容载比校验情况表

项　目	2013年	2014年	2015年	2016年	2017年	2020年	远景年
最大用电负荷	505.85	546.55	590.05	631.03	665.29	732.37	1 096.28
电厂厂用电	0.64	0.64	0.64	0.64	0.64	0.64	0.64
220 kV及以上电网直供负荷	0	0	0	0	0	0	0
110 kV电网直供负荷	0	0	0	0	0	0	0
220 kV直降35 kV负荷	43.53	43.53	43.53	43.53	43.53	43.53	68.89
220 kV直降10 kV负荷	0	0	0	0	0	0	0
35 kV及以下上网且参与电力平衡发电负荷	4.04	4.04	4.04	4.04	4.04	4.04	4.04

项　目	2013 年	2014 年	2015 年	2016 年	2017 年	2020 年	远景年
110 kV 网供负荷	457.65	498.34	541.85	582.82	617.09	684.17	1 022.71
110 kV 变电站容量	944.5	1 044.5	1 044.5	1 144.5	1 194.5	1 294.5	1 900
容载比	2.06	2.1	1.93	1.96	1.94	1.89	1.86

对电源接入系统规划,应通过电力电量平衡计算分析电力系统负荷需求空间,以及本电厂建设的合理规模。分析系统调峰情况及对本电厂的调峰要求,计算本电厂的工作出力,校核本电厂的合理装机规模与建设进度,通过电量平衡确定本电厂合理的设计年利用小时数。根据电厂近区电力电量平衡结果,确定电厂的送电方向及送出方案。

表 6.5 为湖南某风电接入系统报告中电力电量平衡,考虑光伏的影响,电力平衡主要针对丰午、丰小和枯午 3 个方式进行,分别对应时刻大致为 5 月典型日中午 13 点、5 月典型日夜间 23 点至凌晨 3 点和 10 月典型日中午 13 点;电力电量平衡按统调口径进行,根据当地近期年、日典型负荷曲线,丰午负荷取全年最大负荷的 52%,枯午负荷取全年最大负荷的 40%,丰小负荷取全年最大负荷的 38%;该县境内现有及拟建电源参与平衡;风电年利用小时数按 1800 ~ 2200 h 考虑;备用由系统统一考虑。

表 6.5　风电拟接入供区电力电量平衡

单位:MW、亿 kW·h

项　目	2021 年				2025 年			
	丰午	丰小	枯午	电量	丰午	丰小	枯午	电量
一、供区负荷及电量需求	85.8	36.8	110.3	6.1	109.2	46.9	140.3	7.4
二、110 kV 及以下电源								
1. 水电	40.1	40.1	11.4	1.94	40.1	40.1	11.4	1.94
会溪水电(20 MW)	14	14	4	0.39	14	14	4	0.39
竹苑水电(16 MW)	11.2	11.2	3.2	0.65	11.2	11.2	3.2	0.65
35 kV 及以下小水电	14.9	14.9	4.2	0.9	14.9	14.9	4.2	0.9
2. 光伏	80	0	60	0.96	80	0	60	0.96
枫树光伏(60 MW)	48	0	36	0.58	48	0	36	0.58
白洋光伏(40 MW)	32	0	24	0.38	32	0	24	0.38
3. 风电								
拟接入风电(50 MW)								

续表

项 目	2021 年				2025 年			
	丰午	丰小	枯午	电量	丰午	丰小	枯午	电量
1)90% 出力	45	45	45		45	45	45	
2)70% 出力	35	35	35	1	35	35	35	1
3)30% 出力	15	15	15		15	15	15	
三、(含拟接入风电)电力电量盈(+)亏(-)								
1. 风电场出力 90%	79.3	48.3	6.1		55.9	38.2	-23.9	
2. 风电场出力 70%	69.3	38.3	-3.9		45.9	28.2	-33.9	
3. 风电场出力 30%	49.3	18.3	-23.9	-2.25	25.9	8.2	-53.9	-3.47
4. 风电场不出力	34.3	3.3	-38.9		10.9	-6.8	-68.9	
四、(不含拟接入风电)电力电量盈(+)亏(-)								
1. 风电场出力 90%	34.3	3.3	-38.9		10.9	-6.8	-68.9	
2. 风电场出力 70%	34.3	3.3	-38.9		10.9	-6.8	-68.9	
3. 风电场出力 30%	34.3	3.3	-38.9	-2.25	10.9	-6.8	-68.9	-3.47
4. 风电场不出力	34.3	3.3	-38.9		10.9	-6.8	-68.9	

由平衡结果可知,考虑区域风电同时出力 70% 情况下,该地区 2021 年电力盈(+)亏(-)为 69.3/38.3/-3.9 MW(丰午/丰小/枯午),电量缺额为 2.25 亿 kW·h;2025 年电力盈(+)亏(-)为 45.9/28.2/-33.9 MW(丰午/丰小/枯午),电量缺额为 3.47 亿 kW·h,地区电力电量缺额较大,电源消纳能力较好。

地区电网规划、一般的输变电工程及小型电源接入系统所涉及的供电范围不大,网区内主力电源不多,人工采用简单的表格法对丰、枯水期代表月份进行电力电量平衡计算即可满足要求。

对较大系统的规划和设计,如一个省(区)电网规划和设计,为保证规划设计的正确、合理性,需要对规划阶段各水平年全年逐月进行运行平衡模拟计算,由于网区内电源众多,且各种类型电源联合运行,尤其是水电和新能源装机比例较高的地区,由于水电和新能源的出力过程较为复杂,且不同的时期出力特性也不相同,采用简单的表格法难以分析电力电量供应与需求之间的平衡关系,更难以完成对系统调峰分析的任务。因此,对较大的系统,一般使用程序完成电力电量平衡计算,如电力系统源网荷一体化生产模拟软件(PSD-PEBL)等。

此种方法能充分考虑电网中各类型发电资源(火电、水电、核电、气电、抽蓄、储能及新能源)的特点,在电网逐月典型日负荷曲线上,模拟全网及各分区水平年内各时段的运行方式,给出电站工作位置及工作容量,从而确定系统内各电站(机组)的发电量、系统及各分区的弃水电量和备用容量等,提升电力电量平衡的精细化水平和新能源消纳能力分析水平。

6.6　电力系统源网荷一体化生产模拟软件(PSD-PEBL)

6.6.1　生产模拟技术概况

电力系统生产模拟是在给定的负荷条件下,考虑发电机组特性、运行约束和能量约束,考虑断面约束、外来电力约束等条件,模拟电能生成过程的仿真计算程序。它对电力系统生产运行和规划决策都起着重要作用。在水电和新能源装机比例较高的地区,简单地根据规划年电力负荷和电源装机情况,分析电力电量供应与需求之间的平衡关系,已不能满足需求。

为提高电网科学规划能力,提升供需平衡分析水平,国家电网公司发展部组织中国电科院自主研发了具有国网自主知识产权的源网荷一体化生产模拟软件(PSD-PEBL)。

下面的定义与术语在软件中得到应用与约定。

1)电力平衡

电力负荷(包括损耗、备用)与电源(发电设备)容量的平衡。

2)电量平衡

电力系统规划设计和电力生产调度在进行电力平衡后,对规定的时间内(如年、月、日)各类发电设备的发电量与预测需用电量的平衡。

3)负荷曲线

用电负荷随时间变化的轨迹。

4)备用容量

为保证电力系统安全可靠运行除去必需的容量外,对增加的容量,通常由负荷备用、事故备用和检修备用3个部分组成。

5)负荷备用

因用电负荷预测的误差和负荷的可能变化,系统要设置一定的可快速调用的发电备用容量。

6）事故备用

因发电设备可能发生故障而影响供电,系统必须设置一定的可快速调用的发电容量作为发电设备可能发生故障时的备用。

7）热备用（又称旋转备用）

电网需要时,随时可立即动用的备用出力,热备用(包括部分负荷备用和事故备用)容量包括在运行的机组容量内。

8）冷备用

电网需要时,随时能启动投入的备用机组容量。

9）水文特征出力曲线

反应不同气候年份及月份降水量、河流流量、水库水位及调节特征等信息的水电机组发电曲线。通常分为预想出力曲线、平均出力曲线和强迫出力曲线。

10）水电站预想出力

在某一水头时,水轮机最大可能地轴出力。由于水轮发电机组的出力,还受发电机容量的限制。因此,水轮发电机组的预想出力,应为水轮机水头预想出力与发电机容量两者之较小者。

（1）水电站平均出力

在某一时段中水电站出力的平均值。水电站的平均出力,除了受到发电机容量的限制,更为主要的是受到河流来水量及水库调节调度的限制。

（2）水电站强迫出力

水电机组参与调峰时,不能参与调峰而必须正常运行的容量。强迫出力通常是由河流下游航运、灌溉等必须保证一定河流水量的因素决定。

（3）最小技术出力（又称最小运行出力）

受技术条件限制,发电厂发电机组运行时所必须发出的最小出力。

（4）额定容量

发电机在制造厂规定的额定转速、电压、功率因数以及额定的冷却条件下运行时,在出线端以 kV 安表示的连续输出容量。

（5）受阻容量

因工作水头低于额定水头或由于燃煤机组燃料热值不足,机组达不到额定出力的不足部分。

（6）水电工作容量

水电站对电力系统所能提供的发电容量。它通常是指电力系统最大日负荷图上,水电站按其保证出力可能合理担负的那部分容量。

（7）水电空闲容量

电力系统中,在枯水期没有被利用的水电站的重复容量。

（8）利用容量

装机容量中可被系统调度运行利用的容量。

（9）新能源出力预测偏差

新能源机组出力预测结果与实测结果的差距。

（10）电力支援

系统装机容量不足时,为满足负荷及备用需求,参与跨分区调剂的容量或电量。

（11）调峰支援

系统可调节容量不足时,为满足小负荷时段电力平衡,参与跨分区调剂的容量或电量。

（12）虚拟调节母线

在平衡策略中,为满足电力不足或调峰不足时段的平衡需要,而设置的用于模拟偏差量的指定母线节点。

（13）平衡机节点（松弛节点）

电网计算中设定的节点,其电压幅值和相角预先给定。计算得到的该节点注入功率使电网所有节点注入功率和电网功率损耗总和取得平衡。

在软件中,为了进行直流潮流计算而在一个同步系统中指定的有功平衡松弛节点。

（14）平衡系数

为了模拟潜在的负荷高峰时段需求侧有序用电管理手段,而设置的削峰系数。

6.6.2　软件功能与性能

1）功能

PSD-PEBL 软件实现多个分区一年内(8 760 h)各类型发电资源(火电、水电、核电、气电、抽蓄、储能、新能源)出力的安排。平衡算法按照"各分区就地平衡优先,分级就近寻求电力支援、调峰支援"的策略设计。根据需要统计分区间、省间、区域间的电力电量交换,并形成电力平衡、电量平衡、调峰平衡报表、开机位置图、支路/断面功率全年统计及新能源消纳情况分析。

（1）电力平衡

形成 365 日电力平衡表,可根据负荷水平、新能源出力、电力缺额等筛选每月典型日。

（2）调峰平衡

形成 365 日调峰平衡表,可根据负荷水平、新能源出力、调峰缺额等筛选每月典型日。

（3）电量平衡

形成 365 日电量平衡表,可根据需要合并按月、按年统计电量平衡。

（4）开机位置图

形成 365 日开机位置图,可任意筛选形成典型日开机位置图。

（5）支路/断面功率

输出指定线路/断面的 8 760 h 潮流情况。

（6）消纳分析

统计 365 日新能源消纳情况，按小时、月、季度统计弃电情况。

2）性能

（1）数据精确度

①模拟步长

程序目前按照 8 760 h 模拟，步长为 1 h。

②数据精度

电力平衡偏差设置为 0.1 MW。

③计算规模

分区数量原则上无限制，直流潮流计算的节点数上限为 50 000 个，可满足全国联网平衡计算规模。

（2）计算速度

①数据转换速度

PSD-PEBL 软件支持由 PSD-BPA 数据进行初步的系统构建，时间控制在 10 s 左右。

②计算时间

本系统采用经验启发式计算方法和局部优化算法结合，计算速度快。对万级节点系统，单次平衡计算时间为分钟级，能满足快速多次计算需求。

③处理响应时间

系统数据录入、图表展示等功能响应时间为秒级。

（3）灵活性

软件的核心计算程序与人机界面功能独立开发维护。人机界面编辑，采用页面修改和文件导入结合的模式。核心计算程序设计模块化，对新增模型易于扩展。

在辅助建模流程方面，可通过 PSD-BPA，PSASP 等仿真数据快速导入辅助建模，大大降低用户的工作量。

6.6.3　使用说明

1）生产模拟

（1）数据准备

准备潮流数据文件（.dat）、稳定数据文件（.swi）和联络线文件（.RNG）。其中，联络线文件数据格式如图 6.1 所示。

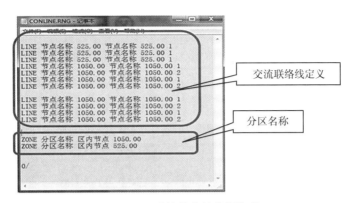

图 6.1　联络线文件数据格式

（2）创建工程

单击"创建"按钮创建新工程，弹出"创建电网规划工程"窗口，填写"工程名称"和"工程描述"后，单击"确定"按钮，创建工程成功，如图 6.2 所示。

图 6.2　创建电网规划工程

（3）打开工程

单击"打开"按钮打开已有工程，弹出"打开工程"窗口，单击所需打开的工程后，打开工程成功。也可在搜索窗口输入关键字后，单击"搜索名称"打开工程。选中指定工程后，单击"删除"按钮，即可将工程删除，如图 6.3 所示。

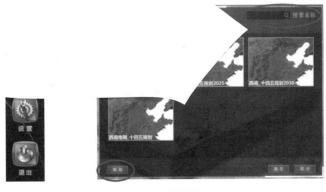

图 6.3　工程选择窗口

（4）输入举例

①数据准备

单击"数据准备"菜单下的"基础电网管理"按钮，进行电网规划基础数据准备工作。具体包括基础电网数据导入/导出、电网数据浏览与编辑、公用参数浏览及规划曲线管理功能，如图 6.4 所示。

图 6.4　基础电网管理

单击"基础电网管理"按钮后，选择"电网数据浏览与编辑"按钮，进入"电网数据浏览与编辑"界面，如图 6.5 所示。

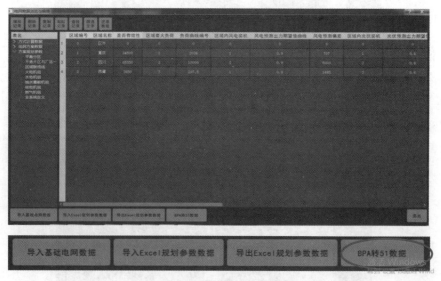

图 6.5　电网数据浏览与编辑

电网数据导入流程如下：

a. 单击"BPA 转 51 数据"按钮,弹出"BPA 计算文件信息"界面,选择相应的潮流文件、稳定文件和联络线文件后,单击"确定"按钮进行数据转换,如图6.6所示。

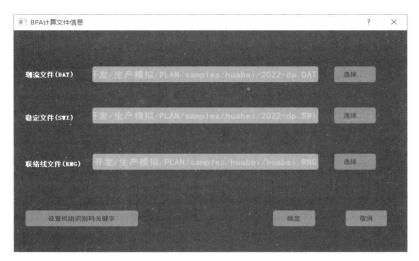

图6.6　BPA 计算文件信息

b. 机组识别码关键字设置

根据各用户电网特点及常用命名规则,在此界面设置用于识别机组类型的关键字,提升机组类型的识别精度(见图6.7)。若缺省则系统自动识别。

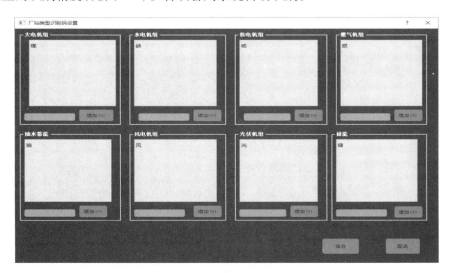

图6.7　厂站类型识别码设置

c. 单击"导入基础电网数据"按钮,将转好的 51 数据文件夹选中导入平台,如图 6.8 所示。

d. 导入数据查看

数据导入后在此界面查看并核对数据,如图6.9所示。

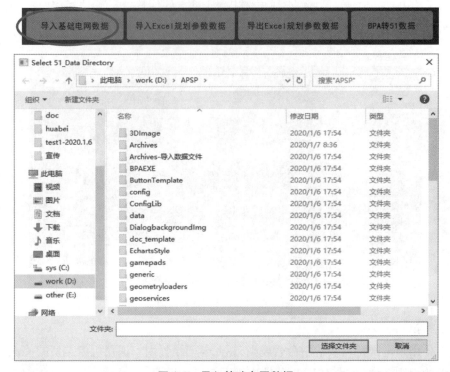

图6.8 导入基础电网数据

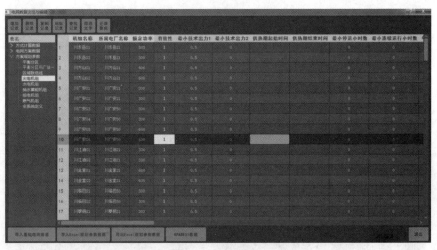

图6.9 数据查看

②曲线数据管理

单击"基础电网管理"按钮后,选择"规划曲线管理"按钮,进入"规划曲线管理"界面,如图6.10所示。

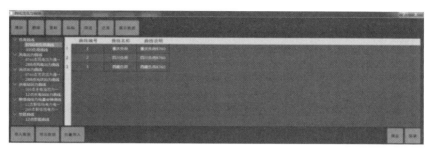

图 6.10　规划曲线管理

根据各用户电网特点,在此界面填写以下内容:

a. 负荷曲线。

b. 风电曲线。

c. 光伏曲线。

d. 风电预测偏差(0~1)。

e. 光伏预测偏差(0~1)。

f. 互济水平(0~1)。

g. 虚拟调节节点。

h. 平衡系数(0.9~1.0)。

③完善各类型机组参数

用于规划的各条曲线填写完成后,单击"基础电网管理"按钮,选择"电网数据浏览与编辑"按钮,进入"电网数据浏览与编辑"界面,完善联络线参数(目前直流功率曲线给定)及各类型机组参数信息,如图 6.11 所示。

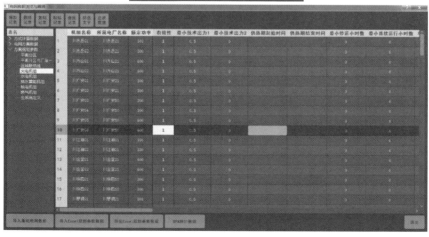

图 6.11　电网数据浏览与编辑

④负荷预测方案

单击"数据准备"按钮后,选择"负荷方案管理"按钮,进入"负荷预测手动录入"界面。根据各用户电网的负荷特点,手动录入负荷数据(至少应填写前两年)。编辑完毕后,单击第二个按钮生成负荷方案,如图6.12所示。

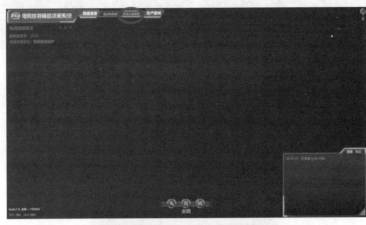

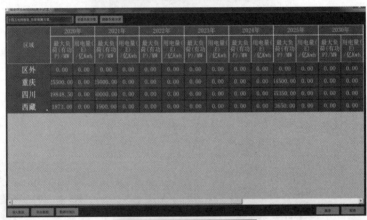

区域	2020年		2021年		2022年		2023年		2024年		2025年		2030年	
	最大负荷(有功P)/MW	用电量(E)/亿Kwh	最大负荷(有功P)/MW	用电量(E)/亿Kwh	最大负荷(有功P)/MW	用电量(E)/亿Kwh	最大负荷(有功P)/MW	用电量(E)/亿Kwh	最大负荷(有功P)/MW	用电量(E)/亿Kwh	最大负荷(有功P)/MW	用电量(E)/亿Kwh	最大负荷(有功P)/MW	用电量(E)/亿Kwh
区外	0.00	0.00	0.00	0.00	0.00	0.00	0.00	0.00	0.00	0.00	0.00	0.00	0.00	0.00
重庆	5500.00	0.00	5000.00	0.00							4500.00	0.00	0.00	0.00
四川	9848.30	0.00	9000.00	0.00							5350.00	0.00	0.00	0.00
西藏	1873.00	0.00	1900.00	0.00							3650.00	0.00	0.00	0.00

图 6.12　负荷预测方案

⑤生产模拟计算

单击"生产模拟"按钮后,选择"电力电量平衡"按钮,单击"参数设置及边界条件选择"按钮。设置参数及边界条件后,单击"生产模拟计算"按钮进行计算,如图6.13所示。

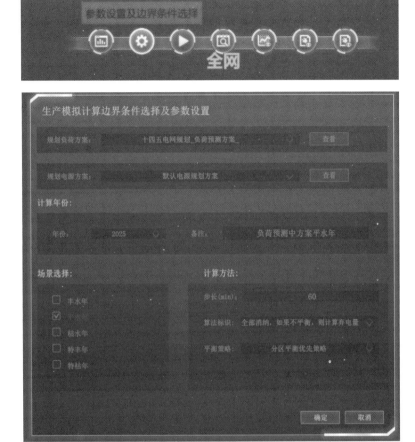

图 6.13　生产模拟计算

2）输出

本软件提供统计报表、统计曲线、统计图表以及发电机工作位置图查看及输出结果，如图 6.14 所示。

图 6.14　输出结果查询

(1)统计报表

单击“统计报表”按钮后,弹出如图 6.15 所示的界面。

@项目	1/1	1/2	1/3	1/4	1/5
一、系统需要容...	1925.0	2354.5	2458.4	2522.3	2513.4
1.高峰负荷	2079.7	2490.0	2583.4	2645.9	2636.5
峰谷差	803.6	1253.6	1157.6	1176.1	1132.2
低谷负荷	1276.1	1236.5	1425.8	1469.8	1504.3
2.备用容量	249.6	298.8	310.0	317.5	316.4
负荷备用	41.6	49.8	51.7	52.9	52.7
事故热备用	41.6	49.8	51.7	52.9	52.7
事故冷备用	166.4	199.2	206.7	211.7	210.9
3.交直流外送	-228.2	-228.2	-228.2	-228.2	-228.2
高峰外送	-228.2	-228.2	-228.2	-228.2	-228.2
低谷外送	-228.2	-228.2	-228.2	-228.2	-228.2
4.风电保证	9.6	6.1	0.0	0.0	0.0
预测功率	96.3	61.3	0.0	0.0	0.0
预测可信度	0.100	0.100	0.100	0.100	0.100
5.光伏保证	0.0	0.8	0.1	1.2	0.4

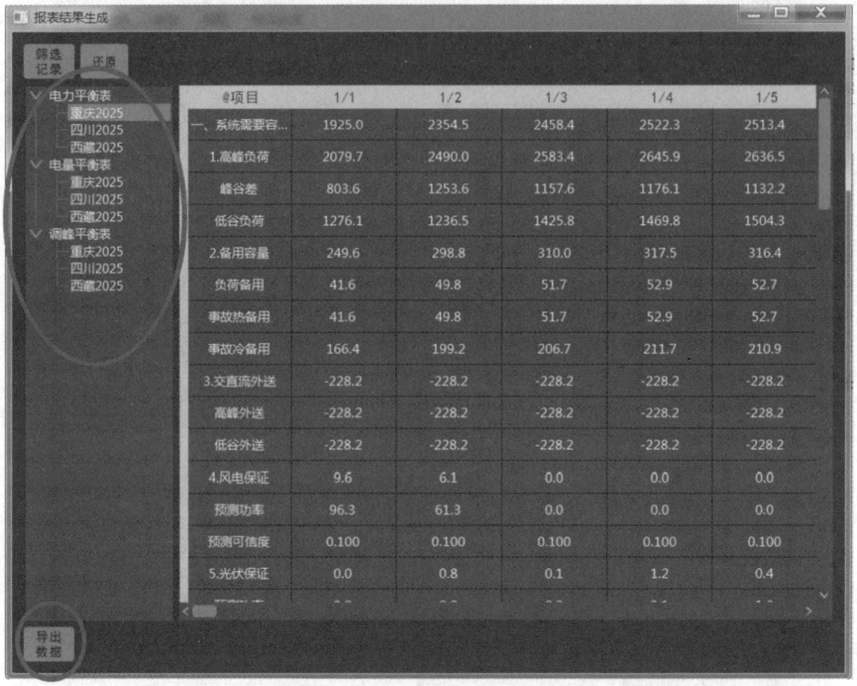

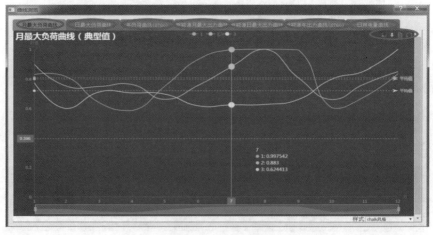

图 6.15　统计报表

单击左侧的目录树,查看各个区域的电力平衡表、电量平衡表和调峰平衡表。

单击左下角的“导出数据”按钮,导出所需报表。

(2)统计曲线

单击“统计曲线”按钮后,弹出如图 6.16 所示的界面。

图 6.16　统计曲线

在此界面可分别查看月最大负荷曲线、日最大负荷曲线、年负荷曲线(8 760 h)、新能源月最大出力曲线、新能源日最大出力曲线、新能源出力曲线(8 760 h)及日弃电量曲线。通过单击曲线,可选择查看该条曲线,并可通过页面右上角的操作按钮进行编辑曲线、图表保存、数据视图及还原功能。

(3)统计图表

单击"统计图表"按钮后,弹出如图 6.17 所示的界面。

图 6.17　统计报表

在此界面可分别查看各区域不同能源装机组成和各区域不同能源发电情况,并提供保存图表、数据视图、还原、切换为折线图、切换为柱状图。同时可切换样式。

(4)发电机工作位置图

单击"发电机工作位置图"按钮后,弹出如图 6.18 所示的界面。

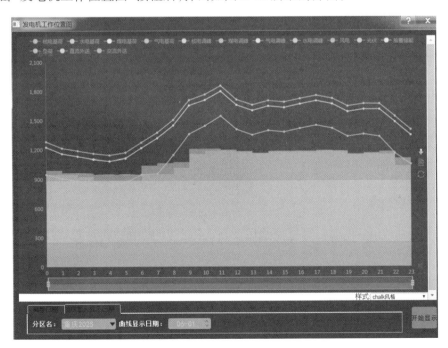

图 6.18　发电机工作位置图

在此界面可指定分区、指定日期的查看发电机工作位置图。通过单击曲线,可选择查看该条曲线。

6.6.4 程序主要算法

1)就地分区平衡优先的生产模拟流程

按照就地分区平衡优先策略,分区之间交换尽量小的原则,多分区生产模拟程序的主要流程包括以下主要部分:

①各分区机组检修计划安排。

②各分区负荷曲线、负荷备用、事故备用容量、直流外送,并按照新能源出力预测可信度叠加到负荷曲线,形成各分区综合负荷曲线。

③按照各分区综合负荷曲线进行核电、水电、抽蓄、储能、火电、气电等开机安排,开机不足量即需要跨分区支援的火电开机容量,开机冗余量则为可提供跨区支援的能力。

④全系统火电备用开机协调,按照就近支援原则(按照联络线损耗最小优化)采用机组动态分区技术进行开机支援。

通过③、④的开机安排,能尽量保证全系统足够开机。若全系统开机不足,则程序停止。

⑤各分区各类型机组出力安排,开机冗余量即调峰不足量。根据需要跨分区互济的设定比例,全系统进行调峰互济。对全系统仍不能调峰平衡的部分,则按照各分区的贡献进行分摊,产生弃电量。

⑥直流潮流计算交流线路、交流联络线功率。

⑦对联络线越限情况进行分区机组出力调整。

⑧对进行出力调整的时刻,重新进行直流潮流计算交流联络线功率。

2)机组检修计划安排

按照等备用率原则,进行机组检修计划安排。按照机组顺序,依次在日最大负荷曲线上搜索最佳检修位置,并对日最大负荷曲线进行修正;同一厂站内机组同时检修的机组容量应满足检修能力约束。

3)开机状态安排

根据负荷曲线、备用需求、外送曲线以及新能源出力预测曲线,计算常规机组等效需求曲线:

$$P_{RUN}(i) = P_{LOAD}(i) + P_{RESERVE}(i) + P_{EX}(i) - (1 - E_{WIND}) * P_{WIND}(i) - (1 - E_{SOLAR}) * P_{SOLAR}(i) \qquad i = 1, 2, 3, \cdots, 8\,760$$

式中　$P_{RUN}(i)$——时刻 i 的常规机组开机需求;

　　　$P_{LOAD}(i)$——负荷;

$P_{\text{RESERVE}}(i)$——热备用；

$P_{\text{EX}}(i)$——外送功率；

$P_{\text{WIND}}(i)$——风电预测出力曲线；

E_{WIND}——风电预测偏差；

$P_{\text{SOLAR}}(i)$——光伏预测出力曲线；

E_{SOLAR}——光伏预测偏差。

4）直流潮流子程序

直流潮流计算公式为

$$
\begin{bmatrix} p_1 \\ p_2 \\ \vdots \\ p_i \\ \vdots \\ p_n \end{bmatrix} = \begin{bmatrix} b_{11} & b_{12} & \cdots & b_{1i} & \cdots & b_{1n} \\ b_{21} & b_{22} & \cdots & b_{2i} & \cdots & b_{2n} \\ \vdots & \vdots & & \vdots & & \vdots \\ b_{i1} & b_{i2} & \cdots & b_{ii} & \cdots & b_{in} \\ \vdots & \vdots & & \vdots & & \vdots \\ b_{n1} & b_{n2} & \cdots & b_{ni} & \cdots & b_{nn} \end{bmatrix} \begin{bmatrix} \theta_1 \\ \theta_2 \\ \vdots \\ \theta_i \\ \vdots \\ \theta_n \end{bmatrix}
$$

由于电纳矩阵为奇异矩阵，因此，必须设定一个平衡机。设节点 s 为平衡机。

$$
\begin{bmatrix} p_1 \\ p_2 \\ \vdots \\ p_s \\ \vdots \\ p_n \end{bmatrix} = \begin{bmatrix} b_{11} & b_{12} & \cdots & b_{1s} & \cdots & b_{1n} \\ b_{21} & b_{22} & \cdots & b_{2s} & \cdots & b_{2n} \\ \vdots & \vdots & & \vdots & & \vdots \\ b_{s1} & b_{s2} & \cdots & b_{ss} & \cdots & b_{sn} \\ \vdots & \vdots & & \vdots & & \vdots \\ b_{n1} & b_{n2} & \cdots & b_{ns} & \cdots & b_{nn} \end{bmatrix} \begin{bmatrix} \theta_1 \\ \theta_2 \\ \vdots \\ 0 \\ \vdots \\ \theta_n \end{bmatrix}
$$

除了节点 s 之外的节点注入功率均为已知，在不计算线路功率损耗情况下全系统注入节点功率为 0，即

$$
p_s = - \sum_{i \neq s} p_i
$$

在进行三角分解时，只需要跳过节点 s 即可。除去 s 列 s 行后的电纳矩阵进行三角分解，得到其逆矩阵，即

$$
\begin{bmatrix} \theta_1 \\ \theta_2 \\ \vdots \\ 0 \\ \vdots \\ \theta_n \end{bmatrix} = \begin{bmatrix} Z_{11} & Z_{12} & \cdots & 0 & \cdots & Z_{1n} \\ Z_{21} & Z_{22} & \cdots & 0 & \cdots & Z_{2n} \\ \vdots & \vdots & & \vdots & & \vdots \\ 0 & 0 & \cdots & 0 & \cdots & 0 \\ \vdots & \vdots & & \vdots & & \vdots \\ Z_{n1} & Z_{n2} & \cdots & 0 & \cdots & Z_{nn} \end{bmatrix} \begin{bmatrix} p_1 \\ p_2 \\ \vdots \\ p_s \\ \vdots \\ p_n \end{bmatrix}
$$

算例:以三节点系统为例,支路及节点数据见表6.6。

表6.6　支路及节点数据

节点	注入功率	平衡机
BUS1	10.0	0.763 64
BUS2	2.0	Y
BUS3	-12.0	2.327 27
支路	X	潮流
BUS1—BUS2	0.2	3.818
BUS2—BUS3	0.4	5.818
BUS1—BUS3	0.5	6.182

构建导纳矩阵见表6.7。

表6.7　导纳矩阵数据表

	BUS1	BUS2	BUS3
BUS1	7.0	-5.0	-2.0
BUS2	-5.0	7.5	-2.5
BUS3	-2.0	-2.5	4.5

忽略平衡节点所在行列,求解二元代数方程,得

$$\begin{bmatrix} 10 \\ -12 \end{bmatrix} = \begin{bmatrix} 7.0 & -2.0 \\ -2.0 & 4.5 \end{bmatrix} \begin{bmatrix} \theta_1 \\ \theta_3 \end{bmatrix}$$

$$\begin{bmatrix} \theta_1 \\ \theta_3 \end{bmatrix} = \frac{1}{27.5} \begin{bmatrix} 4.5 & 2.0 \\ 2.0 & 7.0 \end{bmatrix} \begin{bmatrix} 10 \\ -12 \end{bmatrix} = \frac{1}{27.5} \begin{bmatrix} 21 \\ -64 \end{bmatrix}$$

支路潮流与节点注入的关系矩阵为

$$\begin{bmatrix} p_{12} \\ p_{23} \\ p_{13} \end{bmatrix} = \frac{1}{27.5} \begin{bmatrix} 4.5 & 0 & 2.0 \\ -2.0 & 0 & -7.0 \\ 2.5 & 0 & -5.0 \end{bmatrix} \begin{bmatrix} 5.0 \\ 2.5 \\ 2.0 \end{bmatrix} \begin{bmatrix} g_1 \\ g_2 \\ g_3 \end{bmatrix}$$

5)机组出力安排子程序

机组出力安排子程序的主要过程包括:

(1)新能源出力预测及校正

根据给定的风电、光伏利用小时数,对预测风电、光伏出力曲线进行校正,使新能源电量满足给定的要求。若给定小时数为0,则不进行校正。

（2）负荷预测及校正

根据给定的负荷利用小时数，对预测负荷功率曲线进行校正，使负荷预测电量满足给定的要求。若给定小时数为 0，则不进行校正。

（3）电力型联络线交换的处理

ACPP，ACEN，ACDC，DC 型联络线按照给定的功率交换曲线对两侧分区负荷曲线叠加。送端作为负荷叠加，受端作为电源叠加。

（4）抽蓄机组出力的安排策略

抽蓄机组按照每日蓄发一次进行安排，在低谷负荷时抽水，在高峰负荷时发电。在综合负荷曲线上搜索其最佳抽水位置与发电位置。

（5）水电机组出力的安排策略

径流式水电按照给定出力曲线安排工作功率。具有日调节特性、周调节、月调节、季度调节特性的水电，分别在调节周期内搜索最佳出力位置。

（6）核电机组出力的安排策略

核电机组一般带基荷运行，按照最大技术出力安排。当给定核电受阻数据时，则按受阻出力安排。

（7）燃气机组出力的安排策略

燃气供热机组及燃气机组的最小出力部分安排优先运行。其余机组若处于开机状态，则其出力按照等煤耗率原则承担负荷。

（8）燃煤机组的出力安排策略

燃煤机组的最小技术出力部分优先安排，其余部分按照等煤耗率原则承担负荷，并考虑煤电受阻特性。

（9）机组利用小时数的检验

对燃气、燃煤机组，若其利用小时数超过限值范围，则按照给定小时数机组在全年负荷曲线上安排出力。

（10）跨区调峰支援策略

根据跨区联络线的运行规则，对 AC，ACPP，ACEN 模式运行的联络线，其两侧分区可进行调峰支援。各分区设置对外调峰需求比例系数，按指定比例寻求支援。

（11）调峰不足处理策略

对存在调峰困难的分区，需要采取弃水、弃风、弃光措施。可按照弃水优先或弃风光优先规则进行弃电操作。对仍然不能满足调峰需求的情况，将调峰不足部分安置在虚拟调节母线上。

6.7 湖南省电力供需平衡展望

6.7.1 电力供需平衡原则

1)测算软件

采用中国电科院"电力系统源网荷一体化生产模拟软件(PSD-PEBL)"进行电力电量平衡测算。软件可实现多个分区一年内(8 760 h)各类型发电资源(火电、水电、抽蓄、储能、新能源)出力的安排,并形成电力平衡、电量平衡、调峰平衡报表及开机位置图等。主要流程如下:

(1)综合负荷曲线

考虑负荷曲线、负荷备用、事故备用容量、直流外送,同时叠加新能源出力,形成综合负荷曲线。

(2)发电机组检修计划安排。

按照等备用率原则,进行机组检修计划安排。按照机组顺序,依次在日最大负荷曲线上搜索最佳检修位置,并对日最大负荷曲线进行修正;同一厂站内机组同时检修的机组容量应满足检修能力约束。

(3)开机状态安排

根据综合负荷曲线进行水电、抽蓄、火电等开机安排;开机不足即电力不足。

水电机组出力安排策略。径流式水电按照给定出力曲线安排工作功率。具有日调节特性、周调节、月调节、季度调节特性的水电,分别在调节周期内搜索最佳出力位置。

抽蓄机组出力安排策略。抽蓄机组按照每日蓄发一次进行安排,在低谷负荷时抽水,在高峰负荷时发电。在综合负荷曲线上搜索其最佳抽水位置与发电位置。

燃煤机组的出力安排策略。燃煤机组的最小技术出力部分优先安排,其余部分按照等煤耗率原则承担负荷,并考虑煤电受阻特性。

2)边界条件

《电力系统设计内容深度内容规定》(DL/T 5444—2010)中明确,有水电的系统一般按枯水年进行电力平衡,平水年进行电量平衡。因此,建议采用枯水年作为湖南省电力平衡结果校核,平水年作为湖南省电量平衡校核,丰水年作为湖南省调峰平衡校核。

（1）计算水平年

2021—2025 年、2035 年。

（2）电力需求预测

负荷预测采用推荐方案，负荷曲线采用多年 8 760 数据结合负荷特性发展趋势进行预测；系统备用容量取最大负荷 14%，其中负荷备用 5%，事故备用和检修备用 9%。

注：2021 年为保障系统安全运行，需要考虑祁韶直流单极闭锁故障情况，按照 5% 留取系统最小备用率。

（3）电源出力

①火电

按额定功率确定最大出力。

②水电

根据不同来水情况，分枯水年、平水年和丰水年分别考虑水电站出力逐月出力情况。

通过分析处理历史年份各统调日调节能力以上水电站 8 760 h 实际出力值，及其他无调节能力水电站（径流式小水电站等）的逐月电量作为各常规水电站的出力约束参考。水电出力特性如图 6.19 所示。

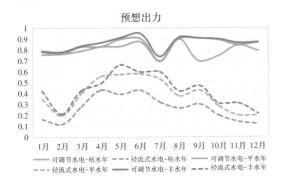

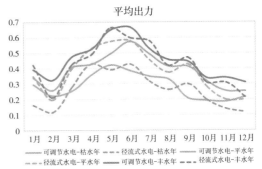

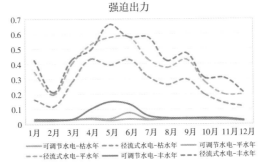

图 6.19　水电出力特性

③风电

根据历史出力数据，充分考虑风电不确定性、波动性、反向调峰性、地域性及季节性差异等特点，预测风电出力 8 760 曲线（见图 6.20）。其中，风电最大出力占总装机的 75%；出力小于装机 20% 的时间占全年 52%, 小于 50% 的时间占全年 93%。

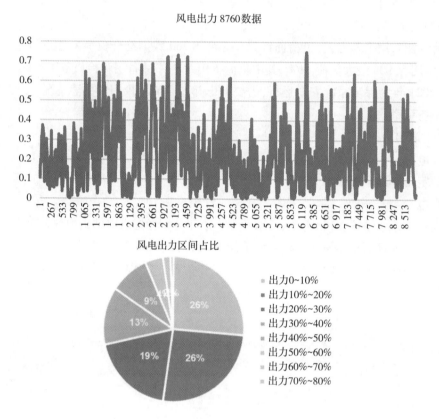

图 6.20　风电出力场景

④光伏

根据历史出力数据, 对光伏电站出力的随机性进行统计分析, 预测光伏出力 8 760 曲线 (见图 6.21)。其中, 光伏最大出力占总装机的 66%; 出力小于装机 10% 的时间占全年 55%, 小于 40% 的时间占全年 91%。

(4)区外来电

①祁韶直流

祁韶特高压直流工程于 2017 年 6 月投运, 通过加装调相机、优化运行方式、挖掘电网潜力等措施, 祁韶直流最大送电能力由投运时的 140 万 kW 提升到 550 万 kW, 送入电量从 2017 年的 63.5 亿 kW·h 提升至 171.5 亿 kW·h, 2022 年长沙特高压交流工程建成投产后, 祁韶直流送电能力得到提升, 最大送电功率 800 万 kW, 利用效率进一步提升。

考虑祁韶直流送端出力能力及湖南负荷曲线特性, 预测祁韶直流逐月 24 小时输电协议 (见图 6.22)。以 2025 年为例, 祁韶直流 3—6 月日最大电力为 186 万 kW, 最小电力为 95 万 kW; 其余月份日最大电力为 744 万 kW、最小电力为 372 万 kW, 持续时间存在一定差异。

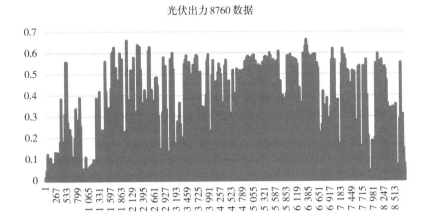

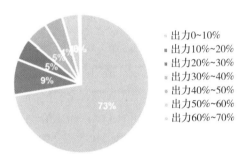

图 6.21　光伏出力场景

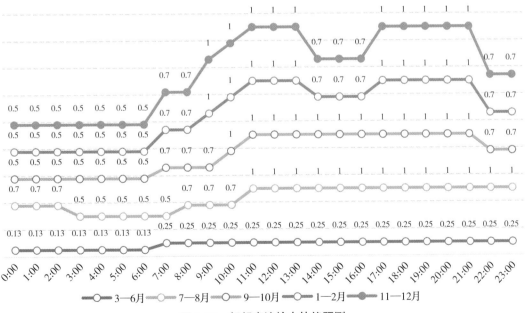

图 6.22　祁韶直流输电协议预测

②雅中直流

根据雅中直流可研报告结论,雅中直流为水电直流,基于输电电量平衡,并根据丰枯水季,预测送电曲线,如图 6.23 所示。以 2025 年为例,雅中直流 7 月、8 月日最大电力为 380 万 kW,最小为 76 万 kW,6 月、9 月、10 月日最大电力 314 万 kW,最小电力分别为 48 万 kW,143 万 kW,76 万 kW;1—2 月、12 月日最大电力 190 万 kW,最小电力 76 万 kW;3—4 月日最大电力 152 万 kW,最小电力 76 万 kW;5、11 月日最大电力 228 万 kW,最小电力分别为 76 万 kW,48 万 kW。

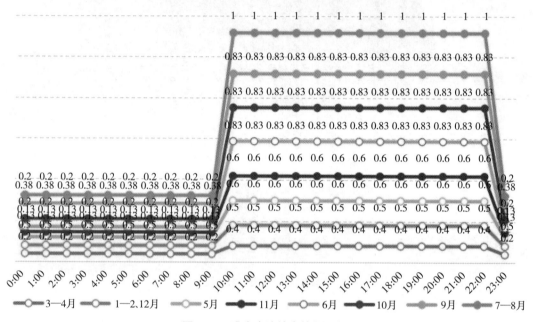

图 6.23　雅中直流输电协议设想

③区外交流输电线路约束

参考三峡电厂近 5 年出力 8 760 曲线,预测鄂湘联络线输电电力曲线,如图 6.24 所示。以 2025 年为例,鄂湘联络线最大出力为 176 万 kW,出现在夏季;冬季最大出力约为 80 万 kW,仅为夏季最大出力的 45% 左右。

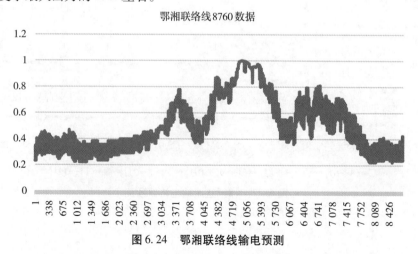

图 6.24　鄂湘联络线输电预测

6.7.2　电力平衡结果

分别采用平水年和枯水年计算各水平年电力盈亏,总体情况如图 6.25 所示。截至 2025 年,平水年最大电力亏缺为 983 万 kW,枯水年最大电力亏缺为 1 128 万 kW。

图 6.25　湖南省"十四五"期间夏季、冬季最大电力亏缺情况

1)平水年

按照推荐的负荷预测水平,考虑已核准电源及区外来电项目投产条件下,计算得到平水年情况下"十四五"期间及 2035 年电力电量平衡(见表 6.8)。具体如下:

①2021 年,发生电力亏缺的月份有 1—2 月、7—8 月、11—12 月,最大电力亏缺发生在 8 月,最大缺额为 425 万 kW(水电出力占装机比重 58.3%,区外来电 640 万 kW),1 月亏缺 155 万 kW(水电出力占装机比重 54.3%,区外来电 535 万 kW)。

②2022 年,发生电力亏缺的月份有 1—2 月、7—8 月、12 月,最大电力亏缺发生在 1 月,最大缺额为 470 万 kW(水电出力占装机比重 58.4%,区外来电 853 万 kW),8 月亏缺 450 万 kW(水电出力占装机比重 53.2%,区外来电 1 110 万 kW)。

表6.8 2021—2025年、2035年全省系统电力平衡结果（平水年）

项目	2021年		2022年		2023年		2024年		2025年		2035年	
	夏大	冬大	夏大	冬大	夏大	冬大	夏大	冬大	夏大	冬大	夏大	冬大
控制时刻	21	20	21	20	21	20	21	20	21	20	21	18
一、系统需要容量	3 646	3 514	3 748	3 716	3 940	3 822	4 296	4 155	4 685	4 517	6 638	6 262
1.高峰负荷	4 200	3 984	4 500	4 241	4 820	4 483	5 150	4 789	5 500	5 122	8 100	7 543
2.备用容量	210	199	630	594	674.8	628	721	670	770	717	1 134	1 056
其中:事故冷备用	42	40	180	170	192.8	179	206	192	220	205	324	302
二、交直流外送	−640	−535	−1 110	−853	−1 267	−1 005	−1 267	−1 005	−1 267	−1 005	−2 011	−1 749
三、风电保证	82	94	92	96	95	104	102	108	98	112	261	286
四、光伏保证	0	0	0	0	0	0	0	0	0	0	0	0
五、抽蓄及储能利用	126	117	126	116	126	124	126	125	212	187	317	311
六、水电工作	945	880	935	882	1 009	922	1 009	922	1 009	922	1 009	940
七、火电工作	2 192	2 403	2 417	2 417	2 425	2 425	2 633	2 633	2 701	2 701	2 460	2 460
八、电力盈余	−425	−155	−450	−470	−573	−530	−734	−667	−983	−912	−3 176	−2 853
电力盈余（考虑需求侧响应）（考虑需求侧响应）	−215	45	−225	−258	−332	−306	−477	−427	−708	−656	−2 771	−2 476

注:系统需要容量=高峰负荷+备用容量+交直流外送−风电保证−光伏保证−事故冷备用。

③2023年,发生电力亏缺的月份有1—2月、7—8月、12月,最大电力亏缺发生在8月,最大缺额为573万kW(水电出力占装机比重59.1%,区外来电1 267万kW),1月亏缺530万kW(水电出力占装机比重54.0%,区外来电1 005万kW)。

④2024年,发生电力亏缺的月份有1—2月、7—8月、12月,最大电力亏缺发生在8月,最大缺额为734万kW(水电出力占装机比重59.1%,区外来电1 267万kW),1月亏缺667万kW(水电出力占装机比重54.0%,区外来电1 005万kW)。

⑤2025年,发生电力亏缺的月份有1—2月、7—8月、12月,最大电力亏缺发生在8月,最大缺额为983万kW(水电出力占装机比重59.1%,区外来电1 267万kW),1月亏缺912万kW(水电出力占装机比重54.0%,区外来电1 005万kW)。

⑥2035年,考虑投运宁夏直流800万kW,每月均存在电力缺口,最大电力亏缺发生在8月,最大缺额3 176为万kW(水电出力占装机比重58.2%,区外来电2 011万kW),8月亏缺2 853万kW(水电出力占装机比重54.2%,区外来电1 749万kW)。

通过各水平年夏季、冬季最大负荷日电力盈亏情况图可知,考虑14%备用水平时,夏季最大负荷日几乎全天存在电力缺口;冬季最大负荷日在夜间凌晨时期(0:00—7:00),几乎全天均存在电力缺口。

通过各水平年夏季、冬季最大负荷日电力盈亏情况图可知(见图 6.26),考虑 14% 备用水平时,夏季最大负荷日几乎全天存在电力缺口;冬季最大负荷日在夜间凌晨时期(0:00—7:00),几乎全天均存在电力缺口。

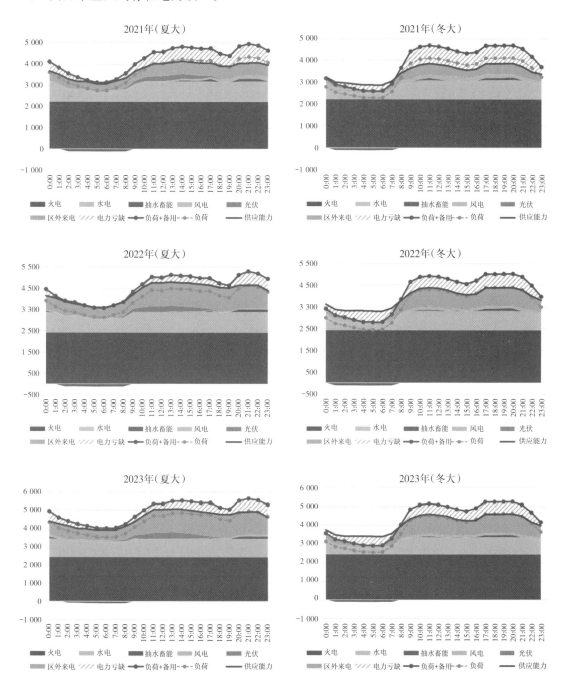

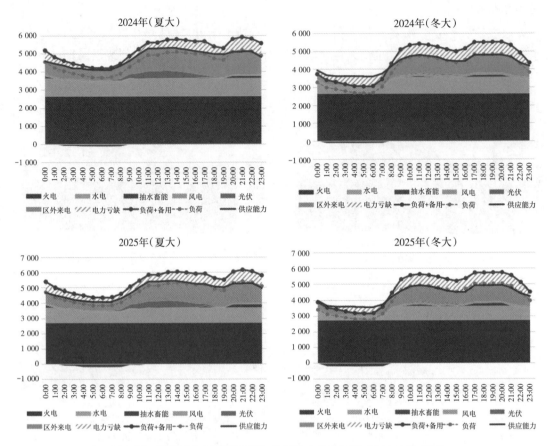

图 6.26　湖南省"十四五"夏季、冬季最大负荷日电力盈亏(平水年)

2)枯水年

按照推荐的负荷预测水平,考虑已核准电源及区外来电项目投产条件下,计算得到枯水年情况下"十四五"期间及 2035 年电力电量平衡(见表 6.9)。结果如下:

①2021 年,发生电力亏缺的月份有 1—2 月、7—8 月、11—12 月,最大电力亏缺发生在 8 月,最大缺额为 425 万 kW(水电出力占装机比重 58.3%,区外来电 640 万 kW),1 月亏缺 155 万 kW(水电出力占装机比重 54.3%,区外来电 535 万 kW)。

②2022 年,发生电力亏缺的月份有 1—2 月、7—8 月、12 月,最大电力亏缺发生在 1 月,最大缺额为 639 万 kW(水电出力占装机比重 43.0%,区外来电 853 万 kW),8 月亏缺 550 万 kW(水电出力占装机比重 49.8%,区外来电 1 110 万 kW)。

③2023 年,发生电力亏缺的月份有 1—2 月、7—8 月、12 月,8 月最大缺额为 718 万 kW(水电出力占装机比重 50.6%,区外来电 1 267 万 kW),1 月亏缺 693 万 kW(水电出力占装机比重 44.4%,区外来电 1 005 万 kW)。

④2024 年,发生电力亏缺的月份有 1—2 月、7—8 月、12 月,最大电力亏缺发生在 8 月,

最大缺额为 879 万 kW(水电出力占装机比重 50.6%,区外来电 1 267 万 kW),1 月亏缺 830 万 kW(水电出力占装机比重 44.4%,区外来电 1 005 万 kW)。

表 6.9　2021—2025 年、2035 年全省系统电力平衡结果(枯水年)

项目	2021 年		2022 年		2023 年		2024 年		2025 年		2035 年	
	夏大	冬大	夏大	冬大	夏大	冬大	夏大	冬大	夏大	冬大	夏大	冬大
控制时刻	21	20	21	20	21	20	21	20	21	20	21	18
一、系统需要容量	3 646	3 514	3 748	3 716	3 940	3 822	4 296	4 155	4 685	4 517	6 712	6 373
1.高峰负荷	4 200	3 984	4 500	4 241	4 820	4 483	5 150	4 789	5 500	5 122	8 100	7 543
2.备用容量	210	199	630	594	674.8	628	721	670	770	717	1 134	1 056
其中:事故冷备用	42	40	180	170	192.8	179	206	192	220	205	324	302
二、交直流外送	−640	−535	−1 110	−853	−1 267	−1 005	−1 267	−1 005	−1 267	−1 005	−2 011	−1 749
三、风电保证	82	94	92	96	95	104	102	108	98	112	187	175
四、光伏保证	0	0	0	0	0	0	0	0	0	0	0	0
五、抽蓄及储能利用	126	117	126	116	126	124	126	125	212	187	317	311
六、水电工作	945	880	835	713	864	759	864	759	864	759	864	759
七、火电工作	2 192	2 403	2 417	2 417	2 425	2 425	2 633	2 633	2 701	2 701	2 480	2 480
八、电力盈余	−425	−155	−550	−639	−718	−693	−879	−830	−1 128	−1 075	−3 375	−3 125
电力盈余(考虑需求侧响应)	−215.46	45	−325	−427	−476.8	−469	−621.5	−590	−853	−819	−2 970	−2 748

注:系统需要容量=高峰负荷+备用容量+交直流外送−风电保证−光伏保证−事故冷备用。

⑤2025 年,发生电力亏缺的月份有 1—2 月、7—8 月、12 月,最大电力亏缺发生在 8 月,最大缺额为 1 128 万 kW(水电出力占装机比重 50.6%,区外来电 1 267 万 kW),1 月亏缺 1 075 万 kW(水电出力占装机比重 44.4%,区外来电 1 005 万 kW)。

⑥2035 年,考虑投运宁夏直流 800 万 kW,每月均存在电力缺口,最大电力亏缺发生在 8 月,最大缺额为 3 375 万 kW(水电出力占装机比重 49.9%,区外来电 2 011 万 kW),8 月亏缺 3 125 万 kW(水电出力占装机比重 43.8%,区外来电 1 749 万 kW)。

考虑 14% 备用水平时,夏季最大负荷日均全天存在电力缺口;冬季最大负荷日除夜间最低负荷时段(3—5 h),几乎全天均存在电力缺口。

通过各水平年夏季、冬季最大负荷日电力盈亏情况图可知(见图 6.27),考虑 14% 备用水平时,夏季最大负荷日均全天存在电力缺口;冬季最大负荷日除夜间最低负荷时段(3~5 h),几乎全天均存在电力缺口。

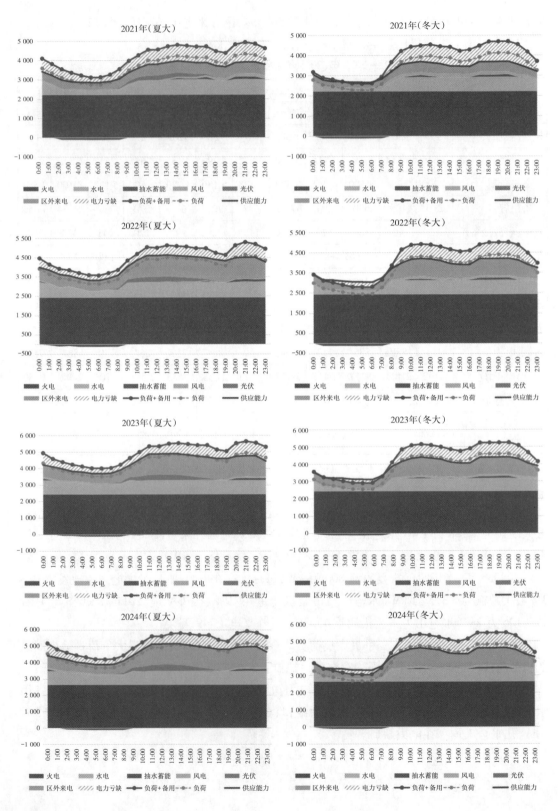

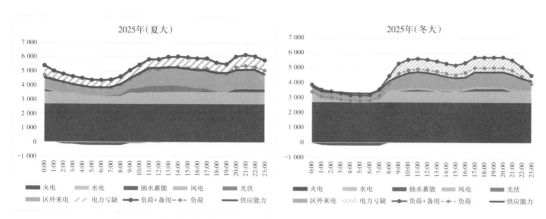

图 6.27　湖南省"十四五"夏、冬季最大负荷日电力盈亏(枯水年)

6.7.3　电量平衡结果

2021—2035 年各水平年全省系统电量平衡结果见表 6.10。

表 6.10　2021—2035 年各水平年全省系统电量平衡结果

单位:亿 kW・h

项目	2021	2022	2023	2024	2025	2035
一、负荷电量	2 100	2 230	2 365	2 510	2 660	3 900
二、输电线路外送	-299	-507	-601	-601	-601	-973
三、新能源电量	181	219	253	280	310	676
1. 风电实发电量	133	154	172	182	192	437
利用小时	1 821	1 856	1 844	1 853	1 924	1 985
2. 光伏实发电量	48	65	81	98	118	239
利用小时	781	773	762	765	786	798
四、抽蓄及储能损耗	-8	-8	-8	-8	-13	-32
五、水电发电量	518	519	525	526	526	526
利用小时	3 135	3 132	3 146	3 152	3 153	3 189
六、燃煤发电	1 062	990	996	1 092	1 176	1 469
利用小时	4 577	4 031	4 002	4 092	4 296	4 665
七、电量不足	51	10	12	42	105	431.4

①"十四五"期间,各水平年均存在电量缺口,分别为 51 亿 kW・h、10 亿 kW・h、12 亿 kW・h、42 亿 kW・h、105 亿 kW・h。电量盈亏呈现季节性缺电特点,夏冬两季严重缺电。各水平年电量缺口主要集中在 1 月、8 月。2021 年缺电最为严重,缺电月份有 1—2 月、7—8 月、12 月。

②2035 年,电量亏缺 431.4 亿 kW·h,电量不足发生在 1—3 月、7—9 月、11—12 月。

从全省电力电量盈亏来看,"十四五"期间省内电力电量亏缺主要发生在尖峰负荷时段,2025 年电力、电量均存在缺口;2035 年湖南省电力供需形势十分严峻,电力电量均出现大量亏缺。

6.7.4 调峰平衡结果

考虑丰水年情况,根据电力电量平衡软件测算得到 2025 年逐月最大调峰缺口,见表 6.11。可知,全年最大调峰缺口为 668 万 kW,发生在汛期 5 月份,其次为全年峰谷差最大的 2 月份,调峰需求较大,缺口为 552 万 kW。此外,由于光伏装机的迅速增长,10 月份出现较大的调峰缺口,为 544 万 kW。

表 6.11　2025 年四季典型日调峰平衡表

单位:万 kW

项　目	春季	夏季	秋季	冬季
高峰时刻	20	20	19	20
低谷时刻	13	4	13	3
一、系统调峰需求	1 511.2	1 074.4	1 233.1	1 746.4
1. 负荷调峰需求	544.9	1 219.3	520.7	1 953.8
2. 直流线路调峰	−9.9	−676	−4.7	−372.2
3. 风电调峰	145	531.1	−62	164.9
4. 光伏调峰	831.3	0	779	0
二、系统调峰利用	843.4	989.6	689.4	1 194.5
1. 抽蓄储能	422.8	320.8	393.4	422.8
2. 水电调峰	262.9	348	196.8	339.5
3. 燃煤调峰	157.7	320.8	99.2	432.2
4. 低谷调节缺口	667.8	84.8	543.6	552
低谷弃风	224.3	84.8	112.4	552
低谷弃光	323.1	0	351.2	0
低谷弃水	120.4	0	80	0
低谷调节不足	0	0	0	0

1)调峰不足原因分析

一是 3—5 月份汛期水电出力基荷大,凌晨时段风电大发且负荷较小,系统调峰能力不足,通过弃水、弃风调峰维持电力平衡,且随着新能源装机容量的递增,新能源消纳形势将更严峻;二是全年峰谷差最大出现在 2 月份,负荷调峰需求最大,因春节期间晚间供暖负荷大幅提高,且此时大工业放假,低谷负荷较平时降低;三是 10 月份负荷整体水平不高,午高峰负荷仅占全年最大负荷的 53% 左右,而午高峰时刻光伏出力能达到装机容量的 70%。因此,随着光伏大规模递增,未来中午时刻将会出现弃光调峰。

2）缺口全年持续小时分析

2025 年全年大范围存在调峰缺口,400 万以上的调峰缺口为 115 h（见表 6.12）。持续小时数在春季最大,为 2 023 h。原因是 4—6 月为湖南汛期,基础负荷水平较低,风电和水电同时大发,需弃风弃水调峰。夏秋季,持续小时数分别为 193 h 和 327 h 左右,这是因光照充沛,光伏大发。冬季则是在春节期间,峰谷差为全年最大,调峰需求大,持续小时数为 720 h（见图 6.28）。

表 6.12　2025 年调峰缺口持续小时数统计

项　目	春季 （3—6 月）	夏季 （7—8 月）	秋季 （9—11 月）	冬季 （12 月—次年 2 月）	全年
调峰缺口>0	2 023	193	327	720	3 263
调峰缺口>400	87	0	11	17	115
调峰缺口>800	0	0	0	0	0

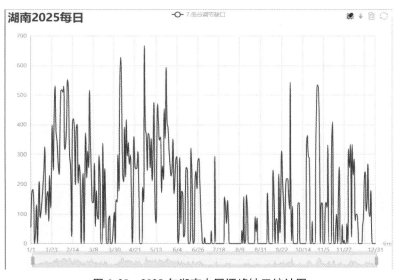

图 6.28　2025 年湖南电网调峰缺口统计图

第7章 电力供应保障水平提升措施

7.1 电源侧措施

7.1.1 新能源发电技术

1) 风电发电技术

目前,我国整机制造能力经过 10 多年的快速发展,开发出若干具有自主知识产权的机型,并得到风场的大规模应用和长时间的验证。其中,3 MW 及以下兆瓦级机组设计及制造技术已经成熟。1.5,2 MW 风电机组的供应能力充足,塔高一般为 70 ~ 80 m;2.5,3 MW 风电机组已批量运行,塔高一般为 90 ~ 100 m,风机叶轮直径为 80 ~ 90 m,风机叶轮直径为 100 ~ 110 m;3.5 ~ 5 MW 风电机组也已投入运行,塔高可达 120 ~ 140 m,风机叶轮直径为 130 ~ 150 m。同时,正在开发更大单机容量的系列化产品。

目前,国内在风电利用方面主要集中研究的是风电的大规模直接利用技术、集群风力发电技术、风电并网运行技术、多能源互补技术及分布式风电接入与控制技术等,但仍然存在一些问题。

①风电的大规模直接利用技术方面,目前的风能开发主要集中在风能资源丰富的高风速地区,低风速地区则相对较少。而低风速风能具有可开发面积广、接近负荷中心、运行方式灵活、规模建设单位造价低等优势,但从技术应用的角度来讲,低风速地区风力资源分散、风况条件复杂,对风能发电设备的要求较高,许多技术难点一直难以突破,在很大程度上限制了低风速风能的进一步开发利用。

②在风电的并网控制方面,在风电的主动调频过程中,所需建立模型的风电场短期预测信息考虑仍显不足;在大型风电多工况自适应调频控制的有功控制技术的应用研究较少;我国风机厂商设备型号与技术参数不一,造成风电场与集群的自动控制性能不足等问题。

③在风电调度方面,我国主要采用的是自动发电控制(Automatic Generation Control, AGC)技术,但由于风电的波动性与间歇性特点,大规模风电接入会对交直流电网产生较大冲击,目前仍缺少多种电源复杂特性的电网调度与灵活性控制方法。同时,多时间尺度的全局优化与性能实时控制能力仍显不足。

④在风功率预测方面,对风机安装地形复杂与极端天气情况下的风电预测技术与方法仍需进一步完善。

⑤在分布式风电开发利用方面,我国仍处于初级阶段,微电网作为分布式发电系统已有所应用。

⑥在风能资源评估与风功率预测方面,分布式风电沿袭的是大规模集中式风电技术,故缺乏一定的适应性。

⑦在风电储能方面,多台风机或储能系统协调控制较为复杂,整体协调控制要求高,需要匹配多台独立的测控系统,单位容量投资成本高,并且不利于设备维护,用户用电满意度较低。

⑧在风电控制系统的监控方面,我国对分布式风电的信息采集与监控技术水平较低,相关研究也较少,存在一定的系统优化运行难题。

表 7.1 为当前我国风电利用的主要技术现状发展及方向。

表 7.1　我国风电利用的主要技术现状发展及方向

利用技术	技术优点	技术缺陷	技术成熟度	典型示范或研究进展
风-光互补	技术成熟度高,风光资源自然互补,成本适中	电能质量差,弃风弃光仍存在	成熟	河北省张家口张北"风光储输"示范性工程
风-火互补	火电机组电能质量高,发电负荷稳定	对火电机组变负荷要求高	较成熟	吉林省大唐长山电厂与向阳风电场风火替代试点
风-水互补	储能容量大,效率较高,约75%	地域性强,投资周期大,损耗高	成熟	内蒙古大唐多伦风水互补电源项目
分布式风电	机组启停速度快,调峰能力强	燃料消耗量大,大规模实施难	较成熟	浙江省北鹿岛风/柴互补发电系统
多种电源互补	集成度高,互补性强	系统复杂,经济成本难以降低	一般	四川省雅砻江流域风光水互补的清洁能源示范基地

续表

利用技术	技术优点	技术缺陷	技术成熟度	典型示范或研究进展
风电制氢	产品纯度高、操作简便	储氢及运输难度较大	成熟	河北省中节能风电公司张北分公司风电场项目
风电供暖	技术简单,风电消纳比例高	系统运行经济性较差	较成熟	吉林省洮南市 16.3 万 m^2 清洁供暖示范项目

我国风电利用技术的发展前景应向着:一是风电集中式与分布式并重发展,分布式风电的主要优势在于所发电量全部上网,弃风极小,可使风能资源就近开发利用。集中式大规模风电符合我国可再生能源规划与一次能源结构要求,推进陆地风电大规模集中式发展的同时,推进大规模海上风电的集中式发展模式。二是促进多能互补利用技术推广,加强对多种电源、多时间尺度的互补发电系统的能量管理系统、调峰系统、电网接入与控制技术等方面的研究,使风光互补、风水互补、风火互补及微电网的多能互补方式得到进一步的推广应用。三是发展高效率低成本的风电利用技术,通过风电规模化制氢与能量管理系统的结合,通过对城市供热系统调峰能力的研究,优化热-电联合运行策略,实施风电供暖系统的优化控制,可有效提高风电利用效率。风电的其他储能方式及新型电转气技术的提高与成本的降低,将为风电的消纳与利用提供重要的技术选择。四是促进风电等新能源激励政策建设,应加强发电、并网、用电等完整风电系统的激励政策建设,引入市场调节机制,优化风电调峰调频与分布式技术发展策略等。五是加快风电等新能源消纳市场机制的建设,强化省间调度能力,促进跨省送电政策的实施,构建全国统一电力市场。同时,完善新能源交易机制,构建风电等新能源的省间输送补偿机制等。六是加强风电接网与技术标准建设,整合各方面国家资源,设计风电发展规划、扶植政策,通过对国内发电、电网、风机制造、技术研发、气象等部门的统筹协调,为风电发展创造优良环境完善我国的风电标准、检测与认证体系,确保风电标准符合我国风电资源与相应环境,并加强与国际风电检测认证体系接轨,逐步推进风机与风电利用的技术标准建设。

2)光伏发电技术

太阳能电池的光电转化效率的高低决定着太阳能光伏发电系统的吸收与转化效率。根据太阳能电池使用的材料的不同,可分为以下 4 种:

①晶体硅。单晶硅太阳能电池、多晶硅太阳能电池。

②非晶硅。薄膜太阳能电池。

③多元化合物。CdTe 太阳能电池、$CuInGaSe_2$ 太阳能电池、CdS 太阳能电池、GaAs 太阳能电池等。

④化学染料。染料敏化太阳能电池、有机太阳能电池。

根据电池材料的研发阶段,光伏技术大致可分为 3 代。由于半导体材料的类型不同,每一代的整体效率和性能差别很大。第一代和第二代光伏电池技术较为成熟,已投入大规模的商业化生产;第三代电池技术则多处于研发阶段。不同光伏电池材料的特性及优缺点见表 7.2。

表 7.2　太阳能电池材料特性表

光伏技术	材料类型	实验室转换效率/%	量产转换效率/%	优　点	缺　点
第一代(硅片技术)	单晶硅	24.7	23	转换效率高、使用寿命长、技术成熟	成本高、受环境因素影响大、高污染、耗能大
	多晶硅	20.3	18.5		
第二代(薄膜技术)	非晶硅	12.8	8	成本低、质量小、弱光下可发电	转换效率低;Cd 含剧毒,污染环境;In 和 Se 是稀有元素,难以大规模生产
	$CuInSe_2$	19.8	12		
	CdTe	19.6	13		
第三代(多结技术)	染料敏化	22.7	18	染料敏化与有机成本低、无污染、聚光电池效率高	处于探索开发阶段,稳定性差;聚光电池需跟踪器,成本高
	有机电池	6.77	1		
	聚光电池	42.7	30		

太阳能电池技术及系统设备将沿着高能效、低成本、长寿命、智能化的技术方向发展。国家研发重点计划应持续支持高效率晶体硅太阳能电池、薄膜电池产业化技术研发,新型太阳能电池关键技术攻关和产业化研发;支持光伏系统及平衡部件技术创新和水平提升;大力推动面向全行业的公共研究测试平台建设。

3)核电发电技术

核能是安全、清洁、低碳、高能量密度的战略。第三代堆已成为主流技术,目前能源全球在运核电机组主要有 6 种类型,即压水堆(Pressurised Water Reactor, PWR)、沸水堆(Boiling Water Reactor, BWR)、重水压水堆(Pressurised Heavy Water Reactor, PHWR)、气冷堆(Gas-Cooled Reactor, GCR)、轻水冷却石墨慢化堆(Graphite Moderated Light Water-cooled Reactor, RBMK)及快堆(Fast Breeder Reactor, FBR)。核电的安全问题是最大的问题。快堆及第四代堆是核能下一步的发展方向。第四代核能系统最显著的特点是强调固有安全性,是解决核能可持续发展问题的关键环节。GIF 提出 6 种堆型,包括钠冷快堆、铅冷快堆、气冷快堆、超临界水堆、超高温气冷堆及熔盐堆。第四代核反应堆研究方向见表 7.3。

湖南电力供需现状及预测

表 7.3　第四代核反应堆研究方向

堆型	主要优势	技术发展阶段
钠冷快堆	闭式燃料循环	俄罗斯 BN800 示范快堆建成;我国钠冷快堆示范工程开工
铅冷快堆	小型化多用途	关键工艺技术研究
气冷快堆	闭式燃料循环	出现关键技术难以克服的情况
超高温气冷堆	核能的高温利用	我国高温气冷堆示范工程开工
超临界水堆	在现有压水堆的基础上提高经济性与安全性	关键技术和可行性研究
熔盐堆	钍资源利用	关键技术和可行性研究
ADS	嬗变	关键工艺技术研究
行波堆	提高铀的利用率	关键工艺技术研究

我国核能发展近中期目标是优化自主第三代核电技术;中长期目标是开发以钠冷快堆为主的第四代核能系统,积极开发模块化小堆、开拓核能供热和核动力等利用领域;长远目标则是发展核聚变技术。核能技术发展路线图如图 7.1 所示。

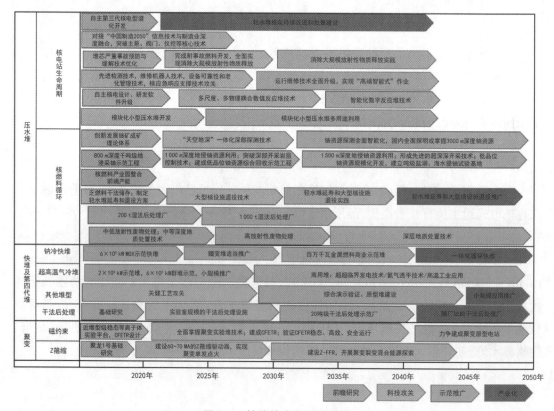

图 7.1　核能技术发展路线图

· 210 ·

4）虚拟同步机技术

虚拟同步机是指通过模拟同步机的惯量、内电势等机电暂态特性，使端口的功率、电压运行外特性与同步机相似的电力电子变流系统或设备。考虑现有的应用场景不同，虚拟同步机可分为清洁能源虚拟同步机和负荷虚拟同步机。清洁能源虚拟同步机包括风机虚拟同步机、光伏虚拟同步机和储能虚拟同步机，如图 7.2 所示。

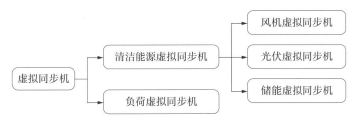

图 7.2　虚拟同步机技术分类

随着分布式电源渗透率的不断增加，传统同步发电机的装机比例将逐渐降低，电力系统中的旋转备用容量及转动惯量相对减少，这对电网的安全稳定运行带来了严峻挑战。同时，并网逆变器控制策略各异，加之分布式电源输出功率具有波动性、不确定性等特点，很难实现其即插即用与自主协调运行。在传统机组仍占主导地位的电力系统中，清洁能源并网在很长时间内仍需追踪"同步"电网。因此，虚拟同步机技术仍有较大应用和提升空间，特别是伴随电力系统的电力电子化程度不断提高，虚拟同步机技术为解决惯量缺乏、阻尼下降和电网安全稳定裕度减小等问题提供了新的思路。

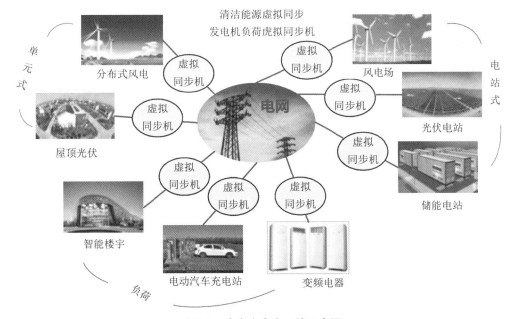

图 7.3　全自主电力系统示意图

伴随全自主电力系统概念的提出(见图7.3),当前电网已成为多方共建和多种资源汇集的平台,对可控负荷的灵活接入技术存在切实需求,如果采用整流装置的负荷能按照同步电动机的方式运行,则可与同步发电机一样自主地参与电网的运行和管理,并在电网电压/频率、有功/无功异常情况下做出相应的响应,以应对电网的运行动态。

7.1.2 火电灵活性改造

火电灵活性改造包括运行灵活性和燃料灵活性,如图7.4所示。运行灵活性主要是指深度调峰能力、快速爬坡能力和快速启停能力。其中,深度调峰能力是指火电机组具有较大的变负荷范围,对热电机组是指通过热电解耦减少高峰热负荷时机组出力的能力。燃料灵活性是指当机组掺烧不同品质的燃料下,能使锅炉稳定燃烧并使机组在该工况下依然具有优良的负荷调节性能。

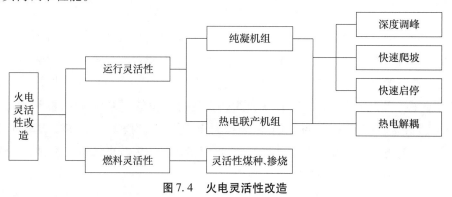

图7.4 火电灵活性改造

1)纯凝机组改造技术路线

纯凝机组具有低负荷运行能力强,负荷调节灵活的优势。纯凝工况灵活性提升技术路线主要包括深度调峰和快速响应。其中,深度调峰包括4个方面的改造路径:锅炉侧、汽机

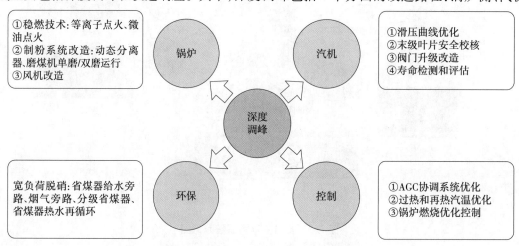

图7.5 纯凝机组的灵活性改造技术路线

侧、环保侧及控制侧(见图 7.5)。快速响应除主汽节流调节外还包括凝结水节流调节和给水旁路调节。为进一步提升纯凝机组的灵活性,就需要解决制煤、锅炉、汽机、辅机、控制及排放系统的低负荷运行适应性问题,重点需要关注低负荷运行下的排放和机组寿命问题。

2)热电联产机组改造技术路线

对于热电联产机组来说,"以热定电"方式导致机组出力难以降低,特别是在弃风弃光严重的三北地区热需求大,热电机组占比高,供热季调峰十分困难。改变供热地区电力发展现状的关键在于对机组进行热电解耦改造。热电解耦改造技术路线如图 7.6 所示。

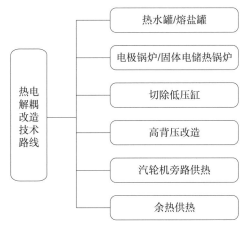

图 7.6　热电解耦改造技术路线

3)快速启停/爬坡改造路径

改善纯凝机组爬坡率、快速响应负荷变化,通常采用凝结水截流技术优化汽轮机凝汽出口阀门或提高燃料热值的办法。其中,燃料热值越高,机组爬坡能力越强,但经济性较差,采用快速改变凝结水至除氧器调整门开度来改变凝结水流量,可使整个机组效率提高,经济性明显提高。快速爬坡改造路线如图 7.7 所示。

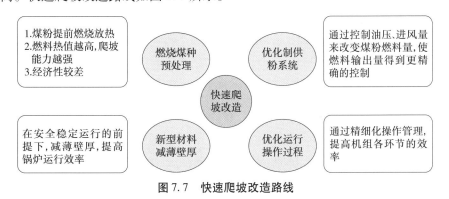

图 7.7　快速爬坡改造路线

7.1.3　燃气发电技术

天然气发电具有运行灵活、启停时间短、爬坡速率快、调节性能出色等优势,相对于燃煤发电、抽水蓄能、电池储能等调峰电源,是响应特性、发电成本、供电持续性综合最优的调峰电源。大力发展天然气是中国建立清洁低碳、智慧高效、经济安全的现代能源体系,以及力争 2030 年前实现碳排放达峰、2060 年前实现碳中和目标的必然选择之一。

如图 7.8 所示为生产单位电量时,超低排放燃煤发电与燃气发电在污染物排放上的实际折合对比。可知,燃气电厂基本不排放烟尘及 SO_2,排放值明显低于超低排放燃煤电厂。

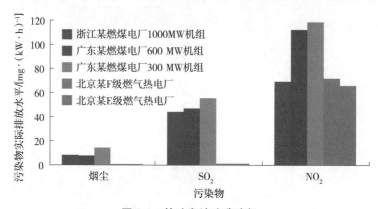

图 7.8　快速爬坡改造路径

燃气发电相比燃煤发电具有负荷调节范围宽、响应快速、变负荷能力强的特点,是电网调峰的更佳选择。如图 7.9 所示为煤电与气电冷启动时间对比,燃气电厂冷启动时间仅为燃气电厂的几分之一甚至几十分之一。此外,燃气蒸汽联合循环电厂热态启动时间也仅为 70~90 min。

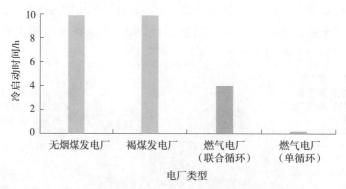

图 7.9　煤电与气电冷启动时间对比

如图 7.10 所示为 5 min 内每 1 000 MW 煤电与气电最大负荷变化对比。可知,气电相比煤电更能适应电网短时间内的负荷变化,满足电网负荷调节的需求。

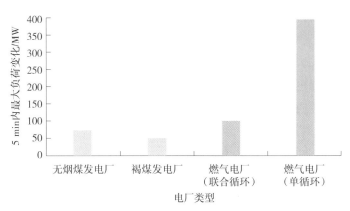

图 7.10　煤电与气电 5 min 内最大负荷变化对比

电网调峰时根据负荷变化速率的不同,需要不同响应速度的调峰电源。如图 7.11 所示,相比而言,天然气发电既可实现分钟级的响应,又能实现较低的成本,无疑是响应速度及成本综合较优的调峰电源,可为风电、光伏等可再生能源提供调峰服务,缓解或消除此类可再生能源不稳定、瞬时变化大对电网产生的冲击,保障电网的安全稳定运行。

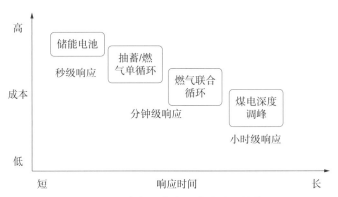

图 7.11　调峰电源成本及响应时间的关系

近年来,国家明确将天然气培育成为我国现代清洁能源体系的主体能源之一,支持有序发展天然气,推进天然气调峰电站建设。但目前我国燃气发电行业仍存在以下问题:

①我国天然气对外依存度逐步加大,短期内资源保障存在一定不确定性。

②燃料成本偏高,严重影响燃机的市场竞争力和可持续发展能力。

③对发展天然气发电产业的重要性认识不足,缺乏科学统筹规划。

④燃气轮机核心技术未完全掌握,制约产业发展。

⑤运行方式不科学且缺少相应补偿机制。

为促进我国天然气行业发展,主要措施及技术路线如下:

①政策方面加强科学统一规划,实行分类气价,明确电价形成机制,加大开发和进口力度,加强基础设施建设,形成一体化经营模式。

②装备制造方面,发展有自主知识产权的燃气轮机工业。加强国家统一规划和资金的

投入,确立长期的国家目标,组织航空部门、机械制造部门、科学院和高等院校等通力协作,同时加强国际合作,有计划、分阶段地发展有自主知识产权的先进燃气轮机工业,促进天然气发电规划的实施和发展。

③天然气与其他绿色能源实现高质量融合。天然气与其他绿色能源融合发展,是在一定地域空间和时间范围内,通过天然气与光伏发电、风电、水电、地热、核能、氢能等其他绿色能源资源协同布局,天然气技术、新能源技术与新一代信息技术协同创新,体制机制、法规标准等政策协同改革,推动天然气与其他绿色能源在生产、输配、利用等环节进行因地制宜的、低成本的相互嵌入,实现能源供应更高质量、系统运行更加协调、资源利用更有效率的一种发展模式。燃气电厂具有启停迅速、运行灵活特点,气电可与风电或光伏发电建立有机配合的"风气互补"或"光气互补"联合机组,有效解决目前的弃风、弃光问题,提升发电机组的总出力水平和电网运行可靠性,因此与天然气协同发展成为中国未来大规模发展风电、太阳能发电等绿色能源发电的重要途径。

7.2　电网侧措施

电力系统灵活性的定义有广义和狭义两种。广义的电力系统灵活性,是指电力系统在不同的时间尺度下(包括规划和运行),在物理和经济约束条件下,应对各种随机因素和不确定性,保持可靠供电的能力。狭义的电力系统灵活性又称运行灵活性(Oprerational Flexibility),

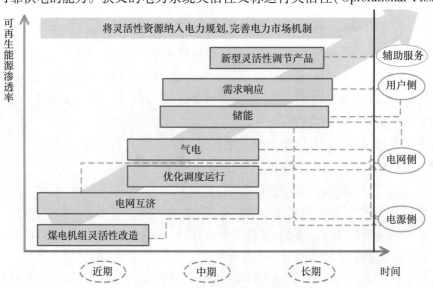

图 7.12　电力系统灵活性提升路线图

其更加侧重系统运行阶段,是指通过机组组合和经济调度,针对供需两侧的随机性和波动性,以合理的经济成本,满足各种安全约束条件,保证系统安全稳定运行的能力。图 7.12 展示了电力系统灵活性提升路线。

电网是输送电力的载体,也是实现电力系统灵活性的关键。良好的电网建设与运行调度能够保障电力供给的安全性和可靠性,增强电力系统融合可再生能源发电的能力,利用空间分布特性实现灵活性需求平移,保证电力资源的高效配置。电网侧主要灵活性资源包括优化电网运行、电网侧储能、互联互济及柔性输电等。

7.2.1 "源网荷储"互动调控技术

源、网、荷、储资源广泛存在于能源互联网各个环节,具有参与主体数量众多、分散分布且源荷双侧不确定性增强等特点,唯有在调度层面把握和控制电源、电网、负荷和储能之间的互动,才能更利于能源互联网的安全性和经济性。因此,"源-网-荷-储"互动调控是能源互联网的智慧大脑(见图 7.13)。为了引导"源-网-荷-储"互动,调度层面应借助于物联网、5G、大数据、人工智能、区块链、移动互联等支撑技术,构建"源-网-荷-储"互动调控体系。这一体系包括以下两个层面:

①要充分认识互动对象,分析其互动特性,建立互动模型,并计算互动对象有多大的互动潜力,以及在不同的市场机制、外界环境下能发挥出多大的响应能力,只有充分认识互动对象,才能进行后续的分析、计划和控制。

②要提升不确定性环境下的分析和调控能力,突破"源-网-荷-储"互动环境下的电网安全分析方法、协同优化技术和互动控制技术等,从整体上把握互动环境下电网调控运行分析方法的脉络,攻克互动领域的基本理论问题与关键性技术。

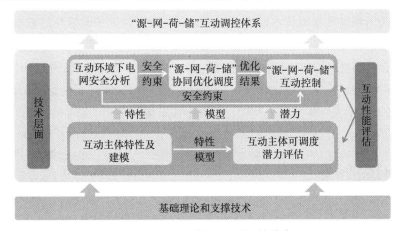

图 7.13　"源网荷储"互动调控技术

依托"源-网-荷-储"互动调控技术,在电源侧,利用精准的可再生能源出力预测、小时尺寸内的调度周期缩短和电源出力自动调节技术,实现发电煤耗减少,提高新能源消纳水平;在电网侧,利用智慧化的调控技术,促进电网削峰填谷,保证电网安全经济运行;在负荷侧,利于柔性负荷控制技术减少负荷被动切除,提高用电满意度。对于全社会而言,可降低电网投资,有效提升设备运行效率,实现社会效益最大化。

7.2.2 特高压输电技术

特高压输电是指 1 000 kV 及以上交流和±800 kV 及以上直流输电,具有输电容量大、距离远、损耗低及占地少等明显优势,是支撑可再生能源大规模远距离输送的关键技术。

在我国特高压电网建设中,以 1 000 kV 交流特高压输电为主形成国家特高压骨干网架,实现各大区域电网的同步强联网;±800 kV 特高压直流输电,则主要用于远距离,中间无落点、无电压支持的大功率输电工程。

作为世界能源消费大国,中国的发电能源分布和经济发展极不均衡,水能、煤炭和风能等主要分布在西部和北部,能源和电力负荷需求主要集中在东部和中部经济发达地区,能源产地与能源消费地区之间的能源输送距离远,主要能源基地距离负荷中心 800 ~ 3 000 km,同时经济高速发展对能源的需求也越来越大。

具有送电距离远、输送功率大、输电损耗低、走廊占地少及联网能力强等优点的特高压交流输电技术,可连接煤炭主产区和中东部负荷中心,使西北部大型煤电基地及风电、太阳能发电的集约开发成为可能,实现能源供给和运输方式多元化,既可满足中东部的用电需求、缓解土地和环保压力,又可推动能源结构调整和布局优化、促进东西部协调发展。

通过建设以特高压电网为核心的坚强国家电网,有力促进了煤电就地转化和水电大规模开发,实现了跨地区、跨流域水火互济,将清洁的电能从西部和北部大规模输送到中、东部地区,满足了中国经济快速发展对电力增长的巨大需求,实现了能源资源在全国范围内的优化配置,成为保障能源安全的战略途径。

近年来,我国特高压输电技术取得突破,其远距离、大容量和低损耗的输电特点,大大提升了电网功能,为构建多区域、多资源的优化配置平台提供了技术手段。特高压跨区输电相对铁路运煤,在经济性、输送效率、生态环境影响、区域经济协调发展、占地和能源运输安全等方面均具有优势,使优化组合输煤输电两种能源运输方式、构建能源综合运输体系成为可能。特高压输电技术大大扩展了电网优化配置能源资源的能力、范围和效率,并使输电相对输煤具备了竞争优势。因此,需要"坚持输煤输电并举,逐步提高输电比重"。

7.2.3 柔性输电技术

1)柔性直流输电技术

柔性直流输电技术是 20 世纪 90 年代发展起来的一种新型直流输电技术,应用先进的电力电子技术为电网提供灵活的控制手段。它具有连接交流弱电网和向无源网络供电的功能,同时柔性直流换流站还具有同步发电机控制性能,能为交流系统提供无功功率紧急支援和频率支撑,具有抑制系统低频振荡和次同步振荡的作用,非常适用于新能源并网、输送与消纳。

与交流输电相比,柔性直流输电的优势主要体现在长距离输电、新能源消纳、成本控制等方面。更为重要的是,柔性直流输电可携带来自多个站点的风能、太阳能等清洁能源,通过大容量、长距离的电力传输通道,到达多个城市的负荷中心,这为新能源并网、大城市供电等领域提供了一种有效的解决方案。风能、太阳能发电等新能源接入电网的最大障碍就是其间歇性和不确定性,交流系统电压波动是弃风的原因之一。而柔性直流输电技术就像在电网接入了一个阀门和电源,可有效地控制其上面通过的电能,隔离电网故障的扩散,还能根据电网的需求,快速、灵活、可调地发出或吸收一部分能量,从而优化电网的潮流分布、增强电网稳定性、提升电网的智能化和可控性。

2)柔性交流输电技术

柔性交流输电技术(FACTS)是指应用大功率、高性能的电力电子元件制成可控的有功或无功电源以及电网的一次设备等,实现对输电系统的电压、阻抗、相位角等指标的灵活控制,在不改变网络结构的情况下,使电网的功率传输能力以及潮流和电压的可控性大为提高,可有效降低功率损耗和减少发电成本,大幅度提高电网灵活性、稳定性、可靠性。

FACTS技术将大功率的电力电子元件和微电子技术等运用到电力系统中,对电网运行中的发电过程、交流输电以及供电系统加以控制,使电网的稳定安全性和节能环保性都大大提高。作为柔性交流输电技术的核心,现阶段FACTS装置主要包括APF(有源电力滤波器)、SVC(静止无功补偿调控)装置、SVG(静止无功发生)装置、UPFC(统一潮流控制)装置、STATCOM(静止无功补偿)装置等。

未来,柔性输电技术将向更高性能、设备和系统设计更紧凑化发展。目前,国家电网有限公司正在加紧IGBT,SiC等大功率电力电子器件和电力电子电容器、交直流电缆等技术的研发,以实现柔性输电装备的全面国产化。通过核心器件的国产化和技术升级,未来柔性输电的技术经济性将得到显著提升,应用领域将越来越广泛,数量也将越来越多,柔性输电将成为促进新能源大规模开发利用和电网建设的重要技术支撑。

通过柔性输电技术,在发电侧将风电、水电、火电等电源进行互联,通过多形式电源互补发电与柔性输电灵活快速的调节能力和对系统稳定性的支撑相结合,可在大范围内平抑可再生能源发电的波动性、间歇性等问题,降低其对电网产生的冲击,实现大范围的潮流调节和控制,提升可再生能源发电的可靠性。在用电负荷侧,通过柔性输电技术改善系统的稳定性,可增强电网的可控性、可靠性,从而提高整个受端电网的安全稳定性和对可再生能源的接纳能力。

7.2.4 其他新型输电技术

1)超导输电技术

超导输电技术是利用超导体在临界温度下失去电阻转变成超导态的原理而研制和开发

的输电技术。高温超导工作在液氮温度(零下196 ℃),普通超导则要在液氦温度。高温超导直流输电与常规直流输电相比,输送容量可达常规特高压直流输电的4～10倍。如常规的±800 kV直流输电线路,其传输容量800万 kW,而超导材料的载流能力远远超过普通铜或铝的载流能力,1回±800 kV的超导直流输电线路其输送容量达3 200万～8 000万 kW。同时,损耗低。其输电总损耗可降到常规直流输电的1/4～1/2。超导直流输电没有电阻损耗,其损耗仅仅来自冷却超导电缆的低温冷却系统。德国2015年已建成长度1 km,输电电压为10 kV,输电功率为4万 kW的超导输电线路。若用常规输电,则需要5回10 kV线路或改用更高电压等级的输电线路,这在城市中心地段都是非常困难的。目前,该回线路运行稳定,技术经济性也较好。未来还需要在高温超导材料和线材发展的基础上,重点开展高温超导直流输电研究。高温超导电缆结构示意图如图7.14所示。

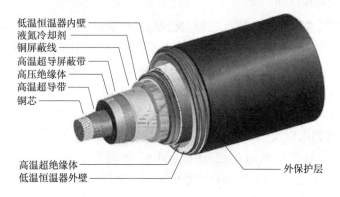

图7.14　高温超导电缆结构示意图

2)半波长输电技术

交流输电本质上是波的传播过程。半波长输电是指输电的电气距离接近一个工频半波长,即50 Hz输电距离为3 000 km、60 Hz输电距离为2 600 km的超远距离三相交流输电技术。可知,半波长就是$\beta l = 180^0$时,首端电压和末端电压大小相同、相位相反。与常规交流输电相比,其主要优势体现在:

①无损线路本身不产生或吸收无功功率,线路上的电压会随着线路负载的多少而自动调节,但线路两端电压始终保持相等,故不需要安装无功补偿设备。

②因为没有无功补偿的需要,无须设中间开关站。

③输送能力强,有分析结果表明,从过电压限制、线路容量和电晕损耗等因素考虑,3 000 km左右的特高压半波长交流输电最大输送容量可达到1.2倍自然功率。

④因无须安装无功补偿设备、无须设中间开关站,输电设备数量大为减少,经济性较好,比特高压直流输电的造价更低。

目前,半波长输电技术存在以下3个问题:

①随着传输功率的增加,半波长线路中点附近的电压会随之迅速增加,同时线路上的电晕损耗也增加,限制半波长输电线路的传输容量。

②半波长输电线路在单相故障切断后,非故障相的潜供电流问题十分突出。

③半波长输电线路的自然长度为 3 000 km,线路长度不足时,需要人工将实际线路调谐成半波长。

这些问题未来都亟待解决。

3)无线输电技术

无线输电包括长距离、中距离和短距离 3 类。其中,长距离是通过微波/激光式无线输电技术将电能转换为电磁波空间定向辐射能量,并用特殊接收器接收定向辐射能,实现电能远距离、大容量定向传输。2015 年 3 月,日本三菱重工成功将 10 kW 电力转换成微波后输送,点亮了 500 m 外接收装置上的 LED 灯,这也是迄今为止公开报道的传输距离最长、传输功率最大的微波无线输电系统。虽然无线输电技术受经济性限制,不可能替代传统输电技术,但可作为传统输电技术的有益补充,弥补传导型输电在灵活性、安全性、可维护性等方面的不足,应用于自然条件艰险的地区输电、特殊环境条件下无人机电力巡检和状态监测设备电能补给等特殊场合,以及未来的空间太阳能电站。空间太阳能电站是将太阳能板设置在地球同步轨道上,将空间太阳能电站发出的电能以微波的形式传输到地球上,然后通过天线接收经整流转变成电能供电。1968 年,美国政府和企业投入巨资,日本 2004 年列入航天长期规划,作为三大航天重点领域之一进行研究;俄罗斯积极与中国合作,印度、韩国和欧洲航天局也在开展相关工作。

我国提出了三步走的目标,未来 10~15 年完成超高压发电输电和无线能量传输试验验证,2030 年建设兆瓦级试验电站,2050 年前具备建设 GW 级商业空间太阳能电站的能力。

7.3　负荷侧措施

7.3.1　需求侧响应

需求侧响应(Demand Response,DR)是指终端用户根据不同时期的电价水平和激励措施主动发生的日常用电模式的改变,以达到在电力市场价格高涨或电力系统可靠性受到威胁时利用先进智能化计量装置降低用电需求的目的,是在竞争电力市场进行价格设定和市场出清的过程中用来增加需求侧或者终端电能消费者参与的一种机制。

需求响应主要具备以下优点:

①有效削减峰值负荷,提升电力系统的稳定性。

②增大电价弹性,提升用户用电积极性。

③整合需求侧资源,建立实时响应机制,最终构建良性运行的电力市场。

电力市场中需求响应的参与方与实施方可将需求响应大致分为两类:基于价格的需求侧响应和基于激励的需求侧响应,两者的结构如图 7.15 所示。

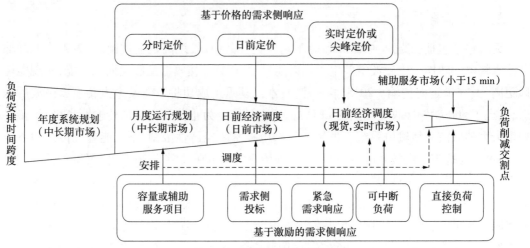

图 7.15　需求侧响应结构图

1)基于价格的需求侧响应

基于价格的需求响应一般是指用电用户结合自身的用电情况将可选择的用电时段从原来的用电时段转移到低电价时段的用电行为。主要通过分时电价、实时电价和尖峰电价来实现。

（1）分时电价

分时电价(Time Of Usepricing, TOU)会根据时间、季节以及日期的不同,使用电价格呈现差异化,一般情况下以小时为主。现阶段,我国部分地区已开始实施分时电价,主要通过调整用电价格控制用户的用电方式。分时电价常用形式如图 7.16 所示。

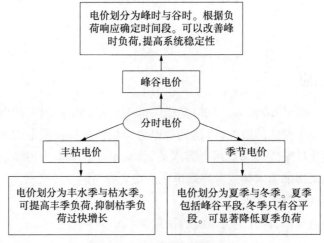

图 7.16　分时电价常用形式

（2）实时电价

实时电价（Real-Time Pricing，RTP）是指在一个确定的时间内对用电价格进行调整，它能直观反映整个市场的电力供需情况，增强不同地域用电市场之间的关联性。一般应用于成熟的电力市场。作为动态的定价机制，它的更新周期极短。目前，市场一般采用两部制电价，即通过基线负荷区分定价。在基线负荷以内，则采用分时电价或固定电价；对基线负荷以外的部分负荷，则采用实时电价。

（3）尖峰电价

尖峰电价（Critical Peak Pricing，CPP）是指针对年度负荷尖峰所设计的一种特殊电价。系统在规定的天数内或时间段内提升用电价格，促使用户减少用电量或转移用电。在尖峰电价制订时，时段的划分举足轻重。尖峰时段划分方法有基于模糊隶属度函数划分、基于成本-负荷函数划分和基于差异因素法划分。

2）基于激励的需求侧响应

基于激励的需求响应是指当系统在高负荷时，项目的实施方让某些参与用户减少甚至终止用电，并根据减少用电的幅度情况以激励报酬的形式来补偿参与需求响应的用户。主要包括直接负荷控制、可中断负荷、需求侧竞价、紧急需求侧响应、容量市场项目及辅助服务市场项目等。

（1）直接负荷控制

直接负荷控制（Direct Load Control，DLC）是指用电系统处于紧急状态或用电高峰时段，同意供电公司可远程控制或关闭用户的用电设备，针对上述直接关闭电能的用户，系统给予用户一定的经济补偿。直接负荷控制的控制方法有直接切断设备供电；采用等占空比方式对设备开关状态进行循环控制；通过转换设备运行状态实现与切断供电类似的效果，如调节空调温度、改变冰箱制冷模式等。直接负荷控制结构图如图 7.17 所示。

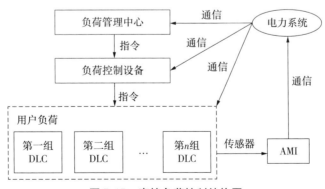

图 7.17　直接负荷控制结构图

（2）可中断负荷

可中断负荷（Interruptible Load，IL）是指在用户同意的情况下适当的删减负荷，并给予一定的经济补偿；反之，用户则会接受相应的惩罚。在此过程中，主要的部分就是合同的签订。合同是指供电公司与各个大型企业之间签署的相关协议。在合同签订后,系统会提前告知用户具体的停电时间以及补偿方式等。主要针对大型工、商业用户。

(3)需求侧竞价

需求侧竞价(Demand Side Bidding, DSB)是指需求侧参与批发市场竞价,从多个角度激发用户的响应能力与积极性,在参与者获取回报的同时也能增强系统的安全性。大型用户用电需求一般具备平稳性和连续性,而小型用户用电需求变化相对较大,故需要通过负荷聚合商(Load Aggregator, LA)参与竞价。负荷聚合商交易流程如图7.18所示。

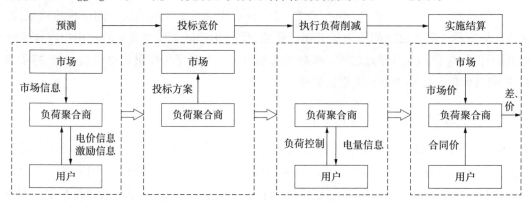

图7.18 负荷聚合商交易流程

负荷聚合商可包括:大型社区微网系统,即社区微网系统由光伏电池、微型燃气轮机、储能系统(Battery Energy System, BES)、电动汽车和居民日常负荷组成(见图7.19和图7.20);家庭微电网系统,即居民家庭负荷、分布式光伏发电系统、电动汽车(动态储能)及家用蓄电池(静态储能),系统整体架构图(见图7.21)。电动汽车聚合商包括电动汽车负荷聚合商与区域内电动汽车充电站、私人电动汽车充电桩、电动汽车换电站等安装智能充电控制设备,监控区域内电动汽车充电状态,并通过远程通信技术控制区域内电动汽车充电功率。

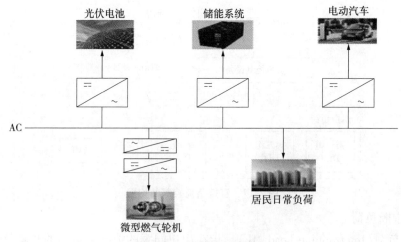

图7.19 社区微网系统图

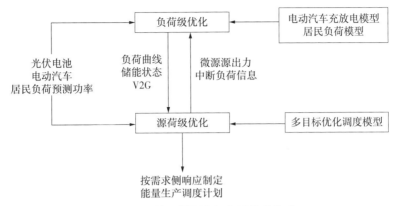

图 7.20　社区微网分级能量管理策略

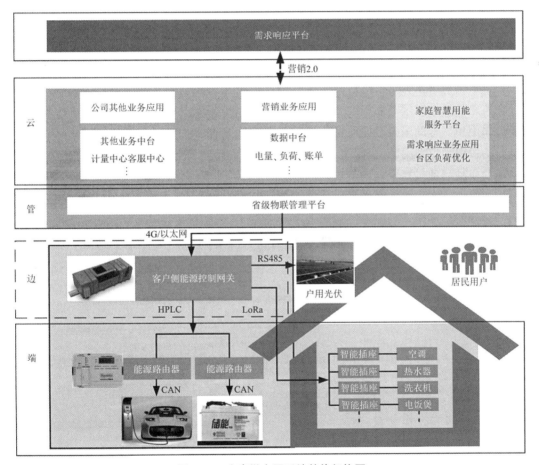

图 7.21　家庭微电网系统整体架构图

电动汽车聚合商可以是公交公司、出租车公司,也可以是各种电动汽车租赁公司、滴滴运营商等。电动汽车负荷聚合商运行机制如图 7.22 所示。

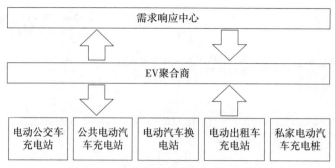

图7.22　电动汽车负荷聚合商运行机制

（4）紧急需求侧响应

紧急需求侧响应（Emergency De-Mand Response，EDR）是指在用电系统发生紧急情况下，运营商及时向系统发送请求，如果用户主动删减负荷就能获取相应的奖金。紧急资源主要包括预设紧急容量、参与紧急需求响应的供需资源、承诺参与紧急需求响应的用户及就近购买的紧急资源。

容量市场项目主要是指运营商需要给用户侧事先支付一定的补偿金，运营商就能获取系统在紧急状态下稳定的电源。如果用户没有按照相关规则对系统中的负荷进行删减，则需要惩罚用户。辅助服务市场项目是指项目的实施方等同于整个系统的运营商，如果系统在运行的过程中出现问题，运营商需要按照规定的价格进行赔偿，确保系统的正常运行。容量市场的交易品种包括主容量市场、补充容量市场场外双边协商和容量权转让市场。容量市场中的双边协商相当于现货市场体系下的中长期金融市场，主容量市场和补充容量市场相当于现货市场体系下的现货市场。双边协商市场、主容量市场和补充容量市场是在不同时间进行的一级交易市场，容量权转让交易是二级交易市场。具体交易品种如图7.23所示。

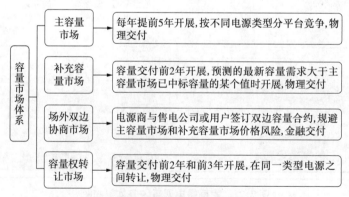

图7.23　容量市场交易品种体系

辅助服务市场项目主要是指为保障电力系统安全稳定运行和电能质量，由发电企业、电网和用户提供的除正常电能生产、输送和消费之外的服务市场，包括一次调频、自动发电控制（Automatic Generation Control，AGC）、调峰、备用、无功调节和黑启动等。表7.24给出了为南方电网对不同类型辅助服务的补偿标准。

表 7.4　南方电网辅助服务补偿标准

辅助服务类型	补偿标准
AGC	容量:3.56 元/MW·h;电量:29.2 元/MW·h
启停调峰	燃煤:0.104 元/MW;燃气、燃油:0.0052 元/MW
深度调峰	10.59 元/MW·h
旋转备用	3.53 元/MW·h
无功补偿	迟相:0.481 元/MV·A;进相:1.44 元/MV·A
黑启动	能力费:4110 元/月/台;使用费:480 万元/台次

国内需求响应由各省(市)经信委、发改委或工信局等主管部门出台政策支持试点或实施。需求响应类型一般按照启动条件、提前通知时长进行划分。按启动条件分为削峰响应、填谷响应,其中:

①当出现以下 3 种情况时,通常启动削峰响应:

a. 省级电网负荷为上一年度最高负荷一定比例(通常为 95.0%)以上,或系统峰谷差率为一定比例(通常为 20.0%)及以上。

b. 电网备用容量不足或局部负荷过载。

c. 出现其他不确定性因素造成的省级电网(局部电网)电力供需不平衡。

②当用电负荷水平较低,电网调差能力不能适应峰谷差及可再生能源波动性、间歇性影响,难以保证电网安全稳定运行时,通常启动填谷响应。按提前通知时长分为约定响应和实时响应。

a. 约定响应是指在响应日前或响应时段前若干小时,电力用户(需求响应聚合商)收到上级需求响应服务管理者的响应邀约,告知响应时间段及响应量。

b. 实时响应是指需求响应服务管理者依托需求响应服务系统,与电力用户(需求响应聚合商)的系统或设备直接完成响应邀约、响应能力确认和响应执行过程;当提前通知时长小于 1h,在某些省开展试点过程中也划入实时响应类型。

7.3.2　V2G 技术

随着电动汽车的普及与智能电网的发展,电动汽车与电网互动技术(Vehicle-to-Grid,V2G)正受到人们的关注。V2G 技术利用电动汽车作为储能单元,实现电动汽车与电力系统之间能量的可控交换,电动汽车可与电网进行通信,实现与电力系统电能的相互转换(充电或放电),如图 7.24 所示。

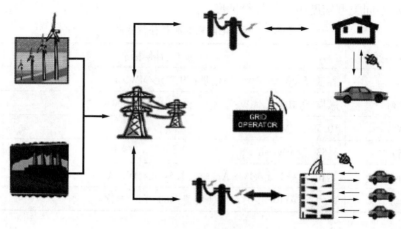

图 7.24　V2G 示意图

电动汽车达到一定规模后,当电网负荷过高时,可将闲置电动汽车作为储能单元接入电力系统,控制其对电网放电;当电网负荷过低时,控制电动汽车充电存储电网过剩电量。通过 V2G 模式,电动汽车用户可在电网电价高时向电网售电;在电网电价低时,向电网购电,通过这种能量双向流动,实现用户与电网的互利共赢。

V2G 系统由智能充放电机、交流充放电桩、人机交互系统、用户终端设备及智能电表组成。

1)智能充放电机

智能充放电机主要由滤波器、双向 DC-DC 变换器以及双向 AC-DC 变换器组成。当需要对汽车蓄电池进行充电时,交流电通过滤波器进行滤波,然后通过 AC-DC 变换器进行整流,再通过 DC-DC 变换器保证合适的充电电压。智能充放电机除了能进行充放电操作外,还具有过电流保护、过电压保护、充放电管理通信及孤岛保护等功能。

智能充放电机主要分为地面充放电机和车载充放电机两种。其中,地面充放电机主要安装在固定地点,主要应用于社会公共服务用车,如公交车、救护车、环卫车等,这类车辆主活动区域和停车场地相对固定,且车载电池容量较大,因此适合在停车场地建设几种充放电站。车载充放电机安装在电动汽车上,电动汽车通过连接线与充电桩连接,主要应用于私家小型电动汽车。

2)交流充放电桩

交流充电桩主要为小型电动乘用车服务,具有人机操作界面,能根据其通信系统实时跟踪电网运行的基本信息和电动汽车蓄电池的电能存储状态,对电动汽车进行智能充放电管理。主要功能有:界面显示,用于显示提示信息、用户信息和充放电相关信息等;身份识别,通过读取 IC 卡以辨别用户和管理员的操作;充放电操作,与充放电机交互,控制充放电机进行充放电,并掌握充放电机的工作状态。

3）人机交互系统

人机交互系统主要包括嵌入式控制器、触摸屏、射频卡读卡器、CAN 通信卡、远程监控通信扩展卡及微型打印机等。主要功能有显示界面、识别身份、打印票据、管理数据和查询、设置参数、用户操作帮助及信息提示等功能。

4）用户终端设备

后台管理系统由能量管理系统和充放电策略控制系统两部分组成。能量管理系统主要功能是负责电动汽车蓄电池的实时控制，采集管辖区域内车辆可充放电容量和电力系统实时状态；充放电策略控制子系统的功能是主要负责依据能量管理子系统所掌握的数据，计算电网所需的充放电容量，采用适当的充放电控制算法进行充放电管理。

5）智能电表

智能电表作为 V2G 系统中的重要组成部分，其主要功能包括双向计量、双向通信和本地存储等。

7.3.3　微电网技术

微电网是指由分布式电源、储能装置、能量转换装置、相关负荷和监控、保护装置汇集而成的小型发配电系统。微电网中的电源多为容量较小的分布式电源，即含有电力电子接口的小型机组，包括微型燃气轮机、燃料电池、光伏电池、小型风力发电机组，以及超级电容、飞轮及蓄电池等储能装置。

微电网具有以下 6 个方面的优点：

①可充分利用一切可利用的发电资源，主要以可再生分布式能源。

②可就近消耗，避免长距离输电的损耗和高额投资。

③可灵活调整发电容量，改造费用小。

④可离网运行，也可并网运行，可靠性高。

⑤对于大电网来说，微网是一个可控单元，可有效减少间歇电源对大电网的冲击。

⑥有利于提高电力系统的可靠性、电能质量以及灵活性。

微电网系统结构如图 7.25 所示。

微电网是未来智能配电网实现自愈、用户侧互动和需求响应的重要途径，随着新能源、智能电网技术、柔性电力技术等的发展，微电网的发展前景也将更加广阔。

①微电网将促进多种能源综合利用。微电网可有效解决远距离输电问题，也就可就多种能源更直接地连接在一起，真正实现多种能源的综合利用。加之微网自身多层次多维度的运行控制技术，可更高效地实现多种能源之间的协调。

②微电网将与配电网实现更高层次的互动。微电网接入配电网后，将与配电网形成新

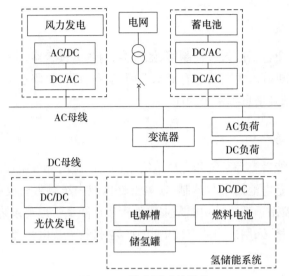

图 7.25　微电网系统结构

的互动和可能。当更多的微电网项目投入运行,微电网之间协同也将成为新的突破口。通过微网内能量优化、虚拟电厂技术及智能配网对微网群的全局优化调控,逐步提高微电网的经济性。实现更高层次的高效、经济、安全运行。

③微电网将承载能源与信息双重功能。微电网与能源互联网有一定的相通性,可视为能源互联网的先行兵,在微电网这种高效互联的结构中,除了能源的互联,通信网的设计与建设也是相当重要的内容。同时,高效的通信网也是实现精准控制的关键技术。

7.4　储能侧措施

储能技术是推动世界能源清洁化、电气化和高效化,破解能源资源和环境约束,实现全球能源转型升级的核心技术之一。未来,基于边界成本低且性能优异的储能技术,构建高比例、广泛布局、可广域协同的储能形态,使其成为完全可观、可测、可控的电力系统调度对象和主要的调节资源,从而突破传统电力在时间与空间上的供需矛盾,变革电网形态、结构和功能,全面支撑未来电力系统智能、坚强、灵活、广泛互联的发展。

储能技术作为一种新型技术,在负荷低谷时存储电量,在高峰时释放电量。储能通过对电能供需时间上的平移提供灵活性,实现削峰填谷、平衡供需,提高系统稳定性。储能技术与可再生能源结合利用时,可平抑可再生能源发电的间歇性和波动性,促进可再生能源的消纳等。

当前储能技术越来越发达,材料成本逐年下降,为大规模储能的应用提供了良好的基础。电能存储技术分类和典型储能的技术及应用场景如图 7.26 和表 7.5 所示。

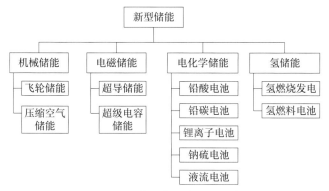

图 7.26　典型电储能技术分类

表 7.5　典型储能的技术应用场景

储能技术	主要特点	功率范围	应用时间	应用场合
抽水蓄能	容量大、寿命长	100 ~ 2 000 MW	日级	削峰填谷、系统备用
压缩空气	功率范围广、环境友好	100 ~ 300 MW	日级	频率控制、新能源出力平抑
飞轮储能	储能周期长、效率高	5 kW ~ 1.5 MW	分钟级	调峰/频、平滑功率输出
锂电池	能量密度高、充放电快	千瓦级 ~ 兆瓦级	小时级	备用电源、电动汽车
液流电池	100% 充放电、循环寿命长	100 kW ~ 100 MW	小时级	抑制功率波动、新能源发电
超导储能	功率大、响应速度快	10 kW ~ 1 MW	分钟级	电能质量、提高稳定性
超级电容器	功率密度高、寿命长	1 ~ 100 kW	分钟级	平滑功率、电能质量

7.4.1　机械储能

机械储能包括抽水蓄能、压缩空气储能和飞轮储能。

抽水蓄能电站广泛用于工业生产中,包括上池和下池,机组像常规水轮机一样发电,同时可用水泵将下池水抽到上池。当电力系统处于低负荷运行,机组用作水泵运行,在上池蓄水;处于高负荷时,机组像常规水轮机一样运行,为电网提供电能,实现低储高发、削峰填谷。两个水池之间的高度差一般在 70 ~ 600 m,其效率在 70.0% ~ 80.0%。但是,抽水蓄能电站对地理条件要求很严格,建设周期很长,初始投资大,并会导致一系列生态和移民问题。

压缩空气储能是一种在电网低谷负荷时利用电能压缩空气,将空气高压密封在储气罐中,在电网高峰负荷时将压缩空气释放从而推动汽轮机进行发电的储能方式,这种储能方式整体结构复杂,制造成本高,工作效率在 30.0% ~ 40.0%,经济性较差,暂未得到规模的商业化应用。

飞轮储能是通过加速飞轮至极高速度的方式将能量以旋转动能的形式储存于系统中。由能量守恒定律可知,当释放能量时,飞轮转速下降;而进行储能过程时,飞轮转速会较之前有所升高。飞轮储能可在短时间内输出较大能量,具有极高的功率密度,储能效率在95.0%左右,但工作过程中飞轮和轴承上的摩擦损失很高,需要复杂的冷却过程,为改进这个缺点,可使用带超导体的磁力轴承或无轴承电机。该储能装置由于输出响应速度快,达到分钟级,多用于电力系统调峰调频。

7.4.2 电磁储能

电磁储能主要有超导磁储能和超级电容器两类。

超导磁储能是利用超导线圈作为储存电磁能的载体。由于超导体电阻为零,能量转换过程中无损耗,效率极高。因此,超导磁储能具有效率高、响应速度快、有功和无功率输出可灵活控制、使用寿命长、污染小等优点,但高昂的成本制约了规模化应用。高温超导材料会极大降低超导磁储能系统的成本,简化运行条件,提高其性能和寿命,中国科学院成功研制了世界首台在风电场并网运行的超导磁储能装置,该装置采用了两种高温超导带材混合绕制的结构,充分发挥了各自优势,具有先进的技术性,已在甘肃省玉门市低窝铺风电场并网运行。运行结果表明,该系统能有效提高风电并网的可靠性,提升电网的电能质量。因此,随着高温超导材料技术的不断成熟,超导磁储能有望推动未来储能技术的发展和革新。

超级电容器是一种介于传统电容器和电池之间的特殊电源,工作期间不进行化学反应,这种储能过程可逆,可多次进行反复充电放电。相比蓄电池而言,超级电容器作为新型储能装置具有适应环境能力强、温度特性好、使用寿命长、可快速充电等优点。超级电容器在电力系统中多用于分布式发电的储能装置和电网故障时的后备电源等,平抑电网电压波动,解决电压暂降和短时中断等问题。然而,超级电容器能量密度小,成本高,电极材料是提升性能和降低成本的关键部分。

7.4.3 电化学储能

电化学储能主要通过可充电电池来实现。目前,常用的储能电池有铅酸电池、锂离子电池、钠离子电池、钠硫电池及液流电池等。

铅蓄电池是利用铅在不同价态之间的固相反应实现充放电的一种蓄电池。铅蓄电池因其原材料来源丰富、价格低廉及性能优良等特点,但仍有充电速度慢、能量密度低、过充容易析出气体、循环寿命短等缺点。目前,它主要作为车用电池、电动车动力电池、备用电源和储能电池使用,也是一些分布式发电及微网项目首选技术之一。

目前,商业化的锂离子电池负极材料主要是碳材料和钛酸锂,正极材料包括钴酸锂、锰酸锂和磷酸铁锂等。锂离子电池具有能量较高、额定电压高、倍率性能好、自放电率低等优点,但也存在着耐过充过放性能差、组合及保护电路复杂、成本较高等缺点。其中,磷酸铁锂电池稳定性高、安全性好、循环寿命,在电力储能系统中应用较广,目前长沙电池储能电站采用磷酸铁锂电池储能技术。

钠硫电池是一种以金属钠为负极、以硫为正极和以陶瓷管为电解质隔膜的熔融盐二次电池。钠硫电池具有能量密度高、功率特性好、循环寿命长等优点。钠硫电池制造成本较高,倍率性能较差,实际寿命有限,安全隐患大,严重限制了其在储能系统中的应用。

液流电池全称氧化还原液流电池,具有系统设计灵活、使用寿命长、运行稳定性及可靠性高等特点。根据电解液种类的不同,液流电池可分为全钒液流电池、锌溴液流电池等。其中,全钒液流电池是目前发展最好的液流电池,响应速度在 20 ms 左右。现阶段液流电池发展面临的主要问题为发展高性能电解液,优化隔膜和极板材料,进一步降低成本,提高性能,从而更好地推动其产业化发展。

图 7.27 展示了未来电化学储能技术及发展预期。

图 7.27 电化学储能技术及发展预期

7.4.4 氢能储能

储氢方式可分为物理储氢和化学储氢两大类。物理储氢主要有液氢储存、高压氢气储存、活性炭吸附储存、碳纤维及碳纳米管储存等。化学储氢法主要有金属氢化物储氢、有机液氢化物储氢和无机物储氢等。

氢储能技术是利用了电力和氢能的互变性而发展起来的。在可再生能源发电系统中,电力间歇产生和传输被限的现象常有发生,利用富余的、非高峰的或低质量的电力大规模制氢,将电能转化为氢能储存起来;在电力输出不足时利用氢气通过燃料电池或其他反应补充发电。能够有效解决当前模式下的可再生能源发电并网问题,也可将此过程中生产的氢气分配到交通、冶金等其他工业领域中直接利用,提高经济性。氢储能技术及应用结构如图7.28 所示。

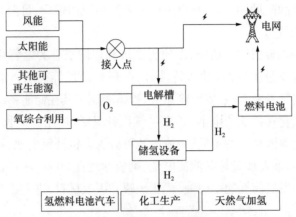

图 7.28　氢储能技术及应用结构图

7.5　湖南省提升电力保障能力的措施

7.5.1　电源发展方面

1）推动建设一批清洁煤电

充分利用浩吉铁路等运输能力,大力推进一批大型清洁高效煤电建设。一方面,推动已核准电源尽快建成投运,争取永州电厂 2021 年投产、平江电厂 2022 年投产,华容电厂 2023 年投产。另一方面,积极争取"十四五"清洁高效煤电指标,提前启动远期电源前期工作,力争"十四五"及后期陆续建设投产,保障湖南电网中远期电源供应。

2）打造煤炭储运基地

为解决湖南省水火调峰、迎峰度夏、迎峰度冬的矛盾,立足于国家能源战略储备,依托煤炭物流节点的集运中转功能,加快建设以动态储备、对冲风险为主要功能的电煤储备基地,增强煤炭的运行调节和应急保障能力,助推区域大型清洁煤电落地实施。

3）全力争取周边电源

推进实施华润鲤鱼江电厂互供湖南、广东,争取贵州大龙电厂早日并入湖南电网。

4）有序安排煤电机组退役时序

根据煤电机组的实际运行状况,充分考虑湖南电力供需形势,坚持"先建后退"原则,科学有序安排耒阳一期、华岳一期、大唐石门电厂、株洲电厂机组退役。

5）积极有序发展新能源

在满足环保、林业前提下,充分考虑全省的负荷发展水平及电网消纳能力,优化风电、光伏等项目建设布局,积极有序发展风电、太阳能等新能源,统筹新能源发展规模,到 2025 年,新能源装机规模达到 2 500 万 kW。

6）推动实施煤电机组灵活性改造

研究出台相关支持政策,用价格手段鼓励煤电企业实施改造,降低火电机组最低技术出力,提升电网整体调峰能力。

7.5.2　电网发展方面

1）打造"强直强交"特高压电网

"十四五"期间,投产南阳—荆门—长沙、南昌—长沙特高压交流工程,湖南特高压网架将得到加强,区外受电能力将明显提升。在充分用好用足祁韶直流和 500 kW 鄂湘联络线基础上,积极抢占区外优质送端资源,争取"宁电入湘"纳入国家"十四五"电力规划并实施,提高湖南中长期能源电力保障水平。

2）建强 500 kV 电网

构建形成"南北分片、立体多环"的 500 kV 目标网架。"十四五"期间,加快形成湘东 500 kV "立体双环网",解决祁韶直流送出通道卡口,增强南北断面输电能力,强化湘西南、湘北电网送端网络,大幅改善电网稳定水平,满足电源安全送出需求,500 kV 变电站覆盖全省所有地市。

3）建优 220 kV 电网

按照"分区供电、区内成环"的原则,简化电网结构,控制短路电流,形成分区清晰、安全可靠、方式灵活的网架结构。满足供电可靠性的前提下,在湘东长株潭地区科学实施分区分片运行。加快解决地区变电容量不足和供电"卡脖子"问题,科学补强送电通道,满足清洁能源消纳需求。加快老旧设备改造升级,提升输变电设备智能化水平。

4) 建好 110 kV 及以下配电网

积极服务乡村振兴战略,进一步提升户均配变容量,解决"低电压"、设备重过载等突出问题,加大有源配电网研究力度,满足电动汽车、5G 网络、数据中心等接入需求,推动多种能源、多类负荷协同发展,提升电网效率效益,加快打造现代化一流配电网。

5) 加强电网先进技术应用

高度重视"大云物移智链"等新技术在电力系统的应用,推动多种能源、多类负荷协同发展,推动电网向智能化、网络化、数字化方向发展,促进电网转型升级。

7.5.3　电力需求方面

1) 加强需求侧管理

出台需求响应工作方案、建立补贴资金池,加快电力需求响应平台建设,建立可调节负荷资源库和价格激励机制,形成政府主导、电网公司实施、全社会共同参与的需求响应运作模式,促使用户主动改变用电行为,减少高峰用电。

2) 提前储备有序用电资源

制订度夏、度冬有序用电预案,明确有序用电线路、用户及负荷,按轮次储备有序用电资源。开展负控设备状态清查,滚动优化有序用电执行策略,实时开展负荷监测和控制,将有序用电范围缩到最小、影响降至最低。

7.5.4　储能发展方面

1) 大力支持"新能源+储能"发展模式

新增风电、光伏项目分别按照装机容量 20% 和 10% 的配置电池储能,引导存量风电、光伏主动配置储能,提升电网消纳能力,加强储能商业模式、技术路线研究,鼓励和引导储能设备参与电力辅助服务市场,并获取相应补偿,科学有序发展新能源。

2) 积极推动抽水蓄能电站建设

积极推进抽水蓄能布点和建设,加快平江抽蓄电站建设进度,大力支持东江电厂扩机工程项目建设,确保"十四五"期间投产。开工建设安化抽水蓄能电站,争取安化二期、东江、汨罗、攸县以及湘南地区等抽水蓄能电站纳入选址规划。

7.5.5　市场政策方面

1）建立健全电力保障支持政策

研究建立电力保障服务补偿机制、发电权替代交易机制、火电发电小时补偿机制、区域电价机制等,重点帮助火电企业走出经营困境,切实保护和调动火电发展的积极性,推动湖南省火电企业的可持续发展,促进省内清洁煤电科学健康发展。

2）出台政策增强电力应急保障能力

延缓负荷中心到期机组退役,转为应急或可靠性电源,在电量、电价等方面给以一定政策支持。深入挖潜,提升电网应急供电能力,科学组织企业自备电厂夏季、冬季高峰负荷时段增加出力,对迎峰度夏、度冬期间自备电厂发电加强有序管理,给予环保政策支持。

3）出台政策支持电网建设

进一步完善电网建设统筹协调机制,优化电网建设环境,各级政府设置有关电网建设的协调议事常设机构,将电网建设环境纳入政府绩效考核范围,加大资金、政策扶持力度,做好规划衔接、项目监管、要素保障等工作,为全省电网建设提供坚强保障。

4）加快建立辅助服务市场

完善辅助服务相关机制体制,鼓励和引导电力企业以竞争方式参与辅助服务,获取相应补偿,提升系统调峰能力。

附　录

附录1　"通过电力看经济"2021年4月专题报告

我公司认真学习领会省委一季度经济形势会议精神,持续落实省委、省政府关于做好全社会用电量统计的工作指示,继续深挖电力大数据价值,对我省经济发展形势进行常态跟踪研判,重点对"五一"假期全域旅游用电增长做了专题分析,形成本报告。

1)用电需求实现高速增长,反映我省宏观经济复苏趋势总体平稳

用电总量保持高速恢复性增长。2021年前4月,全省上下大力实施"三高四新"战略,现代化新湖南建设取得良好开局,全社会用电量同比增长16%,延续了开年以来高位增长态势,在不考虑疫情影响下,较2019年增长11.2%。湖南电网月最高用电负荷连续4个月保持240万千瓦以上的较大增量。三次产业用电快速增长。前4月,全省全行业用电同比增长25.1%(较2019年增长17.7%)。其中,一产用电增长22.38%(较2019年增长12.8%);二产用电增长22%(较2019年增长22.9%),带动全社会用电量增长10.1个百分点,是经济稳增长的压舱石;三产用电增长33.5%(较2019年增长10.7%),对社会用电量增长贡献率较年初大幅提高14.9个百分点。居民用电量基本持平。前4月,全省居民用电量同比下降0.1%,其中,城镇居民用电增长3.1%,乡村居民用电下降2.7%。分月来看,1月份受极端寒流天气影响,居民取暖负荷激增,城镇居民、乡村居民用电均实现20%左右的高速增长,2月以来,气温回暖带动居民用电负荷趋稳,且因农村返城务工人员增多,导致城镇居民用电平稳增长、乡村居民用电轻微下降。

2）各领域用电增长点不断涌现,表明经济高质量发展基础夯实稳固

农林牧渔业用电增势"稳"。全省上下全面推进乡村振兴,开展智慧农林牧渔业护航春耕生产,带动行业前4月用电增长18.1%(较2019年增长8.5%)。农业类特色小镇立足本地资源禀赋,开辟大市场、做出大文章,华容县芥菜小镇、长沙县金井绿茶小镇、南县南洲稻虾小镇前4月用电量分别增长1倍、37.8%、14%(较2019年增长1.4倍、39%、5.7%)。采矿业用电回暖迹象"明"。开年以来,受大宗能源商品价格持续上涨影响,采矿业市场需求不断扩张,带动行业用电量在2月份实现触底反弹,之后保持平稳上扬态势,截至4月末,全省采矿业实现用电增长6.6%。其中,有色金属矿采选业、黑色金属矿采选业下游市场需求迅猛,带动用电分别大幅增长40.6%,22.2%(较2019年分别增长13.8%,0.1%)。制造业用电增长亮点"多"。前4月,全省制造业用电231.7亿kW·h,同比增长23.9%(较2019年增长22.1%),对全社会用电量增长贡献率为49.3%,继续发挥全省经济龙头引领作用。传统制造业转型升级有活力,四大高耗能行业持续转型升级,大力推进清洁生产及绿色转型,前4月用电增长20.8%(较2019年增长20%)。医药、材料等新兴产业发展提速,行业用电分别增长38.4%,46.6%(较2019年增长28.9%,49.1%)。"湖南智造"打造高端制造产业高峰,专用设备、医疗设备较去年高速增长基础上,分别再提高68.7,73.3个百分点。服务业用电恢复势头"好"。前4月,服务业8大行业用电量延续一季度15%以上高位增长态势,其中,商务租赁等生活性服务业(45.8%)增速快于交通运输等生产性服务业(26.6%)。新消费、新经济发展模式加速成熟,新能源汽车充换电、互联网数据服务、港口岸电等行业需求热度不减,用电持续高位攀升,分别增长1.5倍、0.9倍、47%(较2019年增长2.2倍、4.1倍、12倍)。

3）"五一"用电增长强劲反弹,印证旅游消费市场需求火爆,居民消费水平稳步提高

热门商圈成打卡胜地,用电增长动力足。"五一"假期全省重点商圈日均电量增长10.6%(较2019年增长29.1%)。"美食"消费持续升温,文和友、火宫殿等人气餐厅假期高频刷新排队记录,带动五一商圈餐饮业日均电量增长13.5%(较2019年增长25%)。"人文打卡"开拓消费新潮流,居民文化消费倾向不断提升,李子健博物馆、谢子龙艺术馆假期日电量分别增长18.8%,23.3%。夜经济活力尽数展现,长沙城区范围内1:00—5:00用电环比节前增长超过10%的城市综合体达到57个,其中五一广场周边、湘江中路沿岸增速较高。

景区消费迎来新高峰,用电增长势头猛。旅游消费强势复苏,我公司重点监测的20个景区假期日均电量增长12.5%(较2019年增长13%),其中长沙世界之窗景区人气大幅回升,日均电量增长24.8%(较2019年增长32%)。红色旅游景点热度大幅攀升,韶山旅游区、任弼时纪念馆、橘子洲景区假期日均电量分别增长42.9%,36.8%,12.9%,洪家关白族乡、文家市镇等红色研学需求大增,假期日均电量分别增长12.9%,11.7%,较2019年增幅均超16%。

　　电动汽车出行提速扩面,用电增长步伐稳。全省近 3 年铺设充电桩超 5 000 个,单个充电桩年利用小时数从 756 h 提高到 834 h。五一假期绿色出行热度持续升温,充电桩日均电量 194 万 kW·h,环比节前增长 4.4%,同比增长 16%。分地市看,长沙、株洲等地充电桩站点布局广、数量多,假期充电量排名靠前,且保持 10% 以上较快增长;湘潭、张家界等地假期自驾出游大幅发力,充电桩日均电量增幅均超 16%。

附录2 湖南电力市场春(秋)季报告主要内容

电力市场分析预测是对国民经济、电力供需现状进行分析,总结经济运行和电力供需特点,分析影响电力供需的内外部环境变化因素,对报告期内的经济发展、电力需求、负荷特性、电力供应能力及电力供需平衡等进行分析预测。

2.1 本地区经济发展情况

宏观经济运行分析的主要功能是对宏观经济运行的各种指标的历史、现状进行分析,对未来走势进行判断,为电力供需分析预测提供指导。分析报告期内经济总体运行情况,包括GDP 及其增长,三次产业增加值及其增长,产业结构变化,工业增加值及其增长,以及消费、固定资产投资、城乡居民收入及其增长。总结影响本地区经济增长的主要因素以及本地区经济发展特点。宏观经济运行分析的主要内容如附图1.1 所示。

附图1.1 宏观经济运行分析的主要内容

2.2　电力与经济关系分析

　　电力与经济关系分析能实现地区的电力消费与经济增长之间的关系分析,完成对能源弹性系数、电力弹性系数、GDP 能耗、GDP 产值电耗以及电力与经济、能源之间的综合指标的分析;可采用结构分解模型对 GDP 能耗和电耗的变化进行分解分析,如附图 1.2 所示。

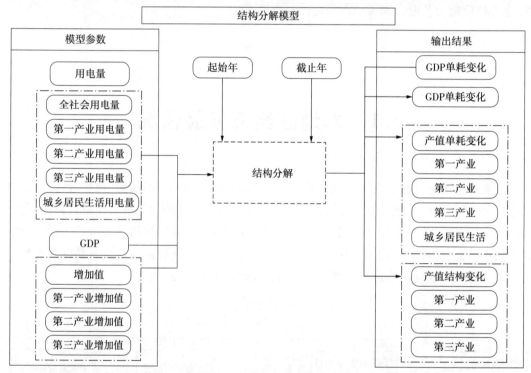

附图 1.2　结构分解模型

　　重点行业情况:从增加值及其增长、投资及其增长、主要产品产量、库存变化、价格走势、行业利润、代表性企业等方面,简要分析目前本地区重要用电行业运行的主要情况,每个行业须附主要产品的价格走势图(注明信息来源)。

2.3　电力供需状况分析

电力供需状况分析是电力供需预测的基础,包括电力供应能力分析和电力需求分析。电力供应能力分析包括装机容量、发电量、发电设备利用小时数等分析;电力需求分析包括各地区全社会用电量、细分行业用电量、电网最大负荷及负荷特性等分析。

1)电力需求情况

(1)全社会用电量总体情况分析

结合行业、部门用电情况,分析报告期内全社会电量及其增长、三次产业和居民生活用电量及其增长、用电结构变化、月度增速变化等情况。分析工业用电量的增长特点及其原因。

(2)重点行业用电分析

高耗能行业用电分析是对四大高耗能行业(黑色金属冶炼和压延加工业、有色金属冶炼和压延加工业、化学原料和化学制品制造业、非金属矿物制品业),根据本地区实际情况,选择本地区用电量大的高耗能行业,分析报告期内用电量增长特点、波动原因等。

(3)重点园区用电分析

对本地区省级及以上园区发展情况、用电情况进行说明,对用电波动比较大的园区要认真分析原因。

(4)重点用户用电分析

说明重点用户报告期内生产运营和用电情况。可从主要产品产量情况、开工情况、主要产品的价格走势、企业利润、受当前政策影响情况等进行分析,并预计下一年企业生产和用电情况。对用电量波动较大的用户,应认真分析原因。

重点企业选取原则如下:

①在用电比重前6位的重点行业,每个行业至少选择1~2家企业。

②企业用电量占该行业比重排名靠前,或对该行业具有较大影响。

(5)业扩报装分析

对本地区业扩报装的主要特点(如集中的行业、电压等级等)进行分析。对本地区报告期内新增35 kV及以上大用户情况进行说明。对减容销户的大用户,要重点分析原因。

(6)供电量、售电量分析

①对报告期内调度供电量增长情况以及与全社会用电量增速差异进行分析说明;分析

全社会用电量与调度供电量之间的逻辑关系,以及全社用电量、调度电量、非调度电量的成分构成。对包含有地方电网的,应分析地方电网供电情况和地方电网电量的构成。

②对报告期内售电量增长情况以及与全社会用电量增速差异进行分析说明。

2)用电负荷及负荷特性

(1)气候和来水情况

分析本地区报告期内气候和来水情况。

(2)负荷增长分析

量化分析报告期内调度负荷(96点)增长情况及其具体原因(分析空调负荷、基础负荷情况的对比增长情况。结合调研情况、重点产业行业发展情况,分析基础负荷增长的原因及基础负荷增长的持续性)。

对本地区调度负荷关口构成进行文字说明,并对总体方案中的打包构成进行详细说明。

(3)负荷特性分析

对报告期内电网平均负荷率,分月最大负荷及季不均衡系数 ρ,月不均衡系数 σ,典型日负荷曲线及典型日负荷率 γ 和日最小负荷率 β,最大峰谷差率及当日最大负荷,最大负荷小时数,以及大于等于 90%,95%,97% 最大负荷持续时间与天数等进行对比分析。

分析报告期内冬季、夏季最高(典型)负荷日情况,包括当日最高负荷、日负荷曲线、日负荷率、日最小负荷率及有序用电情况。

分析丰水期(4—6月)、夏季(7—8月)以及冬季(12—2月)大方式和小方式的负荷比例系数现状情况及预测。

(4)分地区负荷情况分析

分析分地区(城区、分县)调度负荷增长情况。对增长较快的地区,要重点分析。

3)电力供应能力分析

供应能力包括本地电源供应能力、电网输配能力和区外电力电量交换情况等。

①电源装机(含自备电厂)及运行情况。

②电力供应存在的主要问题。

重点分析报告期内 220 kV 主变和线路重载情况,分析引起重载的原因。

2.4　影响本地区未来电力需求的主要因素

从重大政策、新基建、电力市场交易、业扩报装、电能替代、农网改造、天气因素、自备电厂及分布式电源发展趋势等方面分析影响地区电力需求的各项因素。

1）重大政策

收集并分析近年来国家、省、市出台的可能对本地区电力市场有重大影响的政策动态，并分析其影响。

2）新基建

分析本地区5G基站、大数据中心、新能源汽车充电等的用电量现状，后期产业发展趋势，以及对电力需求的影响。

3）电力市场交易

分析本地区大用户直接交易情况，包括市场参与主体、交易规模和交易方式（双边协商、集中竞价和挂牌等）等，预判电力交易对电力需求的影响。

4）业扩报装

认真分析潜在的新增、增容和销户的大用户情况及其影响。

5）电能替代

收集并分析近年来本地区在电能替代领域（电动汽车、煤窑炉改电窑炉、电制茶、电烤烟、电烤槟榔、电采暖及港口岸电等）实施情况，特别是对省、市示范项目要说明实施情况。分析今后的发展趋势及其对用电需求的影响。营销部售电市场拓展年度目标任务（保存量拓增量控变量；电能替代、自供区、自备电厂及增量配网）。

2.5 电力供需预测

电力供需预测是电力供需的重要内容。它是电力供需平衡和电力供需预警的基础。电力供需预测功能包括电力供应能力预测、电力需求预测和负荷特性预测等内容,可实现各地区全社会用电量以及分行业用电量的预测,电力负荷预测,负荷曲线模拟,以及期末装机容量预测。

电力供应预测可按照电源分类进行预测,可分为水电发电功率预测、光伏发电功率预测和风力发电功率预测。电力需求预测可分为用电量预测和负荷预测。采用部门分析法预测用电量原理图如附图 1.3 所示。

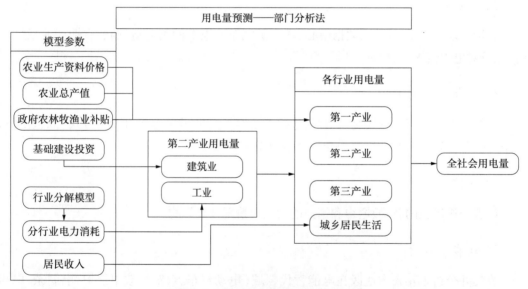

附图 1.3 部门分析法预测电量原理图

2.6　电力电量平衡分析

电力电量平衡分析是电力供需形势分析和电力供需预警的基础。电力供需平衡分析的内容主要包括电力供需平衡状况,以及各区域电网和省(市)电网电力供需平衡状况。根据期末装机容量、电力负荷和用电量需求的预测结果,综合考虑检修计划和区域间的电力、电量交换,可计算区域电网或省(市)电网的实际备用率、发电设备利用小时数、最大电力短缺或盈余等。

进行电力电量平衡,需要已知期初按机组类型分类的统调装机容量、分机组类型的统调装机计划进度、统调用电量预测值、统调用电负荷预测值、电力送入送出及电量送入送出等。电力电量平衡分为两部分:一是电力平衡计算;二是电量平衡计算。电力电量平衡一般按月或年来进行。

电力平衡的计算方法是:在期初统调装机容量的基础上,考虑新增统调机组、退役统调机组、检修容量及受阻容量,计算当期统调可用容量;再加上区外受电(或送出),便可得到机组综合可调容量;根据综合可调容量以及当期预测的统调负荷,并考虑一定的备用后,计算电力盈亏和实际备用率。电力平衡计算原理图如附图1.4所示。

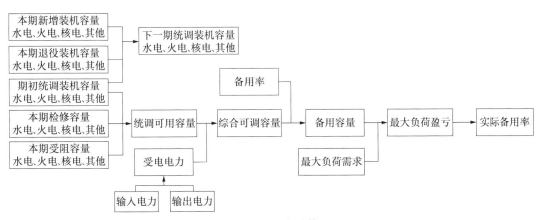

附图 1.4　电力平衡计算原理图

电量平衡的计算方法是:根据当期的统调装机(包括水电、火电、核电、其他等)容量,在给定不同类别发电机组利用小时数(包括水电、火电、核电、其他等)条件下,便可计算统调可发电量;考虑区外受电(或送出)后,与所需要的统调用电量比较便可得到电量盈亏。另外,还可在给定水电、核电以及其他机组利用小时数的情况下,计算满足统调用电量时的火电机组利用小时数,通过分析火电机组利用小时数的高低判断电量是否富裕。电量平衡计算原理图如附图1.5所示。

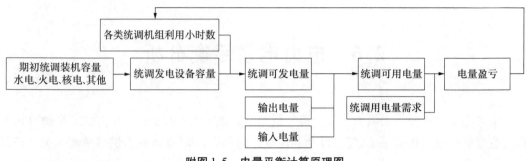

附图1.5　电量平衡计算原理图

2.7　电力供需预警

电力供需预警是在电力供应能力、电力电量需求预测的基础上,运用一定的预警方法判断未来一段时间的电力供需形势,给出供应和需求的平衡程度,警示电力的盈余和短缺。电力供需预警的方法主要有电力供需指数法。电力供需指数分为年度电力供需指数和季度电力供需指数。年度电力供需指数能分年度实现各地区电力供需预警;季度电力供需指数能分季度实现各区域电力供需预警。

2.8　结论和建议

根据电力需求发展特点、预测结论,在电源(含储能设施)与电网规划建设、电网运行、需求侧管理及保持市场竞争力等方面提出对策和建议。

附录3　湖南电力市场用户调研手册

3.1　调研目的

电力市场用户调研是电力市场分析预测工作的重要组成部分,主要用于深入了解本地区电力市场现状,全面掌握地区重点电力用户(企业)生产经营、用电及未来发展规划、计划情况,提高电力需求预测准确率,提升电力市场分析预测工作水平,扎实做好春(秋)季电力市场分析预测工作。

3.2　调研用户选取

①调研用户选取原则:

a.选取用电比重排名前六位的重点行业,每行业挑选1~2家用电量占比重居前或具有较大影响的重点企业。

b.选取地区新兴产业或特色产业及发展前景广阔的新投产用户。

c.选取各区县重点大用户。

②确定调研用户名单。

3.3 调研前准备

①编制并及时更新用户联系人通信录,可通过发展策划部统计专责收集电力大用户联系人联系方式,或通过营销部(客户服务中心)大客户班收集电力用户联系方式编制用户联系人通信录。

②准备调研内容,参考春(秋)季调研报告内容深度要求。

③准备用户调查问卷并提前发放,可参考调查问卷参考模板。

④确定调研时间及行程安排。

3.4 调研时间

调研时间可分为月度、季度、年度及不定期调研。

1)月度调研

针对上月用电波动较大的用户进行调研,掌握用户生产用电变化形势,一般于每月上旬进行。

2)季度、年度调研(与春(秋)季报告同步开展)

春(秋)季报告编制工作启动后,报告评审前。

3)不定期调研

时间不固定。

3.5　调研形式

调研形式可分为实地调研和线上调研两种。

1）实地调研

经研所市场专责、发展策划部市场专责、营销部（客户服务中心）专责一同前往用户厂区、办公地点进行调研。

2）线上调研

通过电话、微信、邮件及调查问卷等形式进行调研。

3.6　调研内容

参考春（秋）季调研报告内容深度要求。

1）调研目的及调研行程简介

简要说明电力市场调研目的，对开展电力市场调研时间、调研人员、前往的用户等情况进行介绍。

2）调研情况说明

在用电比重前 6 位的重点行业，每个行业至少选择 1～2 家企业进行实地现场调研。
根据调研行程，对调研情况进行分析说明，模板如下：
（1）××企业
①企业简介
介绍企业成立时间、具体位置、主要生产产品、生产能力及员工人数等基本信息。
②企业目前生产经营情况
介绍企业本年和上年主要产品产量、用电量和自备电厂发电量等情况。分析企业主要

产品的成本、目前市场价格以及产品销售等情况。了解企业利润情况，分析影响企业盈利或亏损的主要原因（可从市场供需、生产成本、生产工艺、电价、电力市场交易及节能环保等因素分析）。预计本年及下年用电情况。

③企业未来发展情况

从企业未来生产规模、扩产计划等方面分析未来企业生产用电变化情况，有自备电源的用户还应分析企业未来自备机组装机变化情况。

(2)××企业

(3)××企业

……

3.7　调研结论

通过具体用户调研给出相关行业目前生产、用电及未来发展等结论。

3.8　调查问卷参考模板

20××年××市电力市场用户调查问卷

一、企业简介

请填写附表 3.1 中的企业名称、企业性质（国有、私营、集体等）、成立时间、具体位置、主要生产产品、生产能力、员工人数、企业用电容量、有无自备机组（若有，请填写装机容量）等基本信息。

附表 3.1　企业基本信息

企业名称	企业性质	成立时间	具体位置	主要生产产品	生产能力（年产量）	员工人数	企业用电容量/(MV·A)	有无自备机组（装机容量）/(MV·A)

二、企业目前生产经营情况

请填写附表 3.2 的 20××年、20××年 1—×月逐月用电量情况(若有自备机组,用电量为包含自备机组自发自用电量数据),对 20××年、20××年 1—×月月度用电量同比波动(与去年同期比较)幅度超过 5% 的月份进行简要分析,如当月订单增加/减少、生产安排增加/减少、生产线检修及受疫情影响等,并预测后续月份及全年累计用电量。

附表 3.2　20××年企业用电情况

单位:万 kW · h

	1 月	2 月	3 月	4 月	5 月	6 月	上半年小计
20××年							
	7 月	8 月	9 月	10 月	11 月	12 月	全年累计
	1 月	2 月	3 月预测	4 月预测	5 月预测	6 月预测	上半年小计
20××年							
	7 月预测	8 月预测	9 月预测	10 月预测	11 月预测	12 月预测	全年累计

1. 20××年用电量变化分析:＿＿＿＿＿＿＿＿＿＿＿＿＿＿＿＿＿＿＿＿＿＿＿＿。

2. 20××年 1 月用电量变化分析:＿＿＿＿＿＿＿＿＿＿＿＿＿＿＿＿＿＿＿＿＿。

3. 20××年 2 月用电量变化分析:＿＿＿＿＿＿＿＿＿＿＿＿＿＿＿＿＿＿＿＿＿。

三、行业发展形势

1. 您认为新冠肺炎病毒疫情对贵公司是否有影响?

A. 影响非常大□　　　B. 影响较大□　　　C. 影响较小□　　　D. 无影响□

若有影响,订单下降＿＿＿% ,产量下降＿＿＿% ,电量下降＿＿＿% 。

2. 您认为中美贸易摩擦对贵公司是否有影响?

B. 影响非常大□　　　B. 影响较大□　　　C. 影响较小□　　　D. 无影响□

3. 您认为制造业用电降价 5% 政策对贵公司生产成本下降是否有帮助?

C. 帮助非常大□　　　B. 帮助较大□　　　C. 帮助较小□　　　D. 无帮助□

4. 近 3 年来,贵公司所在行业整体发展是否景气?

A. 景气□　　　　　B. 一般□　　　　　C. 不景气□

5. 贵公司未来 3 年是否有扩大生产规模的计划,如有,请补充扩产规模。

A. 有□　　　　　　B. 没有□

扩产规模:＿＿＿＿＿＿＿＿＿＿＿＿＿＿＿＿(请量化描述,如扩大几条生产线等)

6. 近 3 年来,贵公司主要产品的价格走势?

A 持续上涨□   B. 基本持平□   C. 持续下滑□   D. 波动起伏□

7. 近 3 年来,贵公司的生产成本、原材料价格?

A. 逐年上涨□   B. 比较平稳□   C. 逐年下降□   D. 波动起伏□

8. 20××年,贵公司的生产经营状况?

A 盈利良好□   B. 收支平衡□   C. 亏损□

9. 贵公司是否有综合能源方面的需求?(电力设施智能代运维/空调、电机、空压机、风机、照明等节能诊断与改造/光伏发电/全电厨房/智慧楼宇/智慧路灯等)

①_____

②_____

10. 贵公司希望国家电网公司在哪些方面可继续改进,提高服务质量?

①_____

②_____

四、企业未来发展情况

1. 企业生产经营计划目标

20××年订单与 20××年相比,增加(减少)_____%。

20××年产品产量与 20××年相比,增加(减少)_____%。

20××年利润目标与 20××年相比,增加(减少)_____%。

2. 企业技术改造计划

企业在未来 3 年内,是否有节能改造计划?_____(是/否);如有,_____
_____(请填写详细计划);

企业在未来 3 年内,是否有电能替代计划?_____(是/否);如有,_____
_____(请填写详细计划);

3. 企业自备机组装机变化情况

企业在未来 3 年内,是否有自备机组扩容计划?_____(是/否);如有,_____
_____(请填写详细计划)。

附录4　专业名词解释

4.1　供电量

供电量是指报告期内可用于各级电网供电生产活动投入的电量,含电网经营区内发电站、分布式电源、抽蓄电站的关口计量上网电量,以及各级电网和其他电网的关口计量输入输出净电量。其中:

①国家未批复上网电价、采用租赁模式经营的抽蓄电站上网电量不纳入供电量统计。

②按照电力直接交易试点政策规定的电厂的结算关口计量上网电量纳入供电量统计。

③电网经营企业内部核算电厂上网电量纳入供电量统计。

供电量的基础数据来源于电能量计量(采集)系统中的发电上网关口、各电压等级输电或供电关口的计量电量。

供电量的计算公式为

供电量 = 电厂上网电量 + 其他电网输入电量 − 向其他电网输出电量

根据国家电网公司报表制度,供电量有以下口径:

1)公司口径供电量

其计算公式为

公司口径供电量 = 公司供区范围内电厂上网电量 + 公司供区输入电量 −
公司供区输出电量

2)地区口径供电量

其计算公式为

地区口径供电量 = 本地区电厂上网电量 + 自备电厂自发自用电量 +

$$地区电网输入电量 - 地区电网输出电量$$

3）农网口径供电量

其计算公式为

$$农网口径供电量 = \sum 县公司供电量（不含系统内公司互售电量） -$$

$$\sum 县公司收费 220\,kV\ 及以上用户供电量 +$$

$$\sum 地市公司直供县域 110\,kV\ 及以下用户供电量$$

关口计量点是指发电企业、地方电力公司、电网经营企业、售电公司、用电客户之间的电量交换点，以及企业内部用于经济技术指标分析、考核的电能计量点。根据性质不同，关口计量点可分为发电上网关口、跨国输电关口、跨区输电关口、跨省输电关口、省级供电关口、地级供电关口、趸售关口、售电关口及内部考核关口 9 类。

报告期内通过该关口的电量为

$$报告期内通过该关口的电量 = （报告期末电能表止码 - 报告期初电能表起码）\times 倍率$$

4.2 售电量

售电量是指电网经营企业按国家销售电价销售给本经营区内用电客户，并用作最终消费的电量。

售电量基础数据来源于营销系统中售电关口和趸售关口的计量电量。

1）售电量分类

（1）按销售主体分类

售电量按销售主体，可分为发电企业售电量和电网经营企业售电量。

①发电企业售电量

发电企业售电量是指发电企业销售的电量包括售给电网经营企业的电量、售给厂区（供区）用户以及电厂直接销售给用户用作最终消费的电量。

②电网经营企业售电量

电网经营企业售电量是指电网经营企业销售的电量，包括售给用户和售给其他电网经营企业的电量。

为避免互售电量重复计算，统计地区售电量和各电力公司汇总售电量时，均不能用电网经营企业与发电企业售电量相加得出,而只能计算电力企业的零售终端用户电量和趸售给本地区外(或本公司外)的电量。

(2)按电价分类

售电量按电价,可分为大工业电量、一般工商业及其他电量、农业电量、居民电量、趸售电量、打水电量、大用户直接交易电量、其他用电电量。供电企业按销售电量目录电价将电量纳入以上不同类别。

①大工业电量

执行大工业电价的客户所用电量,包括受电变压器(含不通过受电变压器的高压电动机)容量在 315 kV·A 及以上的下列用电:

a. 以电为原动力,或以电冶炼烘焙、熔焊、电解、电化、电热的工业生产用电。

b. 铁路(包括地下铁路、城铁)、航运电车及石油(天然气、热力)加压站生产用电。

c. 自来水、工业实验、电子计算中心、垃圾处理、污水处理生产用电。

②一般工商业及其他电量

一般工商业及其他电量包括目前执行非居民照明、非工业及普通工业、商业 3 类电价的用户用电。

③农业电量

执行农业生产用电价格的客户所用电量,包括农业用电、林木培育和种植用电、畜牧业用电、渔业生产用电,农业灌溉用电及农产品初加工用电。

④居民电量

执行居民生活用电价格的客户所用电量,包括:城乡居民家庭住宅以及机关、部队、学校、企事业单位集体宿舍的用电;城乡居民住宅小区公用附属设施用电(不包括从事生产、经营活动用电);学校教学和学生生活用电、社会福利场所生活用电、宗教场所生活用电、城乡社区居民委员会服务设施用电以及监狱监房生活用电。

⑤趸售电量

电网经营企业趸售给代管及其他无资产关系供电企业的关口结算电量,列入趸售电量。

⑥打水电量

国家已批复抽蓄电站抽水电价的抽水蓄能耗用电量,列入打水电量,未批复抽水电价的抽蓄电站不纳入售电量统计。

⑦大用户直接交易电量

为适应输配电价改革,2015 年公司在生产统计的售电分类中增加了大用户直接交易电量分类,将与发电企业、电网经营企业签订了直接交易三方合同、电网经营企业收取过网费的用户电量,列入大用户直接交易电量。

⑧其他用电电量

与上述 7 类电量电价均不相同的,纳入其他用电。

（3）按国民经济行业分类

售电量按国民经济行业分类，可分为以下4种：

①第一产业用电量

按三次产业分类法划分，第一产业是指以利用自然力为主，生产不必经过深度加工就可消费的产品或工业原料的部门。第一产业用电量即农业用电量，包括农业、林业、畜牧业及渔业。

②第二产业用电量

第二产业是指对第一产业和本产业提供的产品（原料）进行加工的产业部门，包括国民经济中的工业（包括采矿业，制造业，电力、热力、燃气、水的生产和供应业）和建筑业。第二产业用电量是以上行业的电力用户的用电量，不含金属制品、机械和设备修理业用电量。2017年新版行业用电分类中，取消了工业用电中原有的轻工业、重工业分类。

③第三产业用电量

第三产业是指不生产物质产品的行业，即服务业，包括国民经济行业分类中除第一产业、第二产业以外的其他行业。第三产业用电量是除第一产业、第二产业以外的其他行业用电量，由于第三产业包括的行业多、范围广，根据我国的实际情况，第三产业可分为两大部分：流通业和服务业。其中，服务业又可分为为生产和生活服务的行业、为提高科学文化水平和居民素质服务的行业、为社会公共需要服务的行业。第三产业用电量主要包括交通运输、仓储、邮政业，信息传输、软件和信息技术服务业，批发和零售业，住宿和餐饮业，金融业，房地产业，租赁和商务服务业，公共服务及管理组织，农、林、牧、渔专业及辅助性活动，以及金属制品、机械和设备修理业的用电量。

④城乡居民生活用电量

城乡居民生活用电量是城乡居民家庭照明、家用电器等生活用电量。

（4）按销售方式分类

售电量按销售方式，可分为零售电量和趸售电量。其中，零售电量是指销售给终端用户的电量；趸售电量是指执行趸售电价由电网经营企业批量销售给其他电力企业的电量。

2）售电量的常用口径

根据国家电网公司报表制度，售电量有以下口径：

（1）公司口径售电量

公司口径售电量指报告期内电网经营企业按国家销售电价政策销售给本经营区用电客户，并用作最终消费的电量。

公司口径售电量包括公司电网经营企业售电量与公司外售电量。其中，外售电量是指电网经营企业或授权电厂出售给本省级电网以外其他省级及以上电网经营企业的电量。

公司电网经营企业售电量包含销售到户的电量和趸售给本省内无资产关系的供电企业的结算电量，不包含外售电量。

县级公司售电量是县公司作为经营主体取得售电收入的电量,包括县级公司销售到户的电量、趸售给无资产关系的电力企业的电量,以及售系统内其他公司的电量。需要特别指出的是,当县级公司为分公司性质时,与其他分公司之间的电量互送为内部结算,此时电量应按输入、输出电量计算,不应计入互售电量。

(2)地区口径售电量

地区口径售电量是指报告期内电力企业在本地区内按国家销售电价销售给用电客户,并用作最终消费的电量。地区售电量应包括所有电网经营企业、发电企业、售电公司、地方电力公司在该地区内的销售到户的电量。例如,县域内与地市公司直接结算的大用户售电量,应计入该县域的地区口径售电量。

与地区口径供电量对应,则

$$地区净用电量 = 地区电力企业售电量 + 自备电厂自发自用电量$$

(3)农网口径售电量

农网口径售电量是指报告期内通过 110 kV 及以下的电网销售给县城和农村生产生活用电客户,并用作最终消费的电量,即

$$农网口径售电量 = \sum 县公司售电量(不含系统内公司互售电量) -$$
$$\sum 县公司收费 220 \text{ kV} 及以上用户售电量 +$$
$$\sum 地市公司直供县域 110 \text{ kV} 及以下用户售电量$$

4.3　线损电量和线损率

1)线路损失电量

电网经营企业在整个电力输配过程中发生的送变(配)电设备的生产消耗和不明损失,统称线路损失电量,简称"线损"。它是从发电厂送出电能计量点至用户电能表止所发生的全部电能消耗和损失,具体可分为空载损失、负载损失和其他损失 3 个部分。

(1)空载损失

空载损失一般不随负荷变化而变化,只要电气设备上带有电压,就要消耗电能。它包括:

①输电变压器和配电变压器的铁损。

②电晕损失。

③调相机、调压器、电抗器、消弧线圈等设备的铁损及绝缘介质的损失。

④用户电能表电压线圈损失及电能表附件的损耗。

（2）负载损失

负载损失随负荷的变动而变化，它与电流的平方成正比。它包括：

①输电、配电线路的铜损。

②输电、配电变压器的绕组损失。

③调相机、调压器、电抗器、消弧线圈等设备的损失。

④接户线的损失。

⑤电能表电流线圈的损失。

⑥电流、电压互感器及二次回路的铜损。

（3）其他损失

其他损失是指空、负载损失以外的损失。它包括：

①漏电、窃电及电能表误差损失。

②变电站的直流充电、控制及保护、信号通风冷却等设备消耗的电量。

③用电单位和销售单位为同一经营主体、电能所有权并未发生转移的办公用电不纳入售电量统计，纳入线损统计。

线路损失电量不能直接计量。它是供电量与售电量相减计算的，即

$$线路损失电量 = 供电量 - 售电量$$

2）线损率

线损率的计算公式为

$$线损率 = \frac{线路损失电量}{供电量} \times 100\%$$

$$= \frac{供电量 - 售电量}{供电量} \times 100\%$$

线损率有地区、公司、农网口径。其中，公司口径线损率也称公司综合线损率，计算线损率需注意供电量、售电量保持一致。

线损电量和线损率是根据供、售电量指标计算得到的。线损电量用来衡量电网在提供电能过程中产生的损耗。它包括技术线损和管理线损两部分。其中，技术线损是指经由输变配售设施所产生的物理损耗，可通过理论计算来获得;管理线损是指在输变配售过程中由于计量、抄表、窃电及其他管理不善造成的电能损失。线损率是衡量电网技术经济性的重要指标。它综合反映电力系统规划设计、生产运行和经营管理的水平。

4.4　主要用电分类统计指标

1）用电户数

用电户数即合同约定户数,是指报告期末,供电企业依法对用电企业或自然人签订供用电合同的用电客户数量。根据供电企业设立用户编号进行统计,计量单位为户。例如,3家合装一只电能表,在供电企业设立一个用户编号,计为一户;反之,一家装有3只电能表,在供电企业设立3个用户编号,计为3户;一家装有多只电能表而在供电企业只设立一用户编号,计为一户。

2）营业户数

营业户数是指报告期末,按不同销售电价进行电量电费结算的计费客户数。可按照电客户的用电容量、电压类别、电价类别及行业类别进行分类。

①按电压类别,可分为220 kV 及以上,110 kV,35 kV,20 kV,1～10 kV,1 kV 以下。

②按电价类别,可分为大工业、一般工商业及其他(非普工业、非居民、商业)、农业、居民、趸售、打水、大用户直接交易、其他。

③按行业类别,可分为133 类行业。

3）用户用电装接容量

用户用电装接容量是指各类用户已装接的用电设备容量。它包括正常开动、备用、检修、因故停开的设备等,如电动机、电焊机、电阻炉、电弧炉、电解槽、电镀槽等。

4）全社会用电量

全社会用电量是指报告期各级电网经营区域内全部用户(含电力生产用户)耗用的全部电量。它反映区域内全社会用电状况,是考察电力消费去向的重要指标。其中,抽蓄电站全部抽水耗用电量、电厂生产全部耗用电量及自备电厂自发自用电量均纳入统计。

全社会用电量分为全行业用电量和城乡居民生活用电量。其中,全行业用电量按产业类别,可分为第一产业、第二产业和第三产业用电量。

5）全社会净用电量

全社会净用电量是指在报告期内提供给其他行业和居民最终消费的电量。它不包括电力工业自身的生产耗用和损失。

6）业扩报装相关统计指标

业扩报装指标有新装增容申请、业扩新增、申请暂停、暂停、减容销户申请、减容销户等。每项指标可分为户数和容量。

按电压类别，可分为 10 kV 及以上（含 6 kV）、10 kV 以下。

按用电类别，可分为大工业、一般工商业及其他（非普工业、非居民、商业）农业、居民、趸售、打水、大用户直接交易、其他。

按行业类别，可分为 133 类行业。

按重点高耗能行业，可分为钢铁、电解铝、铁合金、水泥、电石、烧碱、黄磷、锌冶炼。

（1）新装增容申请户数（户）

新装增容申请户数（户）是指报告期内供电企业受理客户用电申请业扩新装或增容的用电户数。

（2）新装增容申请容量（万 kV·A）

新装增容申请容量（万 kV·A）是指报告期内供电企业受理客户用电申请业扩新装或增加用电客户的用电容量。

（3）业扩新增户数（户）

业扩新增户数（户）是指报告期内供电企业完成用电客户申请业扩新装或增容客户的用电户数。

（4）业扩新增容量（万 kV·A）

业扩新增容量（万 kV·A）是指报告期内供电企业完成用电客户申请业扩新装或增容客户的用电容量。

（5）申请暂停户数（户）

申请暂停户数（户）是指报告期内用电客户提出并向供电企业申请办理暂停业务的用电户数。

其中，按变压器容量计收基本电费的客户，暂停用电必须是整台或整组变压器停止运行。客户每年可办理暂停用电两次，每次不得少于 15 天，全年累计暂停时间不得超过 6 个月，季节性或国家另有规定的客户，暂停时间可以另议。暂停期满或每一日历年内累计暂停用电时间超过 6 个月者，不论用户是否恢复用电，从期满之日起按合同约定的容量计收基本电费。

（6）申请暂停容量（万 kV·A）

申请暂停容量（万 kV·A）是指报告期内用电客户向供电企业申请办理暂停业务的用电容量。

（7）暂停户数（户）

暂停户数（户）是指报告期内供电企业完成用电客户申请办理暂停的用电户数。

（8）暂停容量（万 kV·A）

暂停容量（万 kV·A）是指报告期内供电企业完成用电客户申请办理暂停的用电容量。

（9）减容销户申请户数（户）

减容销户申请户数（户）是指报告期内用电客户提出并向供电企业申请办理减容或销户的用电户数。其中,减容必须是整台或整组变压器的停止或更换小容量变压器用电。减容的期限最短不得少于 6 个月,最长不超过两年。在减容期内,供电公司保留客户减少容量的使用权。减容期满后的用户以及新装、增容用户,两年内不得申办减容或暂停,如确需继续办理减容或暂停的,减少或暂停部分容量的基本电费应按 50% 计算收取。销户是指用电客户向供电公司提出申请永久性停止用电,解除供用电关系。用户需再用电时,按新装用电办理。

（10）减容销户申请容量（万 kV·A）

减容销户申请容量（万 kV·A）是指报告期内用电客户向供电企业申请办理减容、销户的容量。

（11）减容销户户数（户）

减容销户户数（户）是指报告期内供电企业完成用电客户申请办理减容或销户的用电户数。

（12）减容销户容量（万 kV·A）

减容销户容量（万 kV·A）是指报告期内供电企业完成用电客户申请办理减容或销户的用电容量。

4.5　电量平衡

1）收支电量平衡

收支电量平衡的计算公式为

全口径发电量 + 地区输入电量 = 全社会用电量 + 地区输出电量

2）全社会用电量

全社会用电量的计算公式为

全社会用电量 = 全口径发电量 + 地区输入电量 - 地区输出电量

= 地区售电量 + 综合线损电量 + 电厂生产全部用电量 +

自备电厂自发自用电量

$$= 地区售电量 + 综合线损电量 + （电厂生产全部耗用电量 +$$
$$未计入本地区售电量的抽蓄电厂抽水耗用电量） +$$
$$自备电厂自发自用电量$$
$$= 各行业用电量之和 + 城乡居民生活用电量$$

其中

$$电厂生产全部用电量 = 电厂生产全部耗用电量 +$$
$$未计入本地区售电量的抽蓄电厂抽水耗用电量$$

3）地区供电量

地区供电量的计算公式为

$$地区供电量 = 全社会用电量 - 电厂生产全部用电量$$
$$= 全口径发电量 - 电厂生产全部耗用电量 -$$
$$未计入本地区售电量的抽水蓄能电厂抽水耗用电量 +$$
$$地区输入电量 - 地区输出电量$$
$$= 售电量 + 综合线损电量 + 自备电厂自发自用电量$$

4）全社会净用电量

全社会净用电量的计算公式为

$$全社会净用电量 = 全社会用电量 - 综合线损电量 - 电厂生产全部用电量$$
$$= 售电量 + 自备电厂自发自用电量$$

4.6 电力负荷

1）电力负荷分类

电力负荷是指使用电能的用电设备消耗的电功率。用电设备包括异步电动机、同步电动机、各类电弧炉、整流装置、电解装置、制冷制热设备、电子仪器及照明设施等。它们是分属于国民经济各行业和城乡居民生活的电力用户。

（1）按性质和作用分类

电力负荷根据不同的性质和作用，有以下 6 种：

①按照电能的生产环节,可分为发电负荷、供电负荷和用电负荷。

A. 发电负荷

发电负荷是指发电厂或电力系统瞬间实际承担的发电工作负载。

B. 供电负荷

供电负荷是指供电企业、供电地区或电网在某一瞬间实际承担的供电工作负荷。根据电网调度层级的不同,供电负荷又分为调度口径负荷、统调口径负荷和网供负荷。供电负荷等于用电负荷加上同一时刻的线路损失负荷,是发电厂对电网所承担的全部负荷。网供负荷是指从主网供电的负荷。供电负荷中,除了网供负荷还有一些是由当地调度的一些小水(火)电或新能源电力供给的负荷。

C. 用电负荷

用电负荷是指某一时间点所有处于工作状态的用电设备所消耗的电力。按统计口径,可分为全社会(全口径)用电负荷、统调用电负荷和自发用电负荷等。

a. 全社会(全口径)用电负荷。是本地区所有用户同一时间点的用电负荷之和。除了统一调度口径的用户外,还包括不受公司统一调度的用户。一般没有直接获取该数据的渠道,需要根据统调负荷、统调负荷利用小时数、统调用电量与全社会用电量的关系等数据测算。各公司可根据自身情况选取合适的方法。此处给出4个参考方法:一是部分地区的监测数据涵盖了全部用户,可直接获得;二是根据统调负荷利用小时数推算出全社会负荷利用小时数,再根据全社会用电量、全社会负荷利用小时数计算得到全社会用电负荷;三是根据统调用电量占全社会用电量的比重推算出统调负荷占全社会负荷的比重,再根据统调负荷与该比重数据计算得出全社会负荷;四是参考电力电量平衡表中统调机组和全社会机组的关系、水库来水情况推算统调负荷占全社会负荷的比重,再根据统调负荷与该比重数据计算得出全社会负荷。

b. 统调用电负荷。是统一调度口径内所有用户同一时间点的用电负荷之和。一般可通过本公司调度台的监测数据得到。

c. 自发用电负荷。是企业自备电厂某一瞬间供给本企业生产的用电负荷。它包括企业的线路损失,但不包括厂用电、购入及售给本企业外的用电负荷。

②按时间,可分为年负荷、月负荷、日负荷及时负荷。

③按电能转换和输送中的作用,可分为有功负荷和无功负荷。

a. 有功负荷。是指把电能转化为其他能量(机械能热能、光能等)并在用电设备中实际消耗掉的功率。它是视在功率的有效分量,也称余弦分量,计量单位为 kW。有功负荷的计算公式为

$$单相有功负荷 = 电流 \times 电压 \times \cos \varphi$$

$$三相有功负荷 = \sqrt{3} \ 电流 \times 电压 \times \cos \varphi$$

b. 无功负荷。是在电能输送和转换过程中需要建立磁场(如变压器、电动机等)时,用于产生磁场所消耗的功率。它仅完成电磁能量的相互转换,并不做功,计量单位为 kvar。无功

负荷的计算公式为

$$单相无功负荷 = 电流 \times 电压 \times \sin\varphi$$

$$三相无功负荷 = \sqrt{3}\ 电流 \times 电压 \times \sin\varphi$$

④按用电性质,主要有工业负荷、农业负荷、交通运输负荷、市政负荷、商饮服务负荷和生活照明负荷等。这些用电性质分类的负荷包括范围参考国民经济行业用电分类统计规定。

⑤按在有功日负荷曲线上的位置及区域性,可分为峰荷、腰荷和基荷。峰荷是平均负荷至最高负荷之间的负荷;腰荷是平均负荷至最低负荷之间的负荷;基荷是指最低负荷以下的部分。

⑥按采集时间间隔,可分为整点负荷和非整点负荷。整点负荷采集时间间隔为 1 h,在整点时点采集;非整点负荷采集时间间隔为 5 min。

(2)按供电可靠性要求分类

电力负荷应根据对供电可靠性的要求及中断供电在政治、经济上所造成损失或影响的程度进行分级,一般分成 3 级,并应符合以下规定:

①符合下列情况之一时,应为一级负荷:

a. 中断供电将造成人身伤亡时。

b. 中断供电将在政治、经济上造成重大损失时。例如,重大设备损坏、重大产品报废、用重要原料生产的产品大量报废、国民经济中重点企业的连续生产过程被打乱需要长时间才能恢复等。

c. 中断供电将影响有重大政治、经济意义的用电单位的正常工作。例如,重要交通枢纽、重要通信枢纽、重要宾馆、大型体育场馆、经常用于国际活动的大量人员集中的公共场所等用电单位中的重要电力负荷。

一级负荷为最重要的电力负荷。对该类负荷供电的中断,将导致人的生命危险、设备损坏、重要产品报废,使生产过程长期紊乱,给国民经济带来重大损失或造成社会秩序混乱。属于这类负荷的有冶金、电炉炼钢企业、重要国防工业和科研机构、医院手术室、铁路与城市交通的电力牵引和铁路枢纽、行车信号与集中闭塞负荷等。

②符合下列情况之一时,应为二级负荷:

a. 中断供电将在政治、经济上造成较大损失时。例如,主要设备损坏、大量产品报、连续生产过程被打乱需较长时间才能恢复、重点企业大量减产等。

b. 中断供电将影响重要用电单位的正常工作。例如,交通枢纽、通信枢纽等用电单位口的重要电力负荷,以及大型影剧院、大型商场等较多人员集中的重要的公共场所的重要电力负荷。

③不属于一级和二级负荷者应为三级负荷,如附属企业、附属车间和某些非生产性所中不重要的电力负荷等。

2）电力负荷指标

电力负荷相关指标主要有最高负荷、最低负荷、日用电负荷特性指标、月用电负荷特性指标、年用电负荷特性指标、同时率、最高负荷利用小时、功率因数、拉电负荷、负控限电负荷、移峰负荷及损失电量等。

（1）最高负荷

最高负荷是报告期内记录的负荷中数值最大的一个。

①发电最高负荷。是报告期内发电厂或电力系统瞬间实际承担的发电工作负载数值最大的一个。

②供电最高负荷。是报告期内供电地区在某一瞬间实际承担的供电工作负载数值最大的一个。

③网供最高负荷。是报告期内电力网在某一瞬间实际承担的供电工作负载数值最大的一个。

（2）最低负荷

最低负荷是报告期内记录的负荷中数值最小的一个。

①发电最低负荷。是报告期内发电厂或电力系统瞬间实际承担的发工作负载数值最小的一个。

②供电最低负荷。是报告期内供电地区在某一瞬间实际承担的供电负载数值最小的一个。

③网供最低负荷。是报告期内电网在某一瞬间实际承担的供电工作负载数值最小的一个。

（3）日用电负荷特性指标

①日最大负荷。一天内 24 个整点负荷中的最大值。

②日平均负荷。日电量除以 24；如果没有日电量数据，可采用 24 个整点负荷的平均值近似代表。

③日负荷率 γ。又称日平均负荷率，日平均负荷与日最大负荷的比值。

④日最小负荷率 β。日最小负荷与日最大负荷的比值。

⑤日峰谷差。日最大负荷与日最小负荷之差。

⑥日峰谷差率。日峰谷差与日最大负荷的百分比值。

⑦日负荷曲线。按时间顺序以整点负荷绘制的负荷曲线。

⑧典型日负荷曲线。可代表一个时间段内各日负荷特点的日负荷曲线。

（4）月用电负荷特性指标

①月最大负荷。一个月内每日的最大负荷中的最大值，也就是一个月内各点负荷的最大值。

②月平均日负荷。一个月内各日平均负荷的平均值，也就是月用电量除以当月小时数。

③月最大日峰谷差。一个月内各日峰谷差的最大值。

④月平均日负荷率。一个月内各日负荷率的平均值。

⑤月最小日负荷率。一个月内各日最小负荷率的最小值。

⑥月最大日峰谷差率。一个月内各日峰谷差率的最大值。

⑦月不均衡系数 σ。又称月负荷率,一个月内平均日电量和最大日电量的比值;也可用月平均日负荷与月最大负荷日平均负荷的比值。

(5)年用电负荷特性指标

①年最大负荷。全年各小时整点用电负荷(以下指标解释都针对用电负荷)中的最大值。

②季不均衡系数 ρ。又称季负荷率,全年各月最大负荷之和的平均值与年最大负荷的比值。

③年最大峰谷差。全年各日中峰谷差的最大值。

④年最大峰谷差率。全年各日中峰谷差率的最大值。

⑤年最大负荷利用小时数。年统调用电量(统调发受电量、统调发购电量)与年统调最大负荷的比值。

⑥负荷率 δ。年平均负荷与年最大负荷的比值。

⑦年负荷曲线。按全年逐月最大负荷绘制的曲线。

⑧年持续负荷曲线。将全年 8 760 h 的负荷数据按照从大到小的顺序绘制的一条曲线。

⑨97% ,95% 及 90% $P_{\max}$。分别为年最大负荷乘以 97% ,95% 及 90% 得出的数据。其中,$P_{\max}$ 代表年最大负荷。

(6)同时率

同时率是指电网(年、月)最大负荷同各构成电网(年、月)最大负荷之和的比值。

(7)最高负荷利用小时

最高负荷利用小时是指发(供、用)电量与最高负荷的比率。说明电力系统发(供、用)电设备最大生产能力被利用的时间及生产的均衡程度计量单位最高负荷利用小时。其计算公式为

$$最高负荷利用小时 = \frac{报告期发(供、用)电量}{报告期发(供、用)最高负荷}$$

(8)功率因数

功率因数也称力率,是有功功率与视在功率的比值。通常用 $\cos \varphi$ 表示。功率因数最高值等于 1。功率因数的计算公式为

$$功率因数 = \frac{有功功率}{视在功率} = \frac{有功功率}{电流 \times 电压}$$

功率因数可由力率表直接读出,或由同一瞬间时的电力表、电流表和电压表的读数,可计算为

$$三相功率因数 = \frac{三相有功功率}{\sqrt{3}\ 电流 \times 电压}$$

(9)拉电负荷

拉电负荷是指按各级调度机构发布调度命令切除的部分用电负荷。

(10)负控限电负荷

负控限电负荷是指在特定时段限制某些用户的部分或全部用电需求后减少的用电负荷。

(11)移峰负荷

错峰负荷和避峰负荷统称移峰负荷。错峰负荷是指在用电高峰期进行错峰的用电负荷,错峰是将高峰时段的用电负荷转移其他时段,通常不减少电能使用;避峰负荷是指在高峰时段削减、中断或停止用电时形成负荷,通常会减少电能使用。

(12)损失电量

损失电量是指某一时段内所有用户移峰、拉电、限电影响电量之和。

4.7　关于年最大负荷、典型日选取的分析

1)年最大负荷的选取

目前,我国描述年最大负荷指标一般采用年最大负荷瞬间值或整点值,但不少专家认为,用它代表电网的负荷水平并不十分客观,据此安排电源规划裕度较大,往往不经济,因没有必要为满足短时的最大负荷值而提高装机水平,使得容量不能充分利用,发电利用小时数降低。除年最大负荷瞬间值或整点值外,描述年最大负荷的指标还有最大数日最大负荷的平均。为了简化计算、便于分析,也为了各公司统一,要求必须使用整点负荷值。同时,测算最大三日的统调最大负荷平均值(简称最大三日平均负荷;为全年统调最大负荷、次最大负荷、次次最大负荷的平均值),并分析其与整点统调负荷的差距。

2)典型日的选取

目前,典型日的选取没有统一的规定,使典型日负荷特性指标不便进行横向比较。通常采用的方法有以下3种:

第一种:选取日负荷率与期间(季节、月)平均日负荷率最接近、且负荷曲线无异常畸变的日负荷曲线作为该期间(季节、月)的典型日负荷曲线。

第二种:选取期间(季节、月)某一固定工作日,如取某月第三周的第三个工作日作为典型日。

第三种:选取最大负荷日作为典型日。在本次课题研究中,典型日的选择方法由各公司自己选择。但是,一般不建议使用此法,宜在第一种、第二种方法中选择。

关于第一种选取方法,介绍如下:

各地气候条件不同,春季、夏季、秋季和冬季对应的月份存在差异。本书统一约定,春季为3—5月、夏季为6—8月、秋季为9—11月和冬季12月—次年2月。

"典型日"的确定方法介绍如下(以冬季12月为例):

①汇总12月当月各工作日的平均日负荷曲线,即

$$L(h) = \frac{1}{N} \sum_{d=1}^{N} L(d,h) \qquad h = 0,1,2,\cdots 23$$

式中　$L(h)$——12月各个工作日的负荷曲线的平均,即平均日负荷曲线;

　　　$L(d,h)$——各工作日的负荷曲线;

　　　h——每日的24点;

　　　N——当年12月当月内工作日的天数。

②从12月的所有工作日负荷曲线 $L(d,h)$ 中,找出与上述平均日负荷曲线 $L(h)$ 最"相似"(接近)的某一日负荷曲线 $L(d^*,h)$ 作为冬季的典型日负荷曲线。这里的"相似"(接近)的定义是距离(偏差)最小,即

$$\sum_{h=0}^{23} |L(d^*,h) - L(h)|^2 = \min_{1 \leq d \leq N} \sum_{h=0}^{23} |L(d,h) - L(h)|^2$$

也就是每天的负荷曲线都减去平均日负荷曲线 $L(h)$,得到的24点差值的平方和最小的日期可作为典型日。各季节、月的典型日选择方法,参照上述方法进行选择。

4.8　关于空调负荷(夏季降温负荷和冬季采暖负荷)的获取

空调负荷是指空调设备运行所消耗的电力。由于无法精确统计,因此只能用电网的负荷曲线来模拟测算。也就是空调开启后的电网负荷与空调未开启时的电网负荷之差,测算的关键是如何确定空调未开启时的电网负荷。具体模拟计算方法介绍如下:

1)利用春、秋季日负荷数据进行计算

由于我国春季和秋季气温比较凉爽,因此,可将春季和秋季电网负荷作为空调未开启时

的电网负荷。将当年春季和秋季的日负荷曲线进行平均,可作为当年夏季没有开启空调负荷的基础负荷;将上年度的秋季和当年的春季负荷曲线进行平均,可作为上年度冬季没有开启空调负荷的基础数据。夏季工作日空调负荷计算的基本思路是:以春季和秋季的工作日负荷曲线的平均值为夏季的基础负荷曲线,夏季每工作日的负荷曲线与该基础负荷曲线的差值就是当天的空调负荷曲线,空调负荷曲线的最大值就是当天的最大空调负荷。具体计算步骤如下:

①假定 4 月份几乎没有空调负荷。4 月份每天的电网负荷曲线为 $P_{春d,h}$,统计出 4 月份工作日的平均负荷曲线 $P_{春,h} = \dfrac{1}{W} \displaystyle\sum_{d=1}^{W} P_{春d,h}$ 作为春季的负荷曲线春 $P_{春,h}$。 同样方法,得出以 10 月为代表的秋季的工作日负荷曲线 $P_{秋,h}$。

②以春季和秋季负荷曲线的平均值作为夏季没有开启空调负荷的无空调用电负荷曲线,取春秋两个季度的平均值可消除负荷的自然增长的影响。可知,夏季负荷与无空调用电负荷曲线的差值就是受温度影响的空调负荷曲线,即

$$P_{空调d,h} = P_{春d,h} - \frac{1}{2}(P_{春h} + P_{秋h}) \qquad h = 1, 2, \cdots, 24$$

因此,所得到的空调 $P_{空调d,h}$ 是工作日的空调负荷曲线。

同理,计算休息日的空调负荷曲线时,春、夏、秋季的负荷曲线都选取休息日。

2) 缺少春/秋季日负荷数据时的计算方法

测算本年度夏季空调负荷时,如果没有本年度春季、秋季的日负荷曲线,就无法用上述方法确定夏季的基础负荷曲线,只能用观察法确定夏季的基础负荷曲线。基础负荷曲线要区分工作日和休息日。具体方法是:根据夏季每个月的气象温度数据,挑选温度较低且比较凉爽的日子,用这些天的日负荷曲线的平均值作为这个月的基础负荷曲线,即未受高温天气影响时的基础负荷曲线;再把当月温度最高或负荷最高的日子的负荷曲线与基础负荷曲线相减,得到高温日子的空调负荷曲线,空调负荷曲线上的峰值就是本月最大空调负荷。

3) 温度异常影响的空调负荷计算方法

温度异常影响的空调负荷是指由于气温异常而增加的空调负荷。它不包括正常天气(即使是正常气温)情况下开启的空调负荷,也不包括由于生活水平的提高而新增的空调负荷,因即使是在多年平均温度发生的情况下,由舒适度标准的提高,也会新增一部分空调负荷。夏季工作日温度异常影响的空调负荷测算的思路是:根据多年平均的夏季日最高温度和当年夏季的日最高温度,将当年夏季的工作日分为正常工作日和异常高温工作日。若日最高温度高于多年平均日最高温度,则看成异常高温工作日;其余看成正常工作日。用正常工作日的日负荷曲线的平均值作为基础负荷曲线,异常高温日的负荷曲线与基础负荷曲线相减就是受异常高温影响的空调负荷曲线;空调负荷曲线的最大值就是受异常高温影响的

最大空调负荷。

　　同理,可把夏季的休息日分为正常休息日和异常高温休息日,进一步得到休息日的基础负荷曲线和休息日受异常高温影响的最大空调负荷。

参考文献

［1］谭显东,刘俊,徐志成,等."双碳"目标下"十四五"电力供需形势[J].中国电力,2021,
　　54(5):1-6.

［2］李海,刘凡,李际.2020年我国电力发展形势与2021展望[J/OL].中国能源,2021(3):
　　1-6[2021-07-11].

［3］宋小勇.新形势下电力系统供需互动问题研究[J].大众用电,2021,36(3):13-14.

［4］李翔,关勇.电力需求及其波动分析[M].济南:山东科学技术出版社,2008.

［5］陆立民,阮涛,孙宇,等.新形势下电力供需互动体系探讨[J].智慧电力,2019,47(1):
　　59-65.

［6］侯佳沐.广东省电力景气指数及电力供需平衡状态预测研究[D].厦门:厦门大
　　学,2019.

［7］胡兆光.电力供需模拟实验:基于智能工程的软科学实验室[M].北京:中国电力出版
　　社,2009.

［8］国家电网有限公司发展策划部.国家电网有限公司生产统计工作指南[M].北京:中国
　　电力出版社,2018.

［9］莫志红.电力市场分析预测方法研究[J].技术与市场,2018,25(11):209+211.

［10］朱磊,李冰洁,胡晓燕,等.新形势下电力需求分析预测系统与应用[J].电气时代,2018
　　(9):23-24.

［11］肖云鹏,王锡凡,王秀丽,等.面向高比例可再生能源的电力市场研究综述[J].中国电
　　机工程学报,2018,38(3):663-674.

［12］黄华晖.面向大数据的电力市场分析预测系统设计与应用[D].北京:华北电力大
　　学,2017.

［13］舒格兰.基于数据挖掘理论的中长期电力市场需求分析和预测研究[J].科技与创新,
　　2016(24):46.

［14］秦琴.电力市场基于用电大客户的分析预测方法分析[J].山东工业技术,2015
　　(24):173.

［15］刘伟,王亚月,李乃祥,等.电力市场分析与预测管理模式的创新与应用[C].全国电力

行业企业现代化管理创新 5 年经典案例集(《中国电力企业管理》2015 年第一期增刊).《中国电力企业管理》杂志社,2015:446-449.

[16] 常虹.智能电网背景下的电力供需分析与电价研究[D].成都:电子科技大学,2013.

[17] 郑忠智.我国能源资源结构与电力需求预测分析[D].北京:中国地质大学,2009.

[18] 李蒙.电力供需关系[D].北京:华北电力大学,2007.

[19] 雷振.基于深度学习的微电网水-风-光发电功率预测和优化研究[D].广东:广东工业大学,2020.

[20] 张琦.短期光伏发电出力预测方法研究[D].广州:广东工业大学,2018.

[21] 邱春辉.风力电站短期输出功率预测方法研究[D].武汉:湖北工业大学,2020.

[22] 李旭.基于典型日出力特性分析的光伏电站功率预测研究[D].北京:华北电力大学,2016.

[23] 张林,刘继春,马靖宇,等.基于函数型特征数据的光伏短期功率预测方法[J].电气传动,2021,51(12):66-73.

[24] 钱振,蔡世波,顾宇庆,等.光伏发电功率预测方法研究综述[J].机电工程,2015,32(5):651-659.

[25] 卫书宇.电力供应链全生命周期成本评价研究[D].合肥:合肥工业大学,2020.

[26] 何姣,王双,宋雯静,等.湖南省限电的成因及化解对策分析[J].中国电力企业管理,2021(1):18-21.

[27] 李芳,殷维.湖南省浅层地温能资源调查与评价[J].资源信息与工程,2021,36(1):34-39.

[28] 刘翔,陈小东,邓志强,等.湖南省铀矿床类型、成矿系列成矿谱系与找矿新进展[J].地质学报,2020,94(1):127-148.

[29] 陈美英.湖南省煤炭资源构造特点及找煤潜力分析[J].资源与产业,2009,11(6):64-68.

[30] 张珺,陶干,唐伶芳.湖南省农作物秸秆资源能源化潜力分析[J].黑龙江畜牧兽医,2016(15):127-129+293.